Das Chefbuch

Erfolgreich als Kleinunternehmer und Freiberufler

Stephan Kaiser war von 1982 bis 2005 als geprüfter Vermögensberater (BWA, BDV) tätig. Davon in den Jahren 1990 bis Ende 2005 in der Funktion eines Direktionsleiters. In seiner Aufgabe als Betreuer hat er über 50 Beraterinnen und Berater ausgebildet und dabei hunderte von Schulungen, Vorträgen und Seminaren gehalten und veranstaltet.

Die Finanzplan-Idee entwickelte er im Jahr 2002, weil ihm immer wieder auffiel, dass eine Methode fehlte, wie man, vor allem als Selbständiger, einfach und trotzdem gut mit seinem Geld auskommt. Im Januar 2006 erfüllte er sich seinen Lebenstraum und arbeit seither ausschließlich (als FinanzplanCoach) im FinanzplanTeam. Dort ist er als Entwickler für den Finanzplan in Excel und alle Finanzberechnungsmodule verantwortlich.

Das Finanzplanteam spricht keine Empfehlungen für ein bestimmtes Angebot oder eine Firma aus, sondern beschränkt sich bei allen Produkten auf deren neutrale Beschreibung der jeweiligen Vor- und Nachteile.

Der Vater von 2 Söhnen lebt und arbeitet in Gerstetten auf der Schwäbischen Alb und seit 1983 mit seiner Frau Tina verheiratet.

E-Mail Kontakt: stephan.kaiser@mein-finanzbrief.de
Im Internet unter: http://www.mein-finanzbrief.de

Stephan Kaiser

Das Chefbuch

Erfolgreich als Kleinunternehmer und Freiberufler

Bibliographische Information der Deutschen Bibliothek

Die Deutsche Bibliothek verzeichnet diese Publikation in der Deutschen Nationalbibliographie; detaillierte bibliographische Daten sind im Internet über <http://dnb.ddb.de> abrufbar.

Herstellung und Verlag: Books on Demand GmbH, Norderstedt
ISBN-10: 3-8334-6474-7
ISBN-13: 978-3-8334-6474-4

Beginne da, wo Du stehst,
und mit dem, was Du hast.

Harold Klemp
(aus „What is Spiritual Freedom“)

Inhaltsverzeichnis

Vorwort

Das Chefbuch ist als Entlastung für alle gedacht, die daran denken, sich selbständig zu machen oder die bereits als Freiberufler oder Kleinunternehmer selbständig sind.

Es fasst in einfacher und lebendiger Sprache all das zusammen, was man möglichst tun, aber auch was man lassen sollte, um als Kleinunternehmer erfolgreich zu sein.

Dabei werden Sie meist vergeblich nach Fremdwörtern suchen. Sie werden auch keine komplizierten und aufwändigen ‚Coaching Konzepte' vorfinden. Zum einen bin ich nämlich der Meinung, dass man das, was man zu sagen hat, auch auf Deutsch sagen kann. Zum anderen mag ich persönlich keine Fachvorträge, bei denen ich ständig ein englisches Wörterbuch bereithalten muss, damit ich den Vortragenden überhaupt verstehe.

Ich selbst bin seit meinem 18. Lebensjahr selbständig und kenne nichts anderes, als dass man sich jeden Tag selbst und ständig um sein Unternehmen kümmern muss. Ja, ich bin selbständig aus Leidenschaft und möchte Sie gerne ermutigen, auch über diesen ~großen~ Schritt nachzudenken.

Es muss nicht sein, dass man alle Fehler selbst macht. Deshalb entstand dieses Buch, in dem ich die letzten 24 Jahre meiner beruflichen Arbeit einmal rückwirkend betrachtet habe.

In den ersten 8 Jahren meiner Selbständigkeit (1982 – 1990) hatte ich mir ein Unternehmen mit fast 50 Mitarbeitern aufgebaut, war sehr erfolgreich, aber leider finanziell am Ende.

Mit 26 Jahren hatte ich – trotz größter geschäftlicher Erfolge – einen privaten Schuldenberg von über einer Million DM angehäuft.

Wie so etwas passieren kann, fragen Sie sich? Es ist gar nicht so schwer... Wenn man mit großen Zahlen umgeht, und keinen hat, der einem sagt, wie das Spiel in der Selbständigkeit läuft, macht man eben viele Fehler. Außerdem gab es ja damals noch kein Chefbuch, in dem ich hätte nachschauen können ;-)

Was dann folgte, war eine Zeit des oft schmerzhaften Lernens, des sich Hinterfragens und sehr sparsamen Haushaltens. Für mich war diese Zeit von 1990 – 1998 sehr lehrreich und wichtig. Rückblickend möchte ich sie nicht missen, obwohl ich in dieser Zeit mehr als einmal verzweifelt war, weil ich einfach nicht wusste, wie ich mich verhalten sollte.

Mittlerweile haben meine Frau Tina (mit der ich seit 1983 verheiratet bin) und ich nicht nur alle Schulden abbezahlen können, sondern wir haben unsere finanzielle und geschäftliche Situation vollkommen zum Besseren gewandelt.

Die Erfahrungen, die ich bei diesem Prozess gesammelt habe, können Sie jetzt in diesem Buch nachlesen. Ich wünsche Ihnen sehr, dass Sie davon profitieren.

P.S. Als besondern Service zu diesem Buch gibt es eine eigene Webseite, die Sie unter der Internetadresse http://www.mein-finanzbrief.de/chef erreichen können. Dort werden alle Links und Empfehlungen, die in diesem Buch empfohlen werden, ständig aktualisiert und Sie können Fragen stellen.

Alle Checklisten, die Sie in diesem Buch finden, können im Original (DIN A4) auf der Webseite heruntergeladen werden.

Was Sie von diesem Buch nicht erwarten dürfen

Sie werden im Chefbuch kein bedingungsloses ‚JA' zur Selbständigkeit finden. Es gibt Menschen, für die ein Angestelltenverhältnis wesentlich besser und gesünder ist als die Selbständigkeit. Wahrscheinlich ist das sogar der Großteil der Bevölkerung.

Sie werden auch keine ‚Lobhudelei' à la „Sie schaffen es ganz bestimmt" von mir hören, denn ich kenne weder Ihre Geschäftsidee noch Sie als Person. Also kann ich auch nicht abschätzen, ob Sie es in der Selbständigkeit zu etwas bringen werden.

Vergeblich werden Sie wahrscheinlich auch eine geschliffene Sprache und ganz tolle Formulierungen finden. Ich habe einen Realschulabschluss der Wirtschaftsschule und komme aus einfachen Verhältnissen. Deshalb habe ich auch nicht versucht, mit diesem Buch einen weiteren Anwärter auf den Literaturnobelpreis zu erschaffen.

Dieses Buch ist einfach so geschrieben, wie mir ‚der Schnabel gewachsen ist' und ich würde mich freuen, wenn Ihnen der lockere Stil zusagt.

Und als letztes werden Sie keine Patentrezepte finden, die immer und für jeden funktionieren. Wenn Ihr Stil und Ihre Vorgehensweise für Sie funktioniert, dann bleiben Sie dabei und ‚pfeifen' Sie auf meine Tipps.

Sollte Ihr bisheriges Vorgehen aber noch nicht ausreichend gut funktionieren, dann probieren Sie es doch einfach einmal mit der im Chefbuch enthaltenen Idee zum jeweiligen Thema.

Was Sie erwarten dürfen

Sie werden in diesem Buch absolute Offenheit und Ehrlichkeit finden. Ich mache Ihnen nichts vor und schreibe nicht über Dinge, die ich selbst nicht auch genauso praktiziere.

Wenn ich doch einmal eine noch nicht selbst getestete Idee vorstelle, so werde ich deutlich darauf hinweisen, dass ich selbst noch nicht weiß, ob es funktioniert.

Ansonsten gilt: Hier finden Sie nur Praxistipps; die meisten davon sind über 2 Jahrzehnte von meiner Frau und mir selbst getestet.

Was mir besonders am Herzen liegt ist Folgendes: Ich kenne persönlich viele Selbständige, die zwar in ihrem Job wirklich gut sind, aber die es leider nicht finanziell für sich verwerten konnten. Also habe ich besonderes Augenmerk darauf gelegt, dass nicht nur beschrieben wird, was für eine Selbständigkeit notwendig und erforderlich ist, sondern ich ziele auf eine wirtschaftlich erfolgreiche Selbständigkeit ab.

Was bringt die schönste Freude und Freiheit im Beruf, wenn es nicht einmal für eine anständige Krankenversicherung und für eine tolle Altersversorgung langt?

Glauben Sie mir: Unter den Selbständigen in Deutschland gibt es einen ganzen Haufen ‚arme Schlucker'... und zu diesen sollen Sie ja später einmal nicht gehören. Aus diesem Grunde ist das Chefbuch strikt und ausschließlich auf eine finanziell erfolgreiche Selbständigkeit ausgelegt.

Was Sie auch erwarten dürfen ist eine optimal auf Selbständige ausgerichtete Internetseite, in der Sie sämtliche Hinweise, Kontaktadressen und Links zu all dem finden, was im Chefbuch angesprochen wird.

Dabei gehen wir einfach einmal neue Wege und versuchen, Ihnen weit über dieses Buch hinaus einen Service anzubieten, der Ihnen Zeit und Geld spart und Ihnen Ideen, Tipps und Anregungen liefert.

Das Medium Internet gewährleistet dabei, dass die Ihnen angebotenen Adressen stets aktuell sind und Sie somit immer über die neuesten Infos verfügen.

Sie können diese Webseitenadresse ganz einfach zu Ihren Favoriten hinzufügen und immer wieder einmal besuchen. Diese Webseite wird von uns wöchentlich gepflegt und erweitert. Dabei antworten wir Ihnen auch gerne auf Ihre Fragen und freuen uns natürlich auch über Ihre Ideen und Verbesserungsvorschläge.

Diese Internetadresse lautet:
http://www.mein-finanzbrief.de/chef

Wann immer wir in diesem Buch Tipps oder Ideen ansprechen, zu denen Sie weitere Informationen auf dieser Webseite finden, machen wir dies durch dieses Symbol kenntlich:

[💻 Mehr Infos im Internet 💻]

Ihre Chancen

Nachfolgend finden Sie eine kleine Auswahl an Argumenten, die ganz allgemein für eine Selbständigkeit sprechen. Dabei ist jeder für sich vielleicht nicht ‚kriegsentscheidend', aber in der Summe bringen sie doch einiges Gewicht auf die Waage.

Jedenfalls macht es großen Spaß selbständig zu sein, wenn man erst einmal weiß, worauf es ankommt. Wenn der Laden läuft, die Kunden zufrieden sind und auch der eigene Gewinn ausreichend hoch ist.

Kleine Firmen sind wieder im Kommen

Es gab mal eine Zeit, in der immer mehr kleine Firmen schließen mussten, weil die Kunden ihr Heil bei den großen Konzernen suchten. Das hatte und hat seine Hauptursache beim Preis der Produkte.

Wer als Händler 1.000 Stück einkauft, erhält eben einen besseren Einkaufspreis als einer, der nur 10 Stück braucht. Aber immer mehr Kunden merken, dass der Preis alleine nicht entscheidend ist. Wer einmal (als Nichtfachmann) bei einer der großen Handelsketten einen PC erworben hat, weiß wovon ich spreche.

Bei dem Versuch, dem PC die erhofften Funktionen zu entlocken, werden die Nächte schnell zu Tagen und man merkt mit übermüdeten Augen, dass es vielleicht doch sinnvoller gewesen wäre, den Computer (auch wenn er dort ein paar Euro mehr kostet) beim kleinen PC-Händler um die Ecke zu kaufen.

Der Preis eines Produktes wird in Zukunft aus Sicht des Kunden nicht mehr alleine entscheidend sein. Viele Kunden sind in den letzten Jahren bei der Jagd nach den vermeintlichen Schnäppchen auf die Nase gefallen.

Es kommt also wieder die Zeit des preiswerten Produkts und der preiswerten Dienstleistung. Darauf können Sie bauen.

Preiswert ist eine Sache, die ihren Preis wert ist. Hier liegt eine riesige Chance für Kleinunternehmer, weil die eben – anders als die großen Handelskonzerne – ihren Kunden nicht nur Waren sondern auch guten Service verkaufen können.

Und kleine Firmen sind für ihre Kunden erreichbar. Vielleicht haben Sie schon einmal bei einer Hotline eines Großkonzerns angerufen. Sie haben zuerst 10 Minuten lang Musik gehört und dabei 30-mal von einer Bandstimme erfahren, dass gerade alle Mitarbeiter im Kundengespräch sind?

Das nervt… und so geht es auch Ihren Kunden!

Als Sie dann endlich jemand am anderen Ende der Leitung hatten, wusste der über sein Produkt nicht richtig Bescheid und Sie hatten das Gefühl, dass der ‚First-Level-Supportler' (das sind Leute die in riesigen Callcentern sitzen, und oft für viele Firmen gleichzeitig die Kundenanrufe entgegen nehmen) nur etwas von seinem Zettel abliest?

Ja, und genau so ist es auch. Die armen Leute, die in diesen Callcentern sitzen, sind oft frei von jeglichem Fachwissen. Meist werden hier Studenten und Aushilfen beschäftigt, die von der Sache keine Ahnung haben.

Sie finden das erschreckend und schlimm? NEIN, das ist eine Ihrer großen Chancen, sich ein Unternehmen aufzubauen. Ihre Kunden werden vom Chef bedient, Sie sind für Ihre Kunden da. Sie rufen sogar zurück, oder kommen vorbei, wenn es einmal brennt… Glauben Sie mir: Ihre Kunden werden das lieben und in Zukunft bei Ihnen kaufen.

Jemand erzählte mir einmal, dass viele Kunden dazu übergehen würden, bei den großen Handelsketten billig einzukaufen und dann zu ihm als ‚kleinem Händler' zur Reparatur zu kommen.

Ist das schlimm? Nein, ist es nicht, solange er seine Stunden bezahlt bekommt, ist doch alles in bester Ordnung. Besser kann es eigentlich gar nicht laufen, so machen Sie aus gefrusteten Kunden von Großkonzernen zufriedene Kunden für den Einzelhandel.

Wichtig ist nur, dass Sie Ihren Kunden klar sagen, dass Sie kein Schnäppchenmarkt sind. Billig und gut geht auf Dauer einfach nicht.

Das kann es einmal als Sonderaktion geben, um kurzfristig Marktanteile zu erobern, aber auf Dauer ist ein Produkt oder eine Dienstleistung entweder billig oder gut.

Und wie wird sich das in Zukunft entwickeln? Keine Angst, Deutschland bleibt eine Servicewüste. Der Deutsche an sich kann nicht dienen und tut sich deshalb schwer im freundlichen Umgang mit seinen Kunden.

Laut einer Umfrage der Unternehmensberatung Marketing Corporation sinkt die Service-Qualität in Deutschland immer weiter. 64 Prozent der Bundesbürger fühlten sich erst kürzlich in einem Supermarkt, Restaurant, beim Einkaufen oder in der Werkstatt unzureichend bedient oder unhöflich behandelt. (Quelle: SZ, 19.4. 2004, S. 19)

Sie haben also wirklich gute Chancen, wenn Sie nicht im Billiggewühl mitmachen, sondern Ihr Unternehmen voll auf den Nutzen für Ihre Kunden ‚trimmen'... und nicht nur Standardlösungen anbieten, sondern das, was Ihr Kunde wirklich braucht.

Keiner kann Ihnen mehr kündigen

Landläufig wird es meist als sicher angesehen, wenn man angestellt ist, und die Tätigkeit als Selbständiger gilt wohl als eher unsicher. Das ist bestimmt in den ersten Jahren der Selbständigkeit auch wahr, aber wenn man erst einmal die schwierige Startphase überwunden hat (was meist nach etwa 4 Jahren der Fall ist), dann ist es überhaupt nicht mehr unsicher, selbständig zu sein.

Im Gegenteil: Jetzt kann SIE keiner mehr kündigen!

Angesichts der vielen Millionen von Arbeitssuchenden ist das ein enormer Vorteil. Viele Menschen im Angestelltenverhältnis sind heute um ihren Arbeitsplatz besorgt. Ist man erst einmal längere Zeit aus dem Berufsleben draußen, wird der Wiedereinstieg zum echten Kraftakt.

Besonders Menschen, die ihr 45. Lebensjahr hinter sich haben, gelten als ‚schwer vermittelbar' (was für mich total unverständlich ist, weil doch gerade diese Menschen über einen gewaltigen Erfahrungsschatz verfügen).

Nehmen wir also einmal an, Sie machen sich so zwischen Ihrem 30. und dem 35. Lebensjahr selbständig, dann können Sie sich – wenn Sie die meisten Tipps dieses Chefbuches befolgt haben – entspannt zurücklehnen und Ihren Erfolg genießen.

Und wenn Sie in Rente gehen, steht es Ihnen frei, Ihr Unternehmen zu verkaufen und einen zusätzlichen Gewinn einzustreichen, auf den Sie sich aber auf keinen Fall bei Ihrer Rentenplanung verlassen sollten. Aber dazu später noch mehr.

Fazit: Selbständig sein ist nur in den ersten Startjahren unsicherer als ein Angestelltenverhältnis, danach ändert sich das sehr schnell zugunsten des Selbständigen.

Ihr Einsatz bestimmt Ihr Einkommen

Ein weiterer großer Vorteil ist, dass Sie Ihr Einkommen selbst bestimmen können. Arbeiten Sie viel, verdienen Sie auch sofort mehr. Diesen Vorteil haben Angestellte fast nie.

Es gehört doch zu den schönsten Dingen im Berufsleben, wenn sich der erbrachte Einsatz auch direkt im Verdienst widerspiegelt. Und als Selbständiger können Sie das ganz direkt steuern.

Wenn Sie merken, dass Ihre Einnahmen zu gering sind, geben Sie etwas mehr Gas und wenn es gut läuft, können Sie sich durchaus auch einmal etwas zurücklehnen und genießen. Wenn Sie einen richtig schönen, gewinnbringenden Auftrag bekommen haben, machen Sie einfach einmal langsamer... Sie haben es doch verdient.

Mit Ihrer Familie arbeiten

Mir persönlich gefällt es sehr, in einem Familienunternehmen arbeiten zu können und wenn ich dort noch der Chef bin umso besser. Es hat schon einige Vorteile, wenn man mit der Familie zusammen arbeiten kann:

Jeder kennt den anderen ganz genau. Man kann auf ‚seine Macken' gegenseitig Rücksicht nehmen und kann sehr offen miteinander umgehen. Die meisten Psychospielchen entfallen einfach komplett, denn hier muss keiner dem anderen noch etwas vormachen.

Außerdem bleibt der erzielte Gewinn in der eigenen Familie. Vielleicht ist sogar die Unternehmensnachfolge beizeiten geklärt. Die Kinder wachsen mit und in einem eigenen Unternehmen auf und lernen so ganz nebenbei, was Verantwortung bedeutet. Kinder von (kleinen und mittelständischen) Unternehmern stehen meist mit beiden Beinen fest im Leben und wissen, was heute leider nur noch wenige Jugendliche wissen:

Verdienen kommt von ‚zuerst' gedient haben!

Nicht zu vergessen ist auch der Lebenspartner. Wenn man miteinander arbeitet, sieht man sich viel öfter und kann so manche Kleinigkeit während des Tages abklären, was besonders hilfreich ist, wenn Sie Kinder haben.

Und vorausgesetzt Sie mögen Ihren Lebenspartner: Was gibt es Schöneres als den geliebten Menschen um sich herum zu haben?

Steuerliche Gestaltungsmöglichkeiten

Als Arbeitnehmer gibt es heute kaum noch Möglichkeiten, seine Steuern ‚zu steuern', als Selbständiger dagegen schon. Denken Sie nur an die vielen Kleinigkeiten im Alltag, die sich künftig als Geschäftskosten steuerlich absetzen lassen.

Dazu gehört Ihre gesamte Betriebsausstattung (und fast alles, was Sie dafür halten und dem Finanzamt glaubhaft machen können, zählt dort hinein) genauso wie Ihr KFZ, das Sie jetzt ja auch bereits haben, aber nicht von der Steuer absetzen können.

Ihnen stehen auch Möglichkeiten der legalen Gewinnverlagerung (z.B. durch eine Ansparabschreibung) zur Verfügung, bei der Sie Rücklagen für kommende Investitionen tätigen können.

In Deutschland müssen diese für Existenzgründer übrigens (zumindest Stand 2005) erst nach 5 Jahren aufgelöst werden und sind nicht nachzuverzinsen.

Auch das Geschäftsessen mit Kunden und Mitarbeitern kann künftig von der Steuer abgesetzt werden. Die Möglichkeiten sind überaus vielfältig und ich rate Ihnen dringend, gleich am Anfang Ihrer Selbständigkeit wirklich sämtliche Belege aufzuheben. Wenn Sie etwas einmal nicht absetzen können, werfen Sie den Beleg später einfach weg. Aber nachträglich einen Ersatzbeleg zu erhalten, ist immer mit Aufwand verbunden.

Übrigens hat mir einmal jemand erzählt, dass er seinen Anzug mit Briefmarken bezahlt hat und diese dann als Portokosten geltend gemacht hat. So etwas geht natürlich nicht. Übertreiben Sie es also nicht, aber nutzen Sie Ihren Spielraum voll aus. Es gilt hier, dem Finanzamt wirklich nichts zu schenken.

Machen Sie es mindestens nebenberuflich

Was rate ich all denen, die sich eigentlich gerne selbständig machen würden, aber sich doch nicht trauen, oder nicht sicher sind, ob die Einnahmen wirklich für einen Haupterwerb ausreichend sind?

Eigentlich ist die Lösung oft ziemlich einfach: Starten Sie mit Ihrer Geschäftsidee und Ihrer Firma doch einfach im Nebenberuf. Das ist zwar nicht bei allen Berufen möglich, aber bei den meisten.

Klären Sie dazu aber bitte vorher mit Ihrem Arbeitgeber ab, ob dieser auch mit Ihrem nebenberuflichen Engagement einverstanden ist. Sonst sitzen Sie nachher womöglich ohne Job und mit einer nicht funktionierenden eigenen Firma da.

Wenn Ihr Arbeitgeber einverstanden ist, melden Sie ein Gewerbe bei Ihrer Stadt oder Gemeinde an und können in aller Ruhe austesten, ob Ihre Idee wirklich so gut ist, wie Sie denken. Das finanzielle Risiko ist dadurch minimal, denn Sie können eigentlich nur noch gewinnen:

Wenn es gut läuft, können Sie es in der Zukunft hauptberuflich machen. Wenn es dafür nicht ausreichend ist, machen Sie es eben auf Dauer im Nebenberuf.

Der Chef als Person und Persönlichkeit

Eines ist klar: Je kleiner eine Firma ist, desto mehr ist die Person des Chefs entscheidend für den Erfolg oder Misserfolg des Unternehmens.

Denken Sie bitte einmal an ein riesiges Ministerium. Eigentlich ist es doch fast egal, welcher Politiker dort als Minister ernannt wird, denn in den meisten Fällen hat er oder sie doch sowieso keine Ahnung von der Materie.

Zudem bleiben die Minister ja nicht so lange. Oft ist nach ein paar Jährchen schon wieder ein Wechsel an der Spitze zu verzeichnen.

Ein Minister weiß also im Zweifelsfall recht wenig von dem, was er da tut. Das braucht er auch gar nicht, denn die eigentliche Arbeit wird von den Staatssekretären und leitenden Beamten getan. Sie sind meist wirkliche Experten und seit vielen Jahren im Ministerium tätig.

Wären Sie also Minister, könnten Sie sich zurücklehnen und sich jeden Morgen über Ihre üppige Pension freuen, die Sie bereits nach wenigen Dienstmonaten in Ihrem Amt später einmal erhalten werden.

Sie und ich sind aber keine Minister: Also müssen wir ran, etwas leisten und tun. Als Chef können Sie die Verantwortung nicht abschieben, die bleibt letztendlich immer an Ihnen kleben. Das Schöne ist aber, dass Sie auch die vollkommene Freiheit der Entscheidung haben.

Dieses Kapitel dreht sich um die wichtigste Person Ihres Unternehmens, um Sie selbst als Chef. Seien Sie nicht böse oder überrascht, wenn Sie sich einmal ertappt fühlen. Es merkt ja außer Ihnen niemand ☺

Ein Chef denkt positiv

Wenn Sie als Chef nicht positiv und optimistisch über Ihre Firma denken, sollten Sie Ihren Laden möglichst schnell zumachen, oder aber gleich verkaufen.

Halten Sie sich immer wieder vor Augen: **"Die Welt ist, wofür du sie hältst."**

Dieser Satz beschreibt auf sehr einfache Weise die Bedeutung unserer Einstellungen, unserer Gedanken und unserer inneren Bilder. Seien Sie sich bitte darüber im Klaren, dass es außer Ihnen keinen geben wird, der Ihnen die ‚Arbeit' abnimmt, fest und unerschütterlich an Ihre Firma zu glauben.

Wenn Sie als Chef glauben, dass die Qualität der eigenen Produkte nicht viel taugt, dass die Kunden sowieso bald zur Konkurrenz abwandern und dass die Weiterentwicklung der Firma eher einer Talfahrt gleicht, dann hat das enorme Konsequenzen und überträgt sich unterbewusst auf Ihre Kunden und Mitarbeiter!

Also, einmal ganz ehrlich: Welches Bild haben Sie über sich und über Ihre Firma? Glauben Sie an sich und an den Erfolg Ihres Geschäftes? Wenn ja, ist das hervorragend, wenn das aber nicht der Fall ist, gibt es im Grunde genommen nur zwei Möglichkeiten:

a) Ihre Geschäftsidee ist eigentlich gut, aber SIE tun sich halt schwer, dieses positive Denken zu praktizieren

oder

b) Sie können im Allgemeinen schon positiv sein, aber die Geschäftsidee gibt in Ihrer Vorstellung einfach keinen Erfolg her...

Fangen wir mit der Möglichkeit b) an. Wenn Sie der Meinung sind, dass diese zutrifft, lassen Sie das Geschäft ganz einfach sein. Sollten Sie vor der Frage einer Neugründung solch einer Firma stehen, tun Sie es nicht. Überlegen Sie lieber weiter, bis Ihnen eine bessere Möglichkeit einfällt.

Glauben Sie mir, es gibt wenig, was so quälend ist, wie eine Firma zu haben, an deren Erfolg man als Chef nicht glauben kann. Lassen Sie in diesem Fall die Hände davon.

Wenn Sie davon ausgehen, dass die Möglichkeit a) bei Ihnen ins Schwarze trifft, dann kommt einiges an Arbeit auf Sie zu. SIE müssen nämlich das positive Denken erlernen.

Was aber bedeutet dieses positive Denken? Zunächst einmal möchte ich Ihnen einen Artikel vorstellen, den ich im Internet gefunden habe. Die Quelle ist mir leider nicht bekannt, aber er beschreibt sehr schön, was positives Denken, so wie ich es verstehe, NICHT meint:

- *"Du musst nur wirklich wollen"*
- *"Du bist immer die Nummer 1"*
- *"Sorge dich nicht, lebe"*
- *"Du kannst alles schaffen"*
- *„Alles ist machbar“*

... ein wenig Show, gutes Marketing und Musik aus Rocky I. So füllt man Hallen und das eigene Konto. Wer dann keinen Erfolg hat, hat nur nicht genug geglaubt.

Es ist zwar richtig, dass unser Denken Einfluss auf unser Sein hat. Es ist unbestritten, dass unsere Glaubenssätze uns einschränken oder hilfreich sind. Aber wer glaubt, er könne fliegen, wenn er es nur stark genug will, der wird der Schwerkraft trotzdem seinen Tribut zollen und mit zerschmetterten Gliedern auf den Boden der Tatsachen zurückkommen.

Dem eigenen Wunsch muss der Blick für das Machbare folgen. Diesem Blick folgt das Tun. Es folgt zielgerichtetes Üben, Trainieren, Lesen, Lernen und harte Arbeit. So werden Erfolge möglich. Wir müssen sie unter Schweiß in die Tat umsetzen.

Das hört sich anstrengend an. Das muss doch schneller gehen!

Nein! Vor den Erfolg haben die Götter den Schweiß gesetzt und das ist gut so, denn sonst liefen nur Nummer Einsen herum, und eine

Schwemme von Millionären würde uns mit Geschichten vom Feuerlaufen langweilen.

Positives Denken hat also absolut nichts mit Dummheit oder grober Vereinfachung zu tun. Auch der Spruch: „Alles wird gut…" ist hier nicht gemeint und gehört wohl zu der dümmeren Kategorie. Positives Denken meint auch kein Ignorieren von Tatsachen, für das es vielfach gehalten wird.

Es ist vielmehr eine generelle Geisteshaltung oder innere Einstellung, die sich auf das Aufbauende konzentriert.

Positives (oder aufbauendes) Denken ist vielmehr die Kunst, auch bei schlechtem Wetter zu wissen, dass über den Wolken, die Sonne trotzdem scheint. Sich also nicht aufzugeben oder zu bemitleiden, auch wenn es einem einmal schlecht geht, kann positives Denken sein.

Eine Niederlage abzuschütteln, so wie das Hunde tun, die aus dem Wasser kommen, und sich auf das nächste Projekt zu konzentrieren, kann als positiv bezeichnet werden.

Das Gute in seinen Mitmenschen zu sehen und sich auf die Stärken von sich selbst und anderen Menschen zu konzentrieren, ist zum Beispiel positives Denken. Für mich bedeutet es ganz simpel, meine Gedanken zu kontrollieren und mich selbst dabei anzuhalten, gedanklich unbeirrt an meinen selbst gesteckten Zielen und Wünschen festzuhalten.

Beim positiven Denken empfehle ich die folgenden Hilfsmittel:

Ein positiver Tagesbeginn

Ich selbst beginne meinen Tag, indem ich mich gleich nach dem Aufstehen zusammen mit einer Tasse Espresso an meinen Schreibtisch setze. Dabei gehe ich die Aufgabenliste, die ich ständig aktualisiere und pflege, für den heutigen Tag durch und suche mir die wichtigsten Aufgaben heraus, die es heute zu erledigen gilt.

Da ich sehr früh aufstehe, bin ich vollkommen ungestört und kann mich so optimal auf meinen Tag einstimmen. Ich nutze diese ungestörte Zeit aber auch, um mir meine Wünsche und Träume bewusst zu machen.

Dabei mache ich es mir ganz bequem und schließe meine Augen. Nun kann ich mir einfach alles bildlich vorstellen, was ich gerne in meinem Leben haben möchte. Ich beende diese ‚Übung' stets mit einem Gebet, das meine Dankbarkeit für all das Gute in meinem Leben zum Ausdruck bringt.

Dazu noch ein paar Anmerkungen:

- Unter Gebet verstehe ich die Hinwendung zu dem Höchsten in Ihrem Leben, an das Sie glauben. Es meint kein bestimmtes Ritual. Wenn Sie nicht an einen Gott glauben, danken Sie einfach dem Universum für das, was schon gut läuft...

- Sie sollten beim Wünschen vorsichtig sein! Gehen Sie davon aus, dass Sie es erhalten werden. Überlegen Sie also gut, ob Sie die Konsequenzen der Wunscherfüllung auch wirklich auf sich nehmen wollen. Ein Beispiel: Wer sich wünscht, einmal Bundeskanzler zu werden, kann sich sein Privatleben schlicht abschminken, denn das findet von der Presse beaufsichtigt statt.

- In der Bibel steht: „Du sollst nicht begehren deines Nächsten Weib, Knecht, Magd, Vieh noch alles, was dein Nächster hat." Wünschen Sie sich daher niemals etwas, das jetzt bereits einem anderen Menschen gehört. Das wäre eine sehr grobe Verletzung eines spirituellen (und nicht nur biblischen) Lebensprinzips. Es ist genug für alle da, auch für Sie. Lassen Sie also des Nächsten Weib und Vieh in Ruhe...

- Meine Wünsche stelle ich mir wie in einem Film vor, in dem ich im Mittelpunkt stehe. Das bedeutet, ich rieche, fühle, schmecke alles ganz genau so, wie es auch im realen Leben wäre. Das ist nicht schwer und wird Ihnen nach wenigen Wochen gelingen.

- Sie können diesen positiven und ruhigen Tagesbeginn natürlich auch erst in Ihrem Büro durchführen. Kommen Sie dann einfach, wenn noch kein anderer da ist und schließen Sie die Türe hinter sich zu.

Die Grundidee besteht einfach darin, sich nicht mit Hektik in den Tag zu stürzen, sondern ruhig und besonnen (immer seine Aufgaben vor Augen) zu arbeiten.

Dass Sie sich dabei noch auf Ihre Ziele und Wünsche konzentrieren, wird Ihrem Handeln Kraft und Stärke verleihen.

Autosuggestionskarten

Kennen Sie Autosuggestionskarten? Das sind Karten in Visitenkartengröße, auf denen Sie sich Ihre persönlichen Ziele und Wünsche notieren oder die ganz allgemeine positive Botschaften enthalten.

Diese Karten können Sie z.B. bequem in der Hemdtasche mit sich herumtragen. Allein dadurch, dass Sie diese dabei haben, werden Sie im Laufe des Tages immer wieder daran erinnert, dass Sie sich auf Ihre Chancen konzentrieren sollen.

Diese Karten sind nicht teuer und es ist allemal ein Versuch wert.
💻 Mehr Infos im Internet 💻

Autosuggestion CDs

Bei diesen CDs handelt es sich meist um Entspannungsübungen, die ein erfahrener Mentallehrer auf CD aufgesprochen hat. Meine Frau und ich haben beide jahrelang die CDs von Nikolaus Enkelmann angehört, den wir auch persönlich kennen.

Wichtig ist hierbei, dass Sie an keinen ‚Spinner' geraten, der gerade dabei ist. eine Jüngerschar um sich zu sammeln. Ein guter Mentaltrainer wird niemals Abhängigkeiten erzeugen. Und da können Sie bei Herrn Enkelmann sicher sein.

Wie wendet man diese CDs an? Das kommt darauf an: Es gibt welche für tagsüber, die können Sie während des Autofahrens anhören, oder andere, die sich sehr gut zum Einschlafen eignen. Mir persönlich haben die Letztgenannten immer am besten gefallen.
💻 Mehr Infos im Internet 💻

Zielcollagen

Bei Zielcollagen handelt es sich um ein weiteres Hilfsmittel, seine Ziele bildhaft im Auge zu behalten. Sie sind sehr preiswert und funktionieren ganz einfach:

Besorgen Sie sich einen Stapel Zeitungen, ein leeres DIN A3 Blatt, eine Schere und Klebstoff. Jetzt schneiden Sie aus den Zeitungen einfach alle Bilder aus, die Sie persönlich ansprechen und die Ihnen als erstrebenswert erscheinen.

Das kann ein schönes Haus sein, ein tolles Auto, Bilder von Urlauben und Landschaften. Sie können einfach alles ausschneiden, was Ihnen persönlich etwas sagt. Ich habe z.B. eine Tasse Cappuccino in meiner Zielcollage, die mich daran erinnern soll, immer wieder einmal bewusst Pause zu machen…

Wenn Sie alles ausgeschnitten haben, was Ihnen gefällt, ordnen Sie es so auf dem leeren Blatt an, dass sich eine schöne Collage daraus ergibt. Diese geben Sie in einen einfachen Bilderrahmen und hängen sie dort auf, wo nicht allzu viel Publikumsverkehr ist. So vermeiden Sie neugierige Fragen. Sie können Ihre Zielcollage natürlich auch einfach bei sich zuhause aufhängen.

Man sollte die Wirksamkeit solcher Dinge nicht unterschätzen. Rechnen Sie doch einmal mit: Wenn Sie jeden Tag nur 3-mal im Vorbeigehen auf Ihre Zielcollage sehen, so geben Sie Ihrem Unterbewusstsein pro Jahr ca. 1.000 positive Impulse. Das wird Spuren hinterlassen, da bin ich mir sehr sicher!

Zettel und Sprüche

Das Nächste, was Sie tun können, sind Zettel mit Sprüchen, die Ihnen gefallen, an Ihrem Arbeitsplatz zu platzieren. Wenn Sie etwas lesen, das positiv ist und Sie anspricht, schreiben Sie es auf eine Haftnotiz und kleben Sie es irgendwo hin, wo Sie es im Blickfeld haben. Auch so bekommt Ihr Unterbewusstsein Tag für Tag eine Menge positiver Anstöße.

Aufbauende Bücher

Natürlich dürfen die Bücher über positives Denken nicht fehlen. Wir haben einen ganzen Haufen davon, aber nicht alle habe ich auch ganz zu Ende gelesen.

Was mich immer wieder abschreckt und auch innerlich stört, sind Bücher von Leuten, die verkünden, dass alles möglich ist. Darauf wurde weiter vorne schon hingewiesen.

Meiden Sie diese ‚Wunschdenker und Träumer'; es wird Ihnen nichts helfen. Wenn jemand aus dem 14. Stockwerk eines Hochhauses springt und im 3. Stock ruft: „Bis jetzt ging es gut", braucht er nicht mehr allzu lange warten, bis er auf die Realität trifft, und das im wahrsten Sinnes des Wortes.

Eine Liste von empfehlenswerten Büchern haben wir auf der Webseite zusammengestellt. Auch diese Liste wird ständig erweitert.
💻 Mehr Infos im Internet 💻

Ihr Erscheinungsbild

Sie kennen sicher den Satz: „Wie Du kommst gegangen, so wirst Du auch empfangen." Das gilt natürlich für alle Menschen, aber eben auch ganz besonders für Sie als Chef der Firma.

Hier wird oft sehr viel verschenkt, weil man diesem wichtigen Punkt leider zu wenig Bedeutung beimisst.

Viele Unternehmer, die ich kenne, vertreten nach wie vor die Meinung, es würde ausreichen, wenn sie fachlich hoch qualifiziert sind. Auf reine Äußerlichkeiten käme es also nicht an. Der Kunde würde schließlich gut beraten und die Dienstleistung und das Produkt sind gut... das reicht, man sei ja nicht bei einer Modenschau!

Klar sind Sie nicht bei einer Modenschau, aber leider kann Ihr Kunde Ihr tolles Produkt und Ihre fachliche Kompetenz in den wenigsten Fällen beurteilen. Denken Sie einmal darüber nach, was Ihr Kunde, der ja versuchen muss, Sie irgendwie einzuschätzen, von Ihnen beurteilen kann…

Es werden nicht Ihre fachlichen Qualifikationen sein und auch nicht Ihr Produkt. Denn wenn sich Ihr Kunde damit wirklich auskennen würde, bräuchte er Sie ja nicht. Dann würde er es selbst machen und keine Firma, auch nicht Ihre, damit für teures Geld beauftragen.

Was also kann der Kunde von Ihnen (auch das läuft unterbewusst ab) beurteilen? Eigentlich nur Äußerlichkeiten und vielleicht noch den Preis. Da wird es aber bereits wieder schwierig, weil ihm auch hier das Fachwissen fehlt, um alle Einzelheiten verschiedener Angebote miteinander vergleichen zu können.

Lassen Sie uns doch einmal sehen, ob Sie nicht mit ein paar wenige Handgriffen mehr für sich erreichen können. Dazu möchte ich Ihnen nachfolgend ein paar Tipps geben:

Ihr Auftreten

Also zuallererst einmal: Achten Sie auf eine aufrechte Körperhaltung. Brust raus, Bauch rein und Kinn hoch…

Ich finde es immer wieder traurig, wenn ich ausgewachsene Männer und Frauen wie Fragezeichen zum Kunden gehen sehe. Sie sind doch wer, Sie versuchen Ihr Bestes, Sie geben sich Mühe. Sie wollen einen guten Job machen, also zeigen Sie das bitte auch durch Ihre Körperhaltung nach außen hin.

Achten Sie auf einen festen (aber nicht zu festen) Händedruck. Sie sollen hier keine Kraftproben geben, aber die Unsitte eines ‚Wischiwaschi-Händedrucks' ist weit verbreitet. Und achten Sie um alles auf der Welt darauf, dass Sie keine feuchten Hände haben. Sollten Sie Probleme mit Schweißhänden haben, waschen Sie sich kurz vorher die Hände. Das gilt insbesondere für handwerklich tätige Berufe. Was mir schon an schmutzigen Händen entgegengestreckt wurde, ist beinahe unglaublich. Es ist eine absolute Unverschämtheit, seinem Kunden eine dreckige Hand zu reichen. Ich weiß, dass vor allem Handwerker hier oft anderer Meinung sind, aber glauben Sie mir bitte, Ihr Kunde findet es nicht sexy, Ihnen die ‚schmutzige Pfote' zu drücken!

Sehen Sie Ihrem Gegenüber bei der Begrüßung in die Augen. Es wirkt sehr unseriös, wenn man bei der Begrüßung irgendwo hin sieht, aber nicht zu seinem Gesprächspartner.

Merke: „Kuckste drunter, kuckste drüber, geht alles an ihm vorüber..."

Achten Sie jedoch darauf, dass Sie Ihr Gegenüber nicht ‚niederstarren'. Das Spiel heißt nicht, wer zuerst wegsieht hat verloren.

Üben Sie diese Dinge am besten mit einem Freund oder Ihrem Lebenspartner. So bekommen Sie schnell ein Gefühl dafür und werden mit der Zeit ganz automatisch darauf achten.

Jetzt noch einige Dinge, die selbstverständlich sein sollten, die es aber leider nicht sind und über die man normalerweise auch nicht spricht. Ich möchte es trotzdem tun:

Wer an seinen Fingernägeln rumkaut und diese seinem Kunden präsentiert, verliert wertvolle Punkte. Besonders Frauen achten sehr auf die Hände, hier haben Sie also wirklich etwas zu verlieren oder aber zu gewinnen.

Genauso schlecht wirken ungeputzte Zähne und schlechter Atem. Besonders Raucher sollten da lieber öfters mal zu einem Minzbonbon greifen, wenn sie sich nicht sicher sind.

Ihre Haare sollten angemessen gepflegt und frisiert sein. Wie lang sie sind, finde ich persönlich nicht entscheidend. Nur gepflegt müssen Sie sein.

Männer sollten sich rasieren, bevor sie zum Kunden gehen. Wenn Sie einen Bart tragen, achten Sie darauf, dass auch dieser gepflegt ist.

Der nächste Punkt betrifft das Gegenteil der ‚ungepflegten Gilde' von Selbständigen, nämlich die Models unter ihnen...

Vor allem Männer sollten darauf achten, dass Parfüm in einer kleinen Dosis eingesetzt werden sollte. Jedes Zuviel in Sachen Parfüm macht Sie eher unsympathisch.

Denken Sie auch daran, dass Schweißgeruch von den meisten Menschen als sehr unangenehm empfunden wird.

Da Frauen meist das bessere Händchen haben, wenn es um das Erscheinungsbild geht, sollten Sie sich vielleicht einfach einmal einen weiblichen Rat einholen. Der ist kostenlos, aber niemals umsonst… es wird sich für Sie lohnen.

Kleidung

Bei der Kleidung gibt es ganz einfache Regeln. Immer gilt, dass Ihre Kleidung sauber sein muss. Ausnahmen gibt es hier nur im Handwerk, wobei es auch hier möglich sein sollte, zumindest bei einem Neukunden in einigermaßen sauberer Kluft zu erscheinen.

Für alle anderen Berufe empfiehlt es sich, sich in etwa so zu kleiden, wie das Ihre Kunden auch tun. Sie können und dürfen einen Tick besser gekleidet sein, aber niemals schlechter…

Klar ist auch, dass Ihre Kleidung in einem gepflegten Zustand ist, also keine Flecken, Löcher, Schmutzränder vorweist und nicht abgetragen ist. Besonders bei Anzügen verschleißen die Hosen deutlich schneller als das dazu passende Sakko. Deshalb werden die Hosen oft auch dann noch getragen, wenn sie schon längst (meist am Gesäß und an den Oberschenkeln) glänzen.

Das können Sie einfach dadurch lösen, dass Sie sich entweder Kombinationen kaufen oder aber zu einem Anzug immer gleich drei gleiche Hosen anstatt nur einer.

Vermeiden Sie aber, dass Ihr Kunde blass vor Neid wird, weil Sie so teure Designeranzüge tragen, die er sich niemals leisten kann. Ihr Kunde soll sich wohl fühlen und sich nicht klein vorkommen.

Gestik

Da Ihr Kunde nicht nur auf das hört was Sie sagen, sondern Sie auch visuell als Person wahrnimmt, sollten Sie einmal ganz bewusst auf Ihre Gestik und Körpersprache achten.

Also, wie bewegen Sie sich? Sind Ihre Bewegungen ruhig und ausgeglichen, fließend und harmonisch oder (und das wäre ungünstig) hektisch und fahrig? Es gibt ein Sprichwort, das sinngemäß sagt: „Das, was Du ausstrahlst, schreit so laut, dass ich gar nicht höre, was Du sagst…"

Vermeiden Sie es daher, hektisch und unsicher zu wirken. Wenn Sie nervös sind, können Sie zum Beispiel vor einem wichtigen Gesprächstermin eine kurze Entspannungsübung machen. Schließen Sie die Augen, atmen Sie tief und entspannt in den Bauchraum. Zählen Sie beim Einatmen auf sieben, halten Sie die Luft an, während sie noch einmal auf sieben zählen und atmen Sie auch in diesem siebener Rhythmus wieder aus. Das Ganze wiederholen Sie sieben Mal.

Diese Entspannungsübung benötigt nur wenige Minuten und kann an nahezu jedem Ort durchgeführt werden. Sie können dafür Ihr Auto benutzen, ein Wartezimmer oder, wenn Sie ungestört sein möchten, zur Not auch ganz einfach eine Toilette. Sie werden schnell merken, dass diese Übung hilft, die Nervosität in den Griff zu bekommen.

Wenn Sie bei Ihrem Kunden sitzen, denken Sie bitte daran, Ihre Arme nicht vor der Brust zu verschränken. Das signalisiert Ablehnung, genauso wie das Überschlagen der Beine, wenn das überschlagende Bein ‚weg von Ihrem Kunden' zeigt.

Bemühen Sie sich einfach um eine offene und zuvorkommende Haltung, ohne dabei anbiedernd zu wirken.

Gesprächsführung

Die meisten Geschäftsleute reden zuviel und fragen zuwenig. Dabei sind Fragen das effektivste Mittel, um herauszufinden, was Ihr

Kunde gerne hätte... Versuchen Sie einmal, sich einen Fragenkatalog anzulegen, der die wichtigsten Fragen enthält, die Sie Ihrem Kunden stellen können.

Durch Fragen haben Sie übrigens ganz automatisch die Gesprächsführung in der Hand. Es ist auch sehr gut, sich die Antworten Ihres Kunden kurz zu notieren. Wenn Sie sich angewöhnen, bei jedem Kundenbesuch ein kleines Protokoll mit Datum, Gesprächsinhalt und Wünschen Ihres Kunden anzulegen und dies dann in die entsprechende Kundenakte ablegen, haben Sie stets wichtige Informationen und Daten verfügbar. Außerdem signalisieren Sie Ihrem Kunden dadurch, dass er Ihnen wichtig ist, und Sie können sich auch immer wieder auf die besprochenen Inhalte beziehen.

Die Gesprächsanteile sind ideal verteilt, wenn Sie ca. 40% reden und Ihr Kunde 60%. Hören Sie also entspannt zu, machen Sie sich Notizen und ergründen Sie, was Ihr Kunde wirklich gerne möchte. Dann ist der Verkauf kein Kraftakt, sondern nur noch das natürliche Erfüllen der Wünsche und Bedürfnisse Ihres Kunden.

Sprache

Besonders Fachleute reden oft in Begriffen, die sehr spezifisch sind und nur von Eingeweihten verstanden werden können. Bei der Sprache, die man seinen Kunden gegenüber verwendet, gilt es sich zu entscheiden.

Möchten Sie als Gelehrter auftreten und mit Ihrem Wissen angeben? Dann lassen Sie möglichst viele Fachbegriffe und Formulierungen im Gespräch fallen, die der Kunde bestimmt nicht versteht. Er wird Sie dann bewundern und Sie werden wahrscheinlich nichts verkaufen.

Oder: Möchten Sie, dass Ihr Kunde Ihren Lösungsansatz nachvollziehen kann und das Gefühl hat, dass endlich einmal jemand da ist, der ihn versteht und der Zusammenhänge leicht verständlich erläutern kann? Dann vergessen Sie das Fachchinesisch und fragen Sie immer wieder mal nach, ob Sie sich verständlich genug ausdrücken.

Es ist erschreckend, wie viele Beratungsgespräche mit Worten gespickt sind, mit denen kein Kunde etwas anfangen kann. Nehmen wir mal ein Beispiel aus der Computerbranche: Ihr Kunde braucht einen neuen PC für seine Officeanwendungen und seine Kundenverwaltung. Der Kunde versteht nicht wirklich etwas von PCs, kommt aber mit seinen Programmen so ganz gut hin.

Nun können Sie ihm natürlich mit folgenden Worten einen PC empfehlen: *„Also ich würde ja an Ihrer Stelle den neuen PC mit einem Intel® Pentium® Processor Extreme Edition 955 mit HT Technologie nehmen. Der hat 3.46GHz, 2x2MB L2 Cache, 1066MHz FSB, EM64T und Intel Virtualization Technologie. Sie wissen ja ein echter Hammer... Außerdem hat der noch bis zu 8 GB3 Dual-Channel DDR2 533 Non-ECC SDRAM-Speicher und 4 GB DDR2 667 ECC SDRAM-Speicher. Gut oder, und die PCI Express-Grafikkarte hat bis zu 150 Watt für PCIe x16-Steckplätze... Affenscharf oder nicht, möchten Sie so einen haben?“*

Will Ihr Kunde so etwas haben? Nein, will er nicht – und warum nicht? Ganz einfach deshalb, weil er Sie nicht verstanden hat. Deshalb ein Alternativvorschlag, wie Sie es auch machen können: *„Herr Kunde, damit Sie auch weiterhin mit Ihrer Textverarbeitung, Ihrer Tabellenkalkulation und Ihrer Kundenverwaltung gut klarkommen, würde ich den blauen Computer dahinten nehmen. Der hat ein prima Preis-Leistungsverhältnis und damit haben Sie bestimmt wieder drei Jahre Ihre Ruhe und können sich auf Ihre eigentliche Arbeit konzentrieren. Und sollte mal etwas kaputt gehen, können Sie das Gerät einfach wieder zu uns bringen. Möchten Sie ihn gleich mitnehmen oder sollen wir den Computer direkt zu Ihnen nach Hause liefern?“*

Wenn Ihr Kunde jetzt weitere fachliche Fragen hat, wird er sie stellen. Dann, aber erst dann sollen Sie diese auch gut beantworten. Aber bitte auch wieder möglichst ohne Fachausdrücke... Sie bemerken den Unterschied? Einmal haben Sie mit Ihrem Fachwissen geprotzt, kein Mensch hat Sie verstanden und es kam auch kein Verkauf zustande.

Das andere Mal haben Sie Ihrem Kunden einfach das gute Gefühl vermittelt, dass Sie schon wissen, was er wirklich braucht, und er bei Ihnen in guten Händen ist.

Telefonieren

Viele Menschen telefonieren nicht gerne. Wenn Sie auch dazugehören finden Sie hier ein paar nützliche Tipps und Ideen, die ein Telefonat angenehmer machen können:

- Wenn Sie eine Reihe von Rückrufen zu erledigen haben und keinen ‚Einstieg' in das Telefonieren finden, können Sie zunächst kurz einfach einen Menschen anrufen, mit dem Sie gerne telefonieren. So telefonieren Sie sich quasi warm. Gleich nachdem Sie aufgelegt haben, wählen Sie dann die erste Nummer, die Sie anrufen müssen.

- Stellen Sie sich ein Schild auf den Schreibtisch auf dem steht: „Bitte lächeln" – meist hilft das unterbewusst, die Stimmung etwas anzuheben. Ein solches Schild erhalten Sie zusammen mit den Checklisten auf der Chefwebseite.

- Sie können auch einen kleinen Spiegel auf Ihren Schreibtisch stellen, und sich selbst beim Telefonieren zusehen. Achten Sie einmal auf Ihren Gesichtsausdruck. Ihre Ausstrahlung überträgt sich nämlich auch bei einem Telefonat, obwohl Ihr Gegenüber Sie nicht sehen kann.

- Gewöhnen Sie sich an, stets Papier und Bleistift zur Hand zu haben. So können Sie Notizen vor, während und nach Ihrem Telefonat machen.

- Achten Sie darauf, dass bei Ihnen keine störenden Hintergrundgeräusche das Telefonat stören. Auch dudelnde Radios sind eine Unsitte.

- Schreiben Sie sich einmal einen optimalen Text auf, mit dem Sie sich dann immer bei Ihrem Gesprächspartner melden. So steht Ihr erster Satz bereits fest, und Sie gewinnen etwas Zeit, um sich auf das Telefonat zu konzentrieren.

- Nehmen Sie eine Körperhaltung ein, die dem Inhalt des Telefonats angemessen ist. Sie können keinen neuen Kunden anrufen, wenn Sie den Kopf hängen lassen und zum Boden blicken… Nehmen Sie also eine siegessichere Haltung ein: Kopf hoch und lächeln.

Probieren Sie diese kleinen Hilfsmittel einmal aus. Was Ihnen hilft sollten Sie beibehalten und es zur Gewohnheit machen.

<u>Zielplanung</u>

Über Zielplanung ist schon viel geschrieben worden. Auch auf der Chefwebseite finden Sie dazu ausgesuchte Links im Internet. Eines ist für alle Firmenchefs gleich: „Wer nicht weiß, wohin er will, dem ist kein Wind recht…“

Der Chef muss die Richtung angeben, in die das Unternehmen steuern soll. Niemand anders kann und soll diese Aufgabe für Sie übernehmen. Keiner kennt Ihren ‚Laden’ so gut wie Sie. Niemand weiß besser als Sie, was Sie mit und durch Ihr Unternehmen erreichen wollen.

In der Praxis ist es aber oft so, dass die Alltagsarbeit soviel Kapazität bindet, dass einfach keine Zeit zum Nachdenken oder für eine Zielplanung bleibt. Die Folgen sind dann meist fatal. Man ackert und ackert und ackert und irgendwann ist wieder ein Jahr vorbei. Man kann gar nicht sagen, ob man weiter gekommen ist, man hat einfach nur geschuftet und alle anfallenden Aufgaben irgendwie versucht bestmöglich abzuarbeiten.

Ich selbst habe zu diesem Thema eine ganz simple Meinung: Wer seine Ziele nicht kennt, braucht gar nicht erst mit der Arbeit anzufangen. Sie wird sowieso nicht zum Erfolg führen.

Stellen Sie sich einmal vor, Ihre Firma sei ein Boot mit 6 Ruderern. Die Ruderer stellen Ihre Mitarbeiter dar. Wenn Sie keine Mitarbeiter haben, stellen Sie sich einfach ein kleines Boot vor, in dem nur Sie (und vielleicht) Ihr Lebenspartner sitzen.

Jeden Morgen steigen Sie also in das Boot ein und schreien laut: „Auf geht’s, heute wird wieder gerudert, und zwar kräftig. Wir müssen Umsatz machen.“ Vielleicht traut sich einer Ihrer Mitarbeiter zu fragen: „Wohin sollen wir rudern?“ Und Sie antworten: „Ist doch egal, in die Riemen Männer und Gas geben bis die Riemen qualmen.“

Bei vielen Selbständigen ist das so. Es wird gerudert, Gas gegeben, die Riemen qualmen, die Mannschaft ächzt und stöhnt, aber es stellt sich kein Erfolg ein. Es geht nicht wirklich vorwärts: Was fehlt ist jemand, der die Richtung vorgibt, und so rudert man am Montag nach Süden, am Dienstag nach Westen, am Mittwoch nach Osten, nur um am Donnerstag nach Norden abzudrehen. Am Freitag ist man dann fix und fertig, aber effektiv kein Stück weiter gekommen.

So macht Arbeit keinen Sinn. Wäre man an allen Tagen nur ein kleines Stück weitergekommen, indem man stets in die gleiche Richtung gearbeitet hätte, wäre das Leben entspannter und angenehmer gewesen. Auch die kleinsten Fortschritte sind wertvoll, wenn Sie in die richtige Richtung gehen. Und diese richtige Richtung müssen Sie kennen und Ihren Mitarbeitern, und auch sich selbst, immer wieder und wieder ansagen.

Am sinnvollsten ist übrigens eine Aufteilung Ihrer Ziele nach Zeiträumen:

Ihre kurzfristigen Ziele

Ein kurzfristiges Ziel wird für die nächsten zwölf Monate ausgerufen, gerne auch für einen kürzeren Zeitraum, auf keinen Fall aber für einen längeren.

Dabei ist es praktisch, seine Ziele in die verschiedenen Lebensbereiche aufzuteilen:

- Was möchten Sie beruflich in den nächsten zwölf Monaten erreichen? Dazu zählen auch Ihre finanziellen, also die wirtschaftlichen Ziele.
- Was möchten Sie im privaten Bereich für sich erreichen? Dazu zählen dann, wenn vorhanden, auch der Lebenspartner und die Kinder.
- Wie möchten Sie gesundheitlich in zwölf Monaten dastehen?
- Was möchten Sie im seelisch-geistigen Bereich gerne in den nächsten zwölf Monaten verwirklichen?

Eine gute Zielplanung wird immer schriftlich gemacht. Das Notieren Ihrer Ziele auf einer Liste hat den enormen Vorteil, dass Sie Ihre Ziele bei sich Zuhause oder auch im Büro aufhängen können und so immer wieder daran erinnert werden. Vor allem, wenn es einem einmal nicht so gut geht, verliert man seine wichtigen Ziele so nie aus den Augen.

Ein weiterer Vorteil ist, dass Sie Ihre Zielplanung so immer wieder überarbeiten und anpassen können. Zusätzlich wird Ihr Biocomputer, das Gehirn, entlastet und Sie haben den Vorteil, sich an Ihren einmal notierten, schriftlichen Zielen auch messen zu können. Schreibt man seine Ziele nicht auf, so verschiebt sich oft eine Zielplanung mit und durch die Ereignisse des Tagesgeschäfts.

Die schriftlich notierten Ziele hingegen halten einen auf Kurs und es tut ganz gut, sich dadurch immer wieder daran erinnern zu können, was man eigentlich wirklich wollte.

Ihre mittelfristigen Ziele

Mittelfristige Ziele sollten einen Zeitraum von 1 – 4 Jahren umfassen. Auch hier sollten Sie eine Unterteilung in die Bereiche beruflich, privat, gesundheitlich und seelisch-geistig vornehmen, damit alle Bereiche Ihres Lebens gleichermaßen viel Beachtung finden und kein Bereich überstrapaziert oder vergessen wird.

Ihre langfristigen Ziele

Die langfristigen Ziele betreffen einen Zeitraum von 5 – 10 Jahren. Zusätzlich gibt es dann noch den Bereich der so genannten Fernziele, die so etwas wie Ihren Lebenssinn verkörpern sollten.

Eine gute Methode, um herauszufinden, was ein Fernziel sein könnte, ist sich einmal zu fragen, was man gerne auf seinem Grabstein für eine Inschrift haben würde…

Klar, das mag jetzt nicht die angenehmste Vorstellung sein, aber was sollen die Menschen von Ihnen einmal sagen, wenn Sie dieser

Ebene den Rücken zukehren und von Ihrem Recht auf Ableben Gebrauch machen?

Sich mit seinen Fernzielen zu beschäftigen hat etwas Großes und zeigt den roten Faden in Ihrem Leben auf. Je mehr Ihre tägliche Arbeit mit Ihrem eigentlichen Lebenssinn in Einklang steht, desto harmonischer wird jeder einzelne Tag für Sie verlaufen.

Je besser es Ihnen gelingt, das zu tun, was mit Ihrem eigentlichen Lebenssinn, also Ihren Fernzielen in Übereinstimmung steht, desto weniger Reibungsverluste haben Sie im alltäglichen Arbeitsablauf.

1 x im Monat gönne ich mir eine Auszeit

Was jetzt beschrieben wird, stößt wahrscheinlich an vielen Stellen auf Ablehnung, weil man meint, dafür keine Zeit erübrigen zu können. Trotzdem ist es wichtig, wahrscheinlich sogar entscheidend für Ihren Erfolg als Freiberufler und Unternehmer…

Ich bitte Sie darum, einmal im Monat einen ganzen Tag nur für sich und Ihre Zielplanung und Zielkontrolle zu reservieren. Gönnen Sie sich diese Auszeit, und Sie werden größere Erfolge haben, als je zuvor.

An diesem Tag, den Sie immer mit Ihrem Lebenspartner gemeinsam verbringen sollten, geht es nur darum, dass Sie sich um sich selbst kümmern. Dabei lassen Sie die letzten 30 Tage Revue passieren und haben Ihre eigene Zielsetzung in Schriftform dabei.

Sie können diese Auszeit an jedem Ort durchführen, nur nicht im Büro und nicht innerhalb der normalen Familiengemeinschaft. Sie sollen ja Zeit für sich selbst haben und nicht abgelenkt oder gestört werden.

Sie können im Sommer in ein Freibad gehen, auf einen Berg fahren (das finde ich persönlich super, weil von dort oben naturgemäß alles im Tal kleiner und weniger wichtig erscheint) oder aber einfach an Ihren Lieblingsort fahren. Sie können in eine tolle Saunalandschaft gehen, oder sich einfach in einen Park setzen.

Wichtig ist nur, wie schon gesagt, dass Sie Ihren Lebenspartner dabei haben und ungestört sind. Schalten Sie an diesem Tag auch das Handy aus. Machen Sie sich bitte bewusst, dass niemand unersetzlich ist und dass sich die Welt weiterdreht, auch wenn Sie einmal einen ganzen Tag lang keine Anrufe, Faxe oder E-Mails beantworten…

Sollte sich die Welt dann wider Erwarten doch nicht weiterdrehen, geben Sie mir einfach kurz Bescheid ;-))

Was man an einem solchen Tag macht, ist ziemlich einfach. Sie brauchen dafür nur einen Block Papier und etwas zum Schreiben. Es geht darum, die folgenden Punkte zu erkunden:

Erfolgskontrolle

Wie gut sind Sie in den letzten 30 Tagen vorangekommen? Nehmen Sie dazu Ihre drei Zielplanungen (also die kurzfristige, die mittelfristige und die langfristige Planung) zur Hand und vergleichen Sie Ihre Ziele mit Ihren Ergebnissen.

Wenn Ihre Ergebnisse in etwa mit Ihren Zielen übereinstimmen, brauchen Sie in Ihrem Alltag nichts zu verändern und können einfach so weitermachen. Sollten Sie allerdings feststellen, dass Ihre Ziele mit Ihren Ergebnissen nichts oder zu wenig zu tun haben, müssen Sie handeln.

Entweder passen Sie jetzt Ihre Ziele an oder Sie überlegen sich, wie Sie zu anderen Ergebnissen kommen können. Sie merken selbst, wie wichtig dieser Tag für Ihre Zukunft sein wird? Was bringt es einem, den ganzen Monat zu arbeiten, wenn man sich nicht einmal einen Tag nimmt, um zu überprüfen, ob man auf seinem selbst gewählten Kurs ist?

Das wird so oft versäumt, hinten angestellt und verschoben, dass es mich persönlich nicht wundert, wenn viele Selbständige nie da ankommen, wo sie eigentlich hin wollten. Und das, obwohl – oder gerade weil – man Tag für Tag ‚ackert wie besessen'…

Wie geht es mir?

Ein weiterer, sehr wichtiger Punkt bei Ihrer Auszeit dreht sich um Sie als Mensch. Wie geht es Ihnen? Fühlen Sie sich gut? Macht Ihnen das, was Sie tun größtenteils Spaß und Freude? Sind Ihre Arbeitsumstände für Sie, so wie sie sind, in Ordnung? Möchten Sie gerne etwas verbessert haben? Wenn ja, was?

Mit diesem Punkt sollen Sie erreichen, dass Sie als Mensch nicht zu kurz kommen. Erfolg hat nichts mit Leiden zu tun, ganz im Gegenteil. Große Erfolge kommen oft ganz einfach zustande. Sie sind dann einfach zur richtigen Zeit am richtigen Ort. Oder Sie tun ganz einfach das, was Sie am besten können und/oder woran Sie am meisten Spaß haben.

Da es meist Kleinigkeiten sind, die einem im Alltag ‚sauer aufstoßen' ist es gar nicht so dramatisch schwierig, hier für etwas mehr Wohlbefinden zu sorgen. Vielleicht mögen Sie ja nur einfach einen frischen Blumenstrauß auf Ihrem Schreibtisch oder ein neues Telefon, weil das alte immer so knackt und man kaum sein eigenes Wort versteht.

Überlegen Sie hier also bitte, was Ihnen zusätzliches Wohlbefinden verschaffen könnte und gönnen Sie sich diese Kleinigkeiten im Alltag.

Bei mir selbst habe ich zum Beispiel festgestellt, dass es mich extrem nervt, wenn ich mich konzentrieren soll und ich durch die offene Bürotür ständig störende Geräusche mitbekomme.

Also habe ich meine Bürotür einfach zugemacht und ein Schild von außen befestigt, auf dem steht, dass ich nicht gestört werden möchte. Das Schild kostete ein paar Euro, und meine tägliche Arbeit hat sich total entspannt…

Es müssen also nicht immer teure Anschaffungen oder Veränderungen sein, meistens sind es lediglich Kleinigkeiten, die nicht beachtet werden und sich dann so lange auftürmen, bis man schlicht nur noch genervt ist.

Wie geht es der Familie?

So, da Sie sich jetzt überlegt haben, was Sie sich selbst Gutes tun können, ist es Zeit, an Ihre Lieben zu denken. Wie geht es Ihrer Familie? Alles klar? Stimmen die zwischenmenschlichen Beziehungen? Fragen Sie dazu – so vorhanden – am besten Ihren Lebenspartner, Sie werden sich wundern, wie genau Sie dort Auskunft erhalten :-))

Es gelten die gleichen Gedanken wie schon oben beschrieben. Die Familie als wichtigster Baustein des persönlichen Erfolges muss und will eben auch gepflegt werden.

Es gibt übrigens auf der Webseite http://www.mein-finanzbrief.de einen Familien Manager auf CD, der dabei hilft, innerhalb der Familie Harmonie, Verständnis und Vertrauen aufzubauen und zu erhalten. Vielleicht haben Sie ja einmal Lust, sich den Familien Manager anzusehen.

Ist mit meiner Gesundheit alles o.k.?

Last but not least... Wie geht es Ihnen gesundheitlich? Wer auf seine Gesundheit achtet, solange er gesund ist, wird mehr erreichen, als derjenige, der sich erst krank arbeitet und anschließend all sein schönes Geld in Kurkliniken trägt, um wieder gesund zu werden.

Gesundheit ist ein hohes, vielleicht sogar das höchste Gut, aber man kümmert sich in aller Regel erst viel zu spät darum, nämlich dann, wenn die Gesundheit futsch ist...

So ungeschickt wollen wir uns nicht verhalten und tun deshalb jeden Tag ein kleines Bisschen für unseren Körper. Übrigens trägt auch diese Auszeit bereits zur Entspannung und körperlichen Gesundheit bei.

Der Tag, an dem Sie Ihre Auszeit nehmen, sollte also auch dazu genutzt werden, um in sich hinein zu spüren, um auf die Signale des Körpers zu hören und um sich um seine Befindlichkeit zu kümmern.

Sie finden jetzt auf den nächsten Seiten noch eine Vorlage für Ihre Zielplanung und für Ihre Auszeit, die Sie sich gerne kopieren können, um Sie für sich zu verwenden.

Meine Ziel- und Lebensplanung:

<u>Meine kurzfristigen Ziele (1 – 12 Monate)</u>

Beruflich:

Privat:

Familie:

Seelisch – geistig:

Meine Ziel- und Lebensplanung:

Meine mittelfristigen Ziele (1 – 4 Jahre)

Beruflich:

Privat:

Familie:

Seelisch – geistig:

Meine Ziel- und Lebensplanung:

<u>Meine langfristigen Ziele (5 – 10 Jahre)</u>

Beruflich:

____
____
____
____
____
____

Privat:

____
____
____
____
____
____

Familie:

____
____
____
____
____
____

Seelisch – geistig:

____
____
____
____
____
____

Meine Ziel- und Lebensplanung:

<u>Meine Fernziele (Lebensziele)</u>

Beruflich:

Privat:

Familie:

Seelisch – geistig:

Einmal pro Monat nehme ich mir meine Auszeit:

Erfolgskontrolle, stimmen meine Ergebnisse der letzten 30 Tage mit meinen Zielen über ein? Was fällt mir auf?

Wie geht es mir?

Wie geht es meiner Familie?

Ist mit meiner Gesundheit alles o.k.?

Freizeit

Wir leben in einer Freizeitgesellschaft, daran besteht wohl kein Zweifel. Aber wie lebt man als Selbständiger in dieser Freizeitgesellschaft? Nun, zugegebenermaßen etwas problematisch, denn Sie haben nun mal keine 35-Stundenwochen, und vor allem am Anfang der Selbständigkeit keine feste Arbeitszeit.

Als Selbständiger kann man nach Hause gehen, wenn die Arbeit fertig ist. Das kann für Sie eine 70-Stundenwoche bedeuten, oder aber – wenn mal alles optimal läuft – auch nur eine 25-Stundenwoche.

Vielleicht kennen Sie den Werbespruch von Jan Ulrich, der sagt: "Das tolle an meiner Arbeit ist, je schneller ich Rad fahre, desto früher habe ich Feierabend." Genauso ist es bei einem Selbständigen auch. Die anfallende Arbeit gibt den Rhythmus Ihrer Arbeitszeit vor. Wer sich damit nicht anfreunden kann, wird auf Dauer keine wirkliche Freude an seiner Selbständigkeit haben.

Und noch eines ist wichtig: Wenn Ihr Lebenspartner das nicht versteht und mitträgt, gibt es langfristig, auch wenn es hart klingt, nur drei Möglichkeiten:

- endlose Diskussionen über den immer gleichen Punkt
- wieder zurück ins Angestelltenverhältnis
- einen anderen Lebenspartner

Ich ganz persönlich würde mir nicht zutrauen, den Punkt mit den endlosen Diskussionen auf Dauer ertragen zu können und müsste mich daher wohl zwischen der zweiten und der dritten Lösung entscheiden…

Sommer- und Winterurlaube?

In den ersten vier Jahren meiner Selbständigkeit hatte ich weder Sommer- noch Winterurlaube. Zum einen hat das Geld dafür gefehlt und zum anderen war ich viel zu sehr damit beschäftigt, meine Firma aufzubauen. Ich habe ganz einfach deshalb den Urlaub nicht vermisst, weil ich keine Zeit hatte, daran zu denken.

Das erste und oberste Ziel war es, die Firma ins Laufen zu bekommen und das erforderte meine ganze Kraft und Aufmerksamkeit. Übrigens hat meine Frau Tina deshalb nie ‚herumgenöhlt', was ich nachträglich sehr zu schätzen weiß.

Später haben wir Traumurlaube verbracht und sind viel in der Welt herumgekommen, aber am Anfang war dafür weder Zeit, noch Raum und schon gar kein Geld da. Grämen Sie sich also bitte nicht, wenn Sie einmal ein paar Jahre ohne Urlaube auskommen müssen. Das ist völlig normal.

Kurzurlaube machen

Eine gute Alternative sind Kurzurlaube. Fahren Sie doch einfach in einer etwas ruhigeren Zeit einmal 2 – 3 Tage weg.

Das muss dann übrigens auch gar kein Wochenende sein. Wenn Sie nicht auf Kinder Rücksicht nehmen müssen, sind Kurzurlaube unter der Woche meist wesentlich günstiger, weil da nur ganz wenige Menschen Zeit haben.

Ein großer Vorteil der Selbständigkeit ist doch die freie Zeiteinteilung. Das könnten Sie hier nutzen.

Samstag und Sonntag frei?

Besonders in Familien wird oft großer Wert auf ein freies Wochenende gelegt. Das ist mit Sicherheit auch richtig und in Ordnung. Aber besonders am Anfang der Selbständigkeit wird daraus wohl oft nichts werden.

Viele Selbständige müssen den Samstag und teilweise auch den Sonntag dafür nutzen, um die Buchhaltung zu erledigen oder Dinge abzuarbeiten, die unter der Woche einfach liegen geblieben sind.

Das ist im Grunde genommen nichts Schlimmes, und man kann es sich bei solchen Büroarbeiten ja auch richtig gemütlich machen.

Vielleicht helfen Ihnen Ihr Lebenspartner oder Ihre Kinder ja sogar mit. Wir haben jedenfalls keine schlechten Erfahrungen damit gemacht, auch am Wochenende noch das ein oder andere zu erledigen.

Wichtig erscheint mir nur, dann besonders darauf zu achten, keine Hektik zu machen. Lassen Sie sich Zeit, gönnen Sie sich mal ein etwas langsameres Tempo, oder auch mal ein Stück Kuchen zwischendurch.

Wenn Sie Ihre Familie einbeziehen möchten, sollten Sie eine Zeitspanne vorgeben, damit sich alle darauf einstellen können, wie lange es in etwa dauern wird. Dann wird keiner nervös und vor allem Ihre Kinder lernen so auch gleich, dass Arbeit etwas Schönes sein kann.

Feiertage

Ähnliches gilt auch für Feiertage. Befreien Sie sich als Selbständiger von dem Zwang, zu bestimmten Feiertagen immer bei der Verwandtschaft zu erscheinen. Machen Sie Ihren Eltern und Schwiegereltern klar, dass Sie, wenn es geht, gerne kommen, aber dass sie auch akzeptieren müssen, wenn Sie einmal im Geschäft bleiben müssen und deshalb keine Zeit für Besuche haben.

Eltern und Schwiegereltern sind übrigens auch herzlich dazu eingeladen, in Ihrem Geschäft mitzuhelfen ;-))

Delegieren

Ein sehr wichtiger Punkt ist das Delegieren von Aufgaben. Hier sollten Sie sich gleich zu Anfang Ihrer Selbständigkeit ein paar grundlegende Gedanken machen.

Wann delegiere ich was und an wen, und wenn ich etwas delegiert habe, wie verhalte ich mich dann?

Wann delegieren?

Die Frage nach dem ‚wann delegieren' ist relativ einfach zu beantworten: Delegieren Sie rechtzeitig!

Es macht wenig Sinn, erst dann Aufgaben zu delegieren, wenn Sie selbst schon unter Abgabedruck stehen und eigentlich nur noch das nächstbeste Opfer suchen, um die Aufgabe abwälzen zu können.

So hat der- oder diejenige, welche(r) die Aufgabe bekommt, kaum Zeit, um sich selbst darauf einzustellen. Und Ihnen fehlt die Zeit, um die Aufgabenstellung vernünftig und in Ruhe erklären zu können.

Machen Sie es sich einfach zur Angewohnheit, bei jeder Aufgabe, die hereinkommt, gleich zu überlegen, ob Sie das selbst tun wollen oder ob Sie es delegieren können und möchten. Dann sind Sie einen entscheidenden Schritt in Richtung stressfreies Arbeiten weitergekommen.

An wen delegieren?

Wer von Ihnen eine Aufgabe bekommt, muss sowohl fachlich als auch persönlich in der Lage sein, ein gutes Ergebnis abzuliefern. Da die meisten Menschen sich selbst keine Blöße geben wollen, wird oft jede Aufgabe angenommen und dann sitzen die Leute da und überlegen sich, wie sie das eigentlich hinbekommen sollen.

Hier haben Sie als Chef die Verantwortung, sich zu überlegen, welche Aufgabe Sie an wen abgeben und ob das gut geht. Ihre Kunden erwarten ein hervorragendes Resultat von Ihnen, das gilt auch für Aufgaben, die delegiert worden sind.

Da kann sich der Chef nicht herausreden, indem er seinem Kunden sagt: „Ja… aber das hätte doch das Fräulein Meier machen sollen". Im Gegenteil, Sie würden damit nur den Eindruck erwecken, dass Sie Ihren Laden nicht im Griff haben und sich auf Ihre Mitarbeiter nicht verlassen können.

Wie delegieren?

Delegieren wird noch viel zu häufig mit dem puren Abwälzen von Aufgaben auf andere verwechselt. Richtiges Delegieren ist eine kleine Kunst, die aber leicht zu erlernen ist. Hier eine kurze Erläuterung:

- Sie haben sich dazu entschlossen, eine Aufgabe abzugeben und der Zeitpunkt ist auch rechtzeitig genug gewählt.

- Der Mitarbeiter, dem die Aufgabe übertragen wird, ist fachlich und persönlich in der Lage, diese auch zu bewältigen.

- Sie haben auf nur einer DIN A4 Seite die Aufgabe schriftlich festgehalten. Sowohl Sie als auch Ihr Mitarbeiter haben jeweils eine Kopie der Aufgabenbeschreibung.

- Sie haben ein Kontrolldatum (das ist der Termin, an dem Sie sich die Lösung der Aufgabe zeigen lassen) und einen Endtermin (das ist der Termin, wann es für den Kunden fertig sein muss) schriftlich festgehalten.

- Zum Schluß haben Sie Ihren Mitarbeiter gefragt, ob er alles hat, was er für die Erledigung der Aufgabe braucht und alle offenen Fragen abgeklärt.

- Ihr Mitarbeiter weiß, dass er sich bei Fragen jederzeit an Sie wenden kann und Sie dann Zeit für ihn haben.

- Es ist auch klar, dass Ihr Mitarbeiter jetzt sämtliche Kompetenzen hat, um die Aufgabe erledigen zu können. Delegieren Sie Aufgaben stets nur zusammen mit der dazu gehörenden Kompetenz, sonst wird Ihr Mitarbeiter sich unter Umständen sehr blamieren und plagen...

Den Überblick behalten

Beim Delegieren ist es wichtig, zwei Phasen einzuhalten. Die eine Phase läuft von dem oben geschilderten Mitarbeitergespräch bis zum Kontrolltermin. Hier sollten Sie sich in jedem Fall zurückhalten und nicht dauernd nachfragen, wie es um die Aufgabe steht. Wenn Sie hier ständig um Ihre Mitarbeiter ‚herumschwänzeln', können Sie es auch gleich selbst machen.

Außerdem erwecken Sie bei Ihren Mitarbeitern den Eindruck, dass Sie ihnen nicht vertrauen. Verlassen Sie sich einfach mal darauf, dass Ihre Mitarbeiter schon zu Ihnen kommen, wenn Sie Hilfe oder Unterstützung brauchen.

Die andere Phase ist die des Kontrolltermins bis zum Endtermin. Hier gibt es jetzt drei Möglichkeiten: Entweder ist die Aufgabe klasse gemacht und erledigt worden, dann brauchen Sie nur noch dafür zu sorgen, dass Ihr Kunde das Ergebnis auch erhält.

Die zweite Möglichkeit ist weniger angenehm, aber auch das wird in der Praxis wohl ab und zu vorkommen: Die Aufgabe ist ganz einfach nicht vollständig erledigt worden, aber im Grunde genommen fehlen nur noch ein paar Kleinigkeiten.

In diesem Fall besprechen Sie das mit Ihrem Mitarbeiter und vereinbaren einen kurzfristigen Wiedervorlagetermin.

Die dritte Möglichkeit ist die ungünstigste für Sie: Die Aufgabe ist gar nicht gelöst oder ganz schrecklich erledigt und Sie können das Ergebnis so nicht abgeben...

Jetzt können Sie eigentlich nur noch selbst das Wirbeln anfangen. Ich rate Ihnen dringend dazu, die Aufgabe jetzt selbst nachzubessern und wieder zu übernehmen. Geben Sie Ihrem Mitarbeiter keine Chance mehr, die Aufgabe zu lösen, die hatte er bereits.

Nachdem Sie dann die Aufgabe selbst gemacht haben, müssen Sie sich wohl oder übel auf die Fehlersuche begeben. Haben Sie zu viel von Ihrem Mitarbeiter erwartet? Oder hatte dieser einfach nur keine Lust und hat sich nicht angestrengt?

Wenn er oder sie nur keine Lust hatte und sich das öfter wiederholt, trennen Sie sich bitte möglichst umgehend von diesem Mitarbeiter. Sie können sich als Chef keine Bremsklötze leisten. Ihr Unternehmen muss Gewinn machen, damit es Löhne und Gehälter zahlen kann. Um Gewinn zu machen, müssen Sie besser als Ihre Konkurrenz sein.

Wenn das ein Mitarbeiter von Ihnen nicht verstehen kann oder will, muss er oder sie sich nach einem anderen Arbeitsplatz umsehen. Ihre Mitarbeiter arbeiten bei Ihnen und nicht Sie bei Ihren Mitarbeitern, also müssen Sie die Regeln aufstellen und durchsetzen.

Wenn Sie jetzt meinen, dass das hart klingt, haben Sie Recht. Das nennt man freie Marktwirtschaft und daran muss sich jeder Chef (und auch alle seine Mitarbeiter) gewöhnen…

Hier noch eine Checkliste, um den Überblick über die delegierten Aufgaben zu behalten. Sie können sich diese Checkliste entweder (am besten vergrößert) kopieren, oder aber im Internet im DIN A4 Format herunterladen. Mehr Infos im Internet

Wann?	habe ich welche Aufgabe?	an wen delegiert?	Kontrolltermin	Endtermin

Allzu menschlich und verständlich...

Chef zu sein bedeutet nicht, perfekt sein zu müssen. Wir alle sind nur Menschen und jeder hat seine kleinen Schwächen.

Persönlich empfinde ich diese Schwächen sogar meist als liebenswert und witzig. Sie machen uns zu Menschen und zeigen deutlich, wo wir noch an uns arbeiten können und sollten.

Nachfolgend möchte ich aber trotzdem auf ein paar Schwächen hinweisen, die Sie sich als Chef nicht leisten sollten, weil sie blitzgefährlich für Ihr Unternehmen und damit für Ihre Zukunft sind.

Aufschieberitis

Die meisten Menschen möchten Spaß erleben und Unangenehmes vermeiden. Daher werden Aufgaben, die keinen Spaß machen, eben auch oft liegengelassen und immer wieder nach hinten verschoben.

Ich rate Ihnen gerade zu dem Gegenteil und empfehle Ihnen, Ihren Tag stets mit einer unangenehmen Aufgabe zu beginnen. Am besten also gleich morgens, wenn Sie noch frisch, ausgeruht und leistungsfähig sind. Warum rate ich dazu?

Ein hoher Prozentsatz der Probleme in Firmen wird durch liegengelassene Arbeit verursacht. Kunden reagieren aber äußerst gereizt, wenn ihre Anfragen nicht erledigt werden. Das Finanzamt macht richtig Druck, wenn Sie dort Abgabetermine versäumen, und so weiter...

Durch das Liegenlassen einer Aufgabe erhöhen Sie Ihre eigene negative Stimmung, weil Sie anstatt nur einmal an diese zu denken und sie gleich zu erledigen, ja mehrmals daran denken, nämlich immer dann, wenn die unangenehme Aufgabe wieder ansteht. Und durch ein Verschieben der Erledigung programmieren Sie Ihr nächstes Frusterlebnis bereits wieder vor.

Machen Sie sich stattdessen bewusst, dass es doch sowieso getan werden muss. Es bringt also nichts als schlechte Laune, solche

Aufgaben ständig zu verschieben. Sagen Sie sich stattdessen: „Jetzt packe ich den Stier bei den Hörnern…“*

Reden Sie sich einfach selbst etwas Mut zu und stürzen Sie sich mit Volldampf auf die Erledigung. Hauen Sie so rein, dass Sie die Aufgabe fast pulverisieren. Machen Sie die Aufgabe fertig und lassen Sie sich nicht von solchen unangenehmen Dingen stoppen. Wenn Sie so kämpferisch an eine Sache herangehen, werden Sie wahrscheinlich sogar erstaunt sein, wie schnell Sie damit fertig sind.

Und jede (unangenehme) Aufgabe, die Sie bereits am Morgen erledigt haben, lässt Sie positiver und froher gelaunt den restlichen Tag genießen…

* Ein amerikanischer Präsident wurde einmal von einem Reporter in seinem Arbeitszimmer besucht. Dabei fiel dem Reporter ein Schild auf, welches auf dem Schreibtisch stand. Darauf stand: „JETZT wird der Stier bei den Hörnern gepackt“.

Der Reporter fragte den Präsidenten, ob er das Schild aufgestellt habe, weil er jetzt Präsident sei. Der der Präsident gab lächelnd zur Antwort: „Nein, aber vielleicht bin ich deshalb Präsident geworden, weil ich dieses Schild schon seit vielen Jahren auf meinem Schreibtisch stehen habe…“

Ausreden

Es gibt wohl niemanden, der von sich sagen kann, dass er frei von Ausreden ist. Auch hier gilt: Wir sind alle nur Menschen und keine Engel. Wer sich selbst für einen Engel hält, sollte einmal einen Blick auf seine Flügel werfen. Wenn diese fehlen, sieht es schlecht aus und es liegt die Vermutung nahe, dass man doch ‚nur' Mensch ist ;-)

Und Menschen greifen nun mal ab und an zu Ausreden, um besser dazustehen oder weil es einfach zu schmerzhaft wäre, sich selbst einzugestehen, dass man jetzt halt gerade einmal Mist gebaut hat.

Als Chef sollte man sich allerdings jeden Tag ein kleines Stück mehr in die Richtung bewegen, keine (zumindest aber immer weniger) Ausreden zu gebrauchen. Und das weder sich selbst noch anderen gegenüber.

Ausreden sind vor allem dann gefährlich, wenn man sich selbst etwas vormacht. Sie führen dazu, dass man die Eigenverantwortung und damit auch die Macht, etwas positiv zu verändern, abgibt.

Wer beispielsweise zu wenig Aufträge hat und ausschließlich die Konjunktur dafür verantwortlich macht, hat ja selbst gar keine Chance mehr einzugreifen, denn die Ursache des Problems liegt ja außerhalb seines Einflussbereiches. Keiner kann die Konjunktur alleine auf Trab bringen – und somit bleibt das Problem ungelöst.

Es ist sinnvoll sich immer wieder selbst zu hinterfragen, ob man gerade eine Ausrede gebraucht oder ob es wirklich so ist, wie man es sich ‚vorsagt'. Am Beispiel der fehlenden Aufträge ist es zweifelsfrei so, dass eine schleppende Konjunktur die eigene Auftragslage nicht gerade begünstigt. Aber ist die Konjunktur wirklich das Einzige, was dafür verantwortlich ist? Kann der Chef da wirklich nichts machen? Gar nichts?

Wenn dem so wäre, müsste man seinen Betrieb aufgeben, denn wer auf sein Geschäft keinen Einfluss mehr hat, kann es selbstverständlich auch nicht leiten und gestalten. Und wer nichts gestalten kann, wer also keinen Einfluss auf seine Firma hat, ist als Chef am falschen Platz…

Sie merken, dass Ausreden, die man sich selbst gegenüber benutzt, ein zweischneidiges Schwert sind. Sie helfen einem zwar fürs Erste über ein schlechtes Gefühl, aber auf Dauer schaden sie mehr, als sie nutzen. Ausreden täuschen nur ganz kurz über den eigentlichen, misslichen Zustand hinweg.

Schönreden

Eine ebenfalls unangebrachte, wenn auch verständliche Verhaltensweise ist das Schönreden. Besonders wenn die

Auftragslage nicht so ist, wie sie sein sollte, reden sich viele Firmeninhaber Ihre eigene Situation schön.

Anstatt sich eine Situation vorzugaukeln, die so gar nicht der Realität entspricht, sollten Sie besser zu fundiertem Zahlenmaterial greifen.

Es gibt auch hier im Grunde nur drei Möglichkeiten: Entweder sagen Ihnen die Zahlen, dass es gut läuft, dann macht es ja sogar richtig Spaß, sich damit zu beschäftigen.

Oder die Zahlen sprechen dafür, dass es zwar momentan nicht so gut läuft, aber die Zahlen aus der Vergangenheit waren in Ordnung. Dann sollten Sie darüber nachdenken, was die Ursache sein kann. Vielleicht haben Sie die Werbung vernachlässigt oder schon lange kein neues Produkt mehr angeboten, Ihre Stammkunden schon länger nicht mehr besucht – irgendwo muss die Ursache sein...

Die letzte Möglichkeit sieht so aus, dass Ihre Zahlen noch nie gut waren und es auch nicht besser wird. Das ist die gefährlichste Situation, was das Schönreden angeht.

Hier sollten Sie sehr ernsthaft prüfen, ob Ihr Geschäft überhaupt eine tragfähige Basis für Ihre Zukunft darstellt, bevor Sie Verbindlichkeiten anhäufen, die Sie dann jahrelang abzahlen müssen.

Ich habe selbst viele Geschäftsleute gesehen, die sich zwei, drei oder noch mehr Jahre eingeredet haben, dass der Betrieb schon noch ins Laufen kommt. Viele mussten sich früher oder später eingestehen, dass es so doch nicht funktioniert. Bei einigen hat dann die Bank schlicht den Geldhahn abgedreht.

Allen gemeinsam sind aber Schuldenberge, die jetzt mühsam als Arbeitnehmer wieder abgetragen werden müssen. Deshalb lassen Sie es nicht soweit kommen: Ein Geschäft muss rentabel sein und Sie dürfen sich auf keinen Fall dazu hinreißen lassen, eine sich selbst gesteckte deadlline zu überschreiten, bis zu der Sie rentabel sein müssen...

Diese ‚Todeslinie' müssen Sie sich vor der Gründung Ihrer Firma (am besten zusammen mit einem guten Freund und/oder Ihrem Lebenspartner) selbst gesteckt haben. Diese Linie ist eine Datumsangabe, bis zu der Sie Gewinn abwerfen müssen. Wenn Sie an diesem Termin Ihre Mindestziele nicht erreicht haben, kann ich Ihnen nur raten, den Laden schnellst möglich zu schließen oder Ihr Geschäft nur noch (sofern das machbar ist) nebenberuflich weiter zu betreiben.

Schuld abwälzen

Zunächst einmal ist es wichtig zu erkennen, dass Schuld immer eine in die Vergangenheit gerichtete Betrachtung ist. Um seine Zukunft zu gestalten, ist es deshalb nicht ratsam, sich zuviel mit Schuld zu beschäftigen.

Zudem mag ich persönlich das Wort ‚Schuld' an sich nicht gerne. Es ist mir einfach zu sehr mit negativen, sich selbst klein machenden Gefühlen belegt.

Ich schlage daher als Alternative die Redewendung des „Ich habe einen Fehler gemacht" vor. Das kann nun wirklich jedem passieren und ist nur allzu menschlich.

Wenn Sie also einen Fehler gemacht haben, sollten Sie auch nicht nur eine Sekunde darauf verwenden, den passierten Fehler auf andere abzuschieben oder gar versuchen diesen zu vertuschen.

Geben Sie ihn zu. Fertig, aus, basta – so einfach ist es!

Dann geben Sie bekannt, bis wann Sie den Fehler korrigiert haben und machen sich an die Arbeit. Stellen Sie sicher, dass der Fehler wirklich gut behoben ist. Melden Sie sich dann überpünktlich bei den Betroffenen und geben Sie die Lösung bekannt.

Jede andere Handlungsweise ist völliger Unsinn und kostet Sie nur Zeit (die man dringend für die Korrektur bräuchte) und auf Dauer auch Ihren guten Ruf als Geschäftsmann.

Wer seine Fehler unverzüglich zugibt, einen Termin nennt, bis zu dem er den Fehler behebt und diesen Termin einhält, wird sich auf Dauer viele Kunden sichern, denn dieses Vorgehen ist heutzutage im Geschäftsleben (leider) nahezu unbekannt und gerade deshalb wird es viele Ihrer Kunden begeistern und Ihnen Respekt und Anerkennung verschaffen.

Außenmotivation

Die Zunft derer, die Sie coachen, motivieren und beratschlagen möchte ist riesig und wächst von Tag zu Tag weiter. Gemeint sind hier die Trainer, Managementberater und (oft) selbsternannten Mentoren, die Ihnen ihre Dienste anbieten. Gewiss gibt es Situationen, in denen ein Rat willkommen ist und man sich selbst viel Zeit spart, wenn man sich der Erfahrung anderer Menschen bedient. Trotzdem möchte ich Sie an dieser Stelle auf zwei unabdingbare Faktoren hinweisen, die es dabei zu beachten gilt:

Zum Ersten wäre es sehr schön, wenn die Person, die Ihnen raten und Sie als Kunde für sich gewinnen möchte, auch selbst bereits erfolgreich ist, und somit in der Praxis bewiesen hat, dass sie selbst etwas davon versteht.

Es ist für mich immer wieder nahezu unglaublich, mit welcher Überheblichkeit Menschen ausgestattet sind, die, ohne selbst je etwas geleistet zu haben, andere Menschen auf Ihrem Weg zum Erfolg begleiten wollen. Mir selbst hat einmal ein (wieder) Angestellter (der als Geschäftsmann Pleite gemacht hat) angeboten, mir bei meinem Marketingplan hilfreich zur Seite zu stehen, schließlich würde er sich ja auskennen...

Na prima dachte ich mir, der kennt sich also darin aus, wie man ein Geschäft eröffnet und anschließend mangels Erfolg wieder zumacht. Das ist ja eine tolle Voraussetzung, um mir bei einem Marketingplan für mein neues Unternehmen zu helfen.

Bedenken Sie bitte, dass so jemand Ihnen niemals weiterhelfen kann. Er weiß zwar was nicht funktioniert, aber er oder sie hat deshalb noch lange nicht das Wissen und die Erfahrung, wie es richtig geht.

Der goldene Tipp: Vergewissern Sie sich selbst unbedingt vorher, in welcher Branche Ihr Coach selbst erfolgreich tätig ist und was er bis jetzt erreicht hat. Und lassen Sie sich nicht blenden. Tolle Sprüche,

ein großspuriges Auftreten und dicke Autos sind nicht das, was ich hier meine. Schauen Sie nach Möglichkeit hinter die Kulissen und fragen Sie einfach. Wer selbst erfolgreich ist, wird Ihnen das nicht verübeln, und die Schaumschläger filtern Sie so bald heraus.
Das Zweite, was es beim Punkt Außenmotivation zu beachten gilt, ist die schlichte Tatsache, dass diese nicht auf Dauer wirken wird. Ich kann Ihnen hier das Buch ‚Mythos Motivation' von Herrn Dr. Reinhard Sprenger sehr empfehlen, das wir auch auf der Chefseite im Internet vorstellen.

In diesem Buch wird eindrucksvoll beschrieben und begründet, warum Außenmotivation nicht von Dauer sein kann. Wahre Motivation, also der Grund und der Antrieb für Ihr Handeln, kann immer nur auf natürliche Weise und aus Ihnen selbst heraus kommen. Von außen aufgesetzte Ziele und Wünsche haben sehr kurze Beine und brechen meist schnell wieder in sich zusammen.

Wenn Sie das beherzigen, können Sie sich viel Geld für teure Seminare und Schulungen sparen, bei denen Sie mit ‚Hunderten von anderen Individualisten' zum Schluss auf den Tischen stehen und zur Musik von Rocky Teil 1 in die Hände klatschen, um sich Mut und Zuversicht einzureden.

Als Chef einer Firma sollten Sie sich also nicht allzu sehr auf die kurzfristige Kraft von Außenmotivation verlassen, sondern sich eher nach Beratern umsehen, die Sie inspirieren und Sie selbst zum Nachdenken anregen. Oft ist übrigens der eigene Lebenspartner und die eigene Familie der beste (und persönlichste) Berater, den es für Sie gibt. Wenn Sie dann noch einen guten Freund haben, der Ihnen Ihre Erfolge von Herzen gönnt, haben Sie doch schon fast alles, was Sie brauchen. Ansonsten haben wir auf der Webseite noch eine Auswahl an guten und soliden Büchern für Sie bereitgestellt. 💻 Mehr Infos im Internet 💻

Unehrlichkeit

Lügen haben kurze Beine. Dieser Satz gilt auch im Geschäftsleben. Manchmal kann man nur den Kopf schütteln, welche Ausreden, Unehrlichkeiten, Vorwände und Ausflüchte einem im Laufe eines Arbeitstages begegnen. Lassen Sie sich am besten nicht darauf ein.

Widerstehen Sie der Verlockung und bleiben Sie ehrlich. Wer sein Geschäft auf Dauer erfolgreich aufbauen möchte, wird davon profitieren, seine Kunden und Mitarbeiter stets ‚sauber' und fair zu behandeln.

Wir leben in einer Zeit, in der sich das allgemeine Wertegefühl immer mehr zur Unehrlichkeit hin verschiebt. Dabei gehen viele Politiker und Bosse von großen Unternehmen leider mit teilweise erschreckend schlechtem Beispiel voraus. Es scheint modern zu sein, auf Kosten anderer Menschen seinen eigenen Profit zu vergrößern.

Das Problem der Unaufrichtigkeit besteht aber darin, dass man wohl die ganze Welt belügen kann, aber sich selbst eben nicht. Wenn man also morgens in den Spiegel schaut, sieht man genau den Menschen, der man wirklich ist. Und wer will da schon in das Gesicht eines Gauners sehen?

Zudem bin ich fest davon überzeugt und konnte es schon sehr oft miterleben, dass man im Laufe der Zeit sowieso stets von seinen Handlungen eingeholt wird. Das Leben ist eben gerecht und zahlt immer 1:1 zurück. Wir alle ernten die Früchte unseres Handelns. Das ist ein Segen für alle ehrlichen Menschen und ein Fluch für alle Unehrlichen.

Ach ja... und lassen Sie sich nicht täuschen, wenn Sie jemanden kennen, der scheinbar straflos unehrlich sein darf. Sie wissen nicht, in welchen Bereichen seines Lebens er letztendlich doch seinen Preis bezahlen muss. Früher oder später landet jeder Fuchs beim Kürschner. Und so manche scheinbar glänzende Karriere, die sich auf Unehrlichkeiten aufbaute, landete schon in persönlichem Desaster, in Drogen, Alkoholabhängigkeit und zerbrach.

Der Ehrliche ist (wenn überhaupt) dann immer nur kurzfristig der Dumme. Auf Jahre hinaus bringt Erfolg nur Spaß, Zufriedenheit und Selbstwertgefühl, wenn er mit aufrichtigen Mitteln erarbeitet wurde.

Eigenes Persönlichkeitsprofil

Kein Mensch gleicht dem anderen und wir alle haben unsere Stärken in unterschiedlichen Bereichen. Diese Stärken, also Ihre Talente,

Ihre Fähigkeiten und Begabungen machen Sie erfolgreich. Versuchen Sie daher stets, eine Tätigkeit auszuüben, die Ihren Talenten und Begabungen entspricht.

Ein Eisbär braucht es kalt und frostig, ein Tiger dagegen warm und heiß. Der Tiger wird also in der Antarktis genauso scheitern, wie der Eisbär in der Savanne. Beide sind also nur gut, wenn sie ihre Lebensgrundlage vorfinden und die Umweltbedingungen zu ihrer Persönlichkeit passen.

Auf uns übertragen kann das zum Beispiel bedeuten, sich einmal grundsätzlich darüber klar zu werden, ob man extrovertiert, also nach außen gerichtet oder eher introvertiert, also nach innen gerichtet ist.

Einen introvertierten Menschen zum Verkäufer machen zu wollen, der täglich Dutzende von Kunden dazu veranlassen soll, seine Produkte zu kaufen, ist pure Vergewaltigung. Das gleiche gilt für einen extrovertierten Menschen, den Sie den ganzen Tag in einem Einzelbüro einsperren.

Viele Chefs verlangen von sich, dass sie alles gleichermaßen gut können. Auch ich selbst gehöre (unglücklicherweise) zu dieser Gattung ;-) Im Grunde genommen ist es aber viel sinnvoller, sich auf seine Stärken zu konzentrieren und diese voll einzusetzen. Die Bereiche, in denen man schwach und untalentiert ist oder zu denen man einfach keine Lust hat, könnte man getrost an jemanden abgeben, der dort seine Stärken hat.

Glücklicherweise hat meine Frau genau dort Ihre starken Seiten, in denen ich schwach bin, und so ergänzen wir uns bei der Arbeit hervorragend.

Wichtig ist, sich einmal selbst über seine Stärken, seine Talente, Begabungen und Fähigkeiten bewusst zu werden. Das beste Buch, das ich dazu bisher gelesen habe, ist von Paul Chr. Donders und trägt den Titel ‚Kreative Lebensplanung'. Es ist wie ein Workshop aufgebaut und kann sehr gut alleine zuhause durchgeführt werden. 💻 Mehr Infos im Internet 💻

Fazit: Wer seine eigenen Stärken kennt und sich darüber bewusst ist, wie er diese am sinnvollsten einsetzen kann, braucht sich um seine Schwächen nicht zu sorgen und kann diese getrost akzeptieren…

Die Gesundheit des Chefs

Wenn Sie ein absoluter ‚Gesundheitsmuffel' sein sollten, müssten Sie jetzt bitte dieses Kapitel überblättern. Ansonsten gilt der Satz: „Viele Manager scheffeln sich (auf Kosten ihrer Gesundheit) in der ersten Hälfte ihres Lebens das Geld zusammen, dass sie in der zweiten Lebenshälfte für die Widerherstellung ihrer Gesundheit brauchen…"

So macht Erfolg natürlich keinen Sinn. Nichts, aber auch gar nichts in Ihrer Firma ist so wichtig wie Ihre Gesundheit. Seien Sie sich bitte sehr klar darüber, dass eine gesunde Firma auch immer nach einem körperlich gesunden Chef verlangt. Mit seiner Gesundheit Raubbau zu treiben mag verbreitet sein, ist aber nichtsdestotrotz falsch.

Ich weiß wovon ich spreche, denn als ich mich mit achtzehn Jahren selbständig gemacht hatte wog ist ungefähr 78 kg und war ziemlich sportlich veranlagt. Nach sechs Jahren der Selbständigkeit wog ich 101 kg und war nicht mehr in der Lage einen Berg hochzugehen, ohne dabei Geräusche wie eine kleine Dampflok von mir zu geben. Dabei wurde die Kondition von den zwei Schachteln Zigaretten pro Tag nicht gerade unterstützt. Kurz und gut: Hätte ich in dem Rhythmus weiter gemacht, wäre ich wohl nicht allzu alt geworden…

Was war passiert? Nun, ich hatte mich einfach nur noch auf die Firma konzentriert und meine körperliche Gesundheit vernachlässigt. Als ich damals bei einem Arzt eine Gesundheitsuntersuchung für den Abschluss einer Lebensversicherung über mich ergehen ließ, meinte dieser nach fünf Minuten auf dem Ergometer, dass ich mit sechsundzwanzig Jahren die Fitness eines Fünfzigjährigen hätte.

Na toll, dachte ich mir, wenn ich so weiter mache, und alle sechs Jahre um dreißig Jahre altere, werde ich keine vierzig Jahre alt und die ganze Plagerei fürs Geschäft wäre umsonst. Natürlich hätte ich mich dann auf dem Betriebsgelände bestatten lassen können, aber das wäre dann auch schon der ganze Lohn der Arbeit gewesen.

Nein, dachte ich mir, nur um vor meinem Büro beerdigt zu werden, will ich nicht arbeiten. Also fing ich an, mich etwas um meine

Gesundheit zu kümmern. Da ich gerne esse und eigentlich ständig Appetit habe, war es nicht ganz so leicht und ich muss auch heute noch ständig auf meine Gesundheit achten, um nicht wieder in diese Rille zu fallen. Aber es lohnt sich, und es tut gut.

Hier finden Sie also einige Ideen und Tipps, damit Sie trotz der Selbständigkeit gesund und fit bleiben. Mit 36 Jahren habe ich mir dann übrigens meinen sportlichen Traum erfüllen können und bin in 7 Tagen mit dem Fahrrad quer über die Alpen geradelt. Damals ging es von Oberstdorf in 7 Etappen über 435 km und 14.000 Höhenmeter bis an den Gardasee. Es war sportlich und landschaftlich mein bisher schönstes Erlebnis.

Ausgleichssport

Um es gleich vorweg zu nehmen: Ich bin kein Sportmediziner, sondern nur Freizeitsportler. Alle Tipps und Ideen, die ich hier weitergebe, beruhen ausschließlich auf eigenen Erfahrungen und dem Wissen, das ich mir in zehn Jahren selbst angeeignet habe. In der Werbung heißt es immer so schön: Zu Risiken und Nebenwirkungen fragen Sie bitte Ihren Arzt oder Apotheker... Und das sollten Sie auch tun, wenn Sie sich nicht sicher sind, ob Ihnen meine Empfehlungen gut tun.

Wer selbst bereits Sport betreibt, wird hier auch nichts Neues finden. Das nachfolgende Kapitel ist also für alle Chefs gedacht, die bis jetzt noch nichts oder nur ganz wenig für Ihre Gesundheit tun und einfach einmal Lust haben, sich etwas mehr als in der Vergangenheit körperlich zu betätigen.

Frei von Leistungsdruck

Das Wichtigste gleich vorab: Freizeitsport ist KEIN Leistungssport ! Es gibt hier nichts zu gewinnen. Sie verdienen hier kein Geld. Es geht um nichts außer um Ihr Wohlbefinden und Ihren Spaß. Lassen Sie sich also Zeit, genießen Sie die körperliche Betätigung und quälen Sie sich nicht. Verlangen Sie sich bitte nicht in der Freizeit auch noch Leistung ab. Das wäre genau der falsche Weg.

Immer wieder begegnen mir Jogger, die mit hochrotem Kopf, völlig außer Atem und deutlich sichtbar weit jenseits ihrer körperlichen Leistungsfähigkeit ihren Bierbauch durch den Wald jagen. Ich überlege mir dann immer, was wohl in so jemandem vorgeht. Vielleicht kam er die ganze Woche nicht raus und versucht nun, mit einem Waldlauf alles wettzumachen? Oder denkt er, dass Sport nur wirksam ist, wenn man sich anstrengt? Oder ist es einfach jemand, der meint, wenn es nicht wehtut, bringt es keinen Erfolg?

Wer die ganze Woche im Betreib sein Bestes gibt und sich dann körperlich ‚ertüchtigt', läuft also unter Umständen Gefahr, seinen Leistungsgedanken mit in die Freizeit zu nehmen. Ich möchte Sie sehr eindringlich darum bitten, sich folgendes vor Augen zu führen: Sport ist für Sie da, nicht Sie für den Sport.

Wenn ich durch den Wald radle, brauche ich auf meiner Standardtour für 40 km ungefähr 2 ¼ Stunden und ich werde einen Teufel tun, hier hechelnd durch den Wald zu keuchen und die Tiere des Waldes zu erschrecken.

Stellen Sie sich vor, ich würde meine 40 km anstatt in 2 ¼ Stunden in nur 1 ½ Stunden schaffen. Was wäre der Vorteil? Das einzige, was sich ändern würde, wäre, dass ich wieder früher an meinen Schreibtisch müsste und meine Muskulatur so übersäuert wäre, dass ich einen höllischen Muskelkater davontragen würde.

Am nächsten Tag wäre ich dann völlig platt und könnte nicht, wie sonst jeden Tag, wieder auf meinem Rad sitzen. Also wäre es sogar so, dass ich anstatt 80 km in zwei Tagen nur 40 km gefahren wäre…

Solange Sie Ihre Ausrüstung noch selbst bezahlen müssen, und für Ihre sportliche Betätigung keine Preisgelder erhalten, können Sie sich meiner Meinung nach so viel Zeit lassen wie Sie wollen. Wenn Sie also nach Ihrem Lauf nicht zu einer Pressekonferenz, sondern nur unter die Dusche gehen, ist Sport nur für Sie da und nicht umgekehrt. ;-)

Pulsfrequenz

Ein gutes Mittel, um sich klar zu machen, wann Sport aufbauend wirkt und wann nicht, ist eine Pulsuhr zu benutzen. Diese Uhren messen Ihre Herzfrequenz und kosten mittlerweile nur noch wenige Euros.

Sie tragen dabei einen Sender um Ihre Brust, der überhaupt nicht störend ist und verwenden statt Ihrer normalen Uhr eine Uhr, welche die Signale auffängt und Ihnen deutlich anzeigt. Eine günstige Pulsfrequenz haben Sie dann, wenn Sie von dem Wert 180 Ihr derzeitiges Lebensalter abziehen. Ein 40-jähriger Hobbysportler sollte also am Anfang nicht (oder nur ganz wenige Minuten) über einem Wert von 140 Sport treiben.

Dafür können Sie über lange Distanzen gehen. Ich bin sehr für Ausdauersport, weil es das Herz- Kreislaufsystem optimal stärkt und einem auch die nötige Zeit verschafft, um über so manches nachzudenken. Die meisten meiner Ideen sind auf dem Fahrrad geboren worden und nicht zuhause am Schreibtisch.

An der frischen Luft

Natürlich können Sie auch andere Sportarten betreiben, aber ich finde einfach alle Sportarten, die in einer Halle stattfinden, nicht so befreiend für den Geist. Draußen in der Natur zu sein, übrigens auch bei Regen oder Schnee, ist schon etwas ganz besonders Schönes. Dabei ist im Grunde genommen nur wichtig, dass Sie für die richtige Kleidung sorgen, dann sind Sie vom Wetter nahezu unabhängig.

Ich fahre also wann immer es geht mit dem Mountainbike, und im Winter oder bei richtig starkem Regen walke ich mit meinen Trekkingstöcken durch den Wald. Probieren Sie einfach selbst aus, was Ihnen gut tut, aber tun Sie irgendetwas für sich. Es wird sich auch geschäftlich lohnen, wenn Sie gesund bleiben, da bin ich mir ganz sicher.

Joggen und die Gelenke

Wenn Sie anstatt Rad zu fahren lieber joggen möchten, ist das genauso gut. Sie sollten dabei nur auf Ihre Gelenke achten. Es darf Ihnen also keine Schmerzen bereiten, sonst ist etwas falsch. Es gibt viele Läufer, die behaupten, dass jeder joggen kann.

Ich bin da aus eigener Erfahrung anderer Meinung. Trotz bester Laufschuhe und mehreren Besuchen beim Sportarzt ist es mir zum Beispiel nicht möglich, länger als 45 Minuten schmerzfrei zu joggen. Meine Frau lacht immer und meint, ich hätte eine ziemlich komische Fußstellung beim Laufen. Fakt ist aber, dass es einfach weh tut und was einem Schmerzen bereitet, sollte man tunlichst vermeiden.

Joggen Sie also nur dann, wenn es Ihnen von Ihren Gelenken her schmerzfrei möglich ist. Ist das nicht der Fall, fahren Sie einfach mit dem Rad, das ist sehr gelenkschonend und deshalb auch für schwergewichtige Menschen bestens geeignet, weil das Rad Ihr Gewicht trägt und eben nicht Ihre Gelenke.

Spazierengehen

Wer keinen Spaß am Radeln entwickeln kann, sollte es einmal mit dem guten, alten Spazierengehen versuchen. Auch hier nehmen Sie am sinnvollsten Ihren Pulsmesser mit und gehen einfach ziemlich zügig durchs Gelände.

Einer der Vorteile des Spazierengehens ist, dass Sie so gut wie überall laufen können und keine Vorbereitungszeit und auch keine spezielle Kleidung benötigen. Wenn Sie Ihren Partner mitnehmen, können Sie übrigens viele gute Gespräche führen, was auch sehr angenehm und wertvoll sein kann.

Walking und Wandern

Nachdem Sie ein paar Monate spazieren gegangen sind, möchten Sie vielleicht etwas mehr tun. Versuchen Sie dann einmal an einem Walkingkurs teilzunehmen. Walker sind die Leute, die auch im Sommer ihre Stöcke dabei haben ;-))

Walking stärkt das Herz- Kreislaufsystem enorm und bietet durch die Stöcke einen guten Halt im Gelände. Auch hier bitte immer nur mit dem Pulsmesser laufen, damit es nicht zu anstrengend wird. Sie sollten sich immer mit Ihrem Partner unterhalten können und nicht außer Puste sein, dann haben Sie so in etwa den richtigen Rhythmus gefunden.

Fahrrad fahren

Wenn Sie sich zum Radsport hinreißen lassen, kaufen Sie sich bitte unbedingt ein vernünftiges Fahrrad. Sie bekommen schnell eine ansehnliche Geschwindigkeit drauf und da müssen Sie sich auf Ihre Bremsen verlassen können.

Absolut tabu sind Fahrräder für 99 Euro aus dem Supermarkt. Wer hier spart, tut es am falschen Ende. Ein Trekkingrad für Einsteiger kostet so ab 600 Euro, ein Mountainbike für Einsteiger liegt auch in etwa in dieser Preisklasse.

An das Thema Rennrad sollten Sie etwas vorsichtig herangehen. Da Rennrad fahren aufgrund der sehr schmalen Reifen eine etwas ‚wackelige' Angelegenheit ist, brauchen Sie schon mehrere tausend Radkilometer auf einem normalen Fahrrad, um sich hier sicher bewegen zu können.

Zudem ist die Sitzposition auf einem Rennrad für viele Menschen unangenehm, weil Sie mit einem ziemlich krummen Rücken auf so einem Rennrad sitzen. Auch hier gilt also: Selbst testen, ob es Ihnen gut tut und immer schmerzfrei bleiben.

Ach ja… dass Ihr Allerwertester beim Radeln mal weh tut ist völlig normal und ungefährlich ;-) Besorgen Sie sich einfach eine Radlerhose mit Sitzpolster, und Ihr Hintern ist wieder versöhnt und begeistert.

Schwimmen

Schwimmen ist auch eine faszinierende Sportart und vor allem Rückenschwimmen soll ja sehr gesund sein. Mich persönlich stört allerdings, dass es doch überwiegend in der Schwimmhalle stattfindet und dass ich dabei immer den Eindruck habe, die Luft sei so schlecht.

Vielleicht liegt es aber auch nur an unserem Schwimmbad vor Ort, das ziemlich viel Chlor im Wasser hat. Wenn Sie also gerne schwimmen, ist das bestimmt auch eine gute und erfrischende Art, sich fit zu halten.

1 Stunde pro Tag

Was jetzt noch offen ist, wäre die Frage, wie oft man Sport machen sollte. Ich empfehle Ihnen täglich eine Stunde Bewegung. Gerne auch zwei Stunden, je nachdem, wie viel Zeit Sie sich dafür nehmen können.

Brian Tracy hat einmal gesagt: „Wer täglich eine halbe Stunde läuft, gehört in zehn Jahren zu den gesündesten Menschen auf dieser Welt". Das mag zunächst befremdlich klingen, aber wenn man sich den Trend zu immer weniger Bewegung hin zu immer mehr sitzenden Tätigkeiten ansieht, kann man sich das durchaus vorstellen.

Bedenken Sie, dass Sie, wenn Sie jeden Tag nur eine halbe Stunde laufen auf immerhin 180 Stunden pro Jahr kommen und wenn Sie 5 km pro Stunde schnell sind, würden Sie pro Jahr eine Strecke von 900 km zu Fuß hinter sich bringen. Das ist doch schon ein ansehnliches Ergebnis – oder nicht?

Das Geheimnis ist, es wirklich täglich zu tun. Ich komme mit meinen 2 ¼ Stunden radeln an allen Gutwettertagen auf ca. 7.000 Radkilometer pro Jahr, und das, ohne mich wirklich anzustrengen oder gar zu plagen.

Dehnen und Strecken

Noch ein letzter Tipp zum Thema sportliche Betätigung. Jede Art von Sport bringt eine Muskelanspannung mit sich. Durch diese Anspannung ziehen sich die Muskeln zusammen und bringen so die gewünschte Kraftleistung.

Damit Sie gesund und leistungsfähig bleiben ist es deshalb wichtig, sich nach dem Sport kurz zu dehnen, um die Muskeln, Sehnen und Bänder wieder geschmeidig zu machen und quasi in die Länge zu ziehen.

Eine gute Anleitung zum Dehnen und Strecken bietet hier vielleicht der örtliche Sportverein. Die üblichen Übungen nach Turnvater Jahn sollten Sie nämlich tunlichst vermeiden. Diese schaden mehr, als sie nutzen.

Generell gilt: Man dehnt sich sehr langsam und geschmeidig, vermeidet ruckartige Bewegungen und jeglichen Schmerz. Wir haben auf unserer Webseite ein paar gute Bücher zum Thema zusammengetragen, die das Prinzip anschaulich erklären. Mehr Infos im Internet

Ernährung

Wie Sie merken gebe ich – beim Thema ‚Ihre Gesundheit' - noch nicht so schnell auf. Deshalb möchte ich noch kurz einen Abstecher in die Ernährung machen. Hier ist meine Frau eine richtige Expertin und eigentlich müsste dieses Kapitel eher meine Frau schreiben... Ich habe jedenfalls das große Glück, immer lecker und sehr ausgewogen bekocht zu werden, was mich aber nicht davon abhält, meist zu viel zu essen ;-)

Die Ernährungsgewohnheiten verändern sich immer mehr. Und zwar hin zu ‚schnell einkaufen', ‚schnell warm machen' und dann ‚schnell aufessen'. Die Werbung gaukelt uns vor, dass durch eine Dose xy-Suppe unsere ganze Familie entzückt um den Tisch sitzt und sich freut.

Dass die armen Schauspieler das Zeug wieder ausspucken, wenn die Kamera nicht mehr läuft, sieht man logischerweise nicht. Das hätte ja auch eine eher suboptimale Werbewirkung...

Ein paar einfache Regeln helfen, sich ausgewogen und qualitativ gut zu ernähren. Denn der Körper kann nur das verwerten, was wir ihm an Nahrung zuführen. Aus qualitativ schlechter Nahrung kann er keine optimale Leistung generieren.

Es darf etwas kosten

Zunächst die vielleicht schlechte Nachricht: Gutes Essen hat seinen Preis. Ich sage jetzt bewusst nicht, dass es teuer ist, denn das würde so nicht stimmen, aber es hat seinen Preis.

Man sollte sich, wenn man minderwertige Nahrung zu sich nimmt, immer auch daran erinnern, dass man sämtliche, durch schlechte Nahrungsmittel im Körper verursachte Krankheitstage, den

Verdienstausfall und die Arztbesuche zum Preis der Nahrungsmittel hinzuzählt. Abgerechnet wird also - wie immer im Leben - erst am Ende der Veranstaltung.

Hier einmal ein Beispiel, das verdeutlichen soll, was ich meine:

Es gibt Menschen, die geben für einen Liter Salatöl gerade einmal 68 Cent aus. Das wäre noch nicht schlimm, wenn Sie es jetzt in ihr Dieselauto kippen würden, um Geld für teueren Diesel zu sparen, aber diese Menschen schütten es sich über ihren Salat und essen den dann auf.

Es lohnt sich, wenn man sich einmal erkundigt, mit wie vielen Chemikalien und mit welcher Hitze gearbeitet wird, um solche Öle zu produzieren. Gesund kann das nicht sein.

Gleiches gilt für Fleisch. Die Welt regt sich über Vogelgrippe, BSE-Skandale und Massentierhaltung auf, ist aber nicht bereit, für ein Kilo Rindfleisch mehr als 5,00 Euro im Supermarkt zu bezahlen. Das passt natürlich nicht zusammen.

Genauso wie Sie als Chef Ihrer Firma gute Leistung nur zu einem angemessenen Preis liefern können, geht es unseren Landwirten eben auch. Man kann einfach für 5,00 Euro pro Kilo Rindfleisch nur schlechte Ware anbieten, die irgendwo in Polen, Tschechien oder gar noch weiter weg unter miserablen Bedingungen produziert wurde.

Gemüse oder Getreide ohne Spritzmittel anzubauen bringt weniger Ertrag, also muss es mehr pro Kilo kosten, das ist doch klar. Der Fleischer um die Ecke, der noch selbst produziert, Ihr Bäcker, der (hoffentlich) ohne Backmischungen arbeitet, sie alle brauchen für Ihre gute Qualität auch uns als Kunden, die bereit sind, dafür gutes Geld zu bezahlen.

Möglichst frisch

Haben Sie sich auch schon einmal darüber gewundert, wie lange viele Lebensmittel haltbar sind? Das wird mit so genannten Konservierungsstoffen erreicht, die in chemischen Labors zusammengemixt werden.

Natürlich ist es praktisch, wenn nichts verdirbt – aber ist es auch gesund? Alles was an Konservierungsstoffen in diesen Lebensmitteln enthalten ist, essen wir ja schließlich mit. Es ist ein bisschen wie eine Mumifizierung zu Lebzeiten, was man damit seinem Körper antut.

Unser Körper versucht nach besten Kräften mit all den Zusatzstoffen umzugehen. Er strengt sich richtig an, aber irgendwann zwingen Sie ihn in die Knie und er kann die Benzolsäuren, Schwefeldioxid, Sulfitverbindungen, das Natamycin oder das Natriumnitrit nicht mehr kompensieren und wird krank.

Wenn man uns zwingen würde, die Menge an schädigenden Stoffen, die wir die Woche über freiwillig essen, auf einem Esslöffel angehäuft zu uns zu nehmen, würden wir uns vehement wehren. Beim Frühstück, Mittag- oder Abendessen tun wir es aber freiwillig und mit Genuss. Das hat schon etwas Verrücktes…

Wir sollten also akzeptieren, dass gute, frische Nahrungsmittel auch verderben. Es ist sogar ein gutes Zeichen, weil man daran erkennt, dass sie eben wenig behandelt sind.

Am besten kaufen Sie wahrscheinlich beim Biostand auf dem Wochenmarkt oder in einem Bioladen ein. Unser Bioladen liefert übrigens sogar zu uns nach Hause oder ins Büro, so brauchen wir auf gute Qualität auch dann nicht zu verzichten, wenn einmal wenig Zeit zum Einkaufen da ist.

Nicht so spät

Eine andere Sache ist der Zeitpunkt, wann man seine Mahlzeiten zu sich nimmt. Hier darf ich selbst nicht mitreden, weil ich selbst ständig zu spät esse ;-))

Aber meine Frau sagt, dass man nach 18.00 Uhr nichts mehr essen soll. Und meine Frau ist schlank, ich dagegen kämpfe manchmal schon mit den Pfunden, also hat meine Frau Recht.

Es leuchtet schon ein, dass der Körper Zeit braucht, um die Nahrung auch verdauen zu können und weil er eben schlecht verdaut, wenn er schläft, sollte die letzte Mahlzeit ausreichend frühzeitig eingenommen werden.

Wenn Sie es schaffen, sich daran zu halten, tun Sie sich bestimmt etwas Gutes. Ich gebe dann Bescheid, wenn ich es auch mal hinbekomme, nicht dauernd noch spät abends (genüsslich) zu essen…

Vitamine/Mineralstoffe

Der Körper benötigt eine Reihe an Vitaminen und Mineralstoffen, damit er seinen Job gut machen kann. Fehlen diese auf Dauer, treten Mangelerscheinungen auf. Es lohnt sich, wenn man sich einmal mit dem Thema Nahrungsergänzungsmittel beschäftigt, vor allem dann, wenn man den Eindruck hat, dass die eigene Ernährung durch die normalen Mahlzeiten nicht ausreichend abgedeckt ist. Auch hier finden Sie weiterführende Informationen und Adressen auf der Chefwebseite, weil das ansonsten den Inhalt dieses Buches übersteigen würde. 💻 Mehr Infos im Internet 💻

Ausreichend trinken

Ausreichend zu trinken ist für das reibungslose Funktionieren des Körpers ebenfalls von großer Bedeutung. Hier ist in letzter Zeit schon so viel geschrieben worden, dass an dieser Stelle ein kurzer Abriss reichen soll. 💻 Mehr Infos im Internet 💻

Besonders günstig ist Mineralwasser mit wenig oder ohne Kohlensäure. Davon sollte man pro Tag ca. 2 Liter zu sich nehmen. Obstsäfte, Kaffee, Bier oder Wein zählen nicht als Getränk, sondern als Genussmittel.

Es kann hilfreich sein, sich eine Flasche Mineralwasser auf seinen Schreibtisch zu stellen und sich vorzunehmen, eine Flasche bis zum Mittagessen und die zweite bis zum Feierabend ausgetrunken zu haben. Dann ist die Pflichtübung schon fast erledigt.

Schlaf

Es gibt keine festen Regeln, wie viel Schlaf ein Mensch braucht. Entscheidend ist, dass Sie morgens gerne und freiwillig aufstehen und sich ausgeruht und frisch fühlen. Wenn dem so ist, haben Sie ausreichend geschlafen.

Wenn Sie sich ständig müde und abgespannt fühlen oder morgens nicht aufstehen wollen, sollten Sie das sehr ernst nehmen und die Ursachen dafür erforschen, denn das ist nicht normal. Auch ein Arztbesuch kann dann durchaus sinnvoll sein. Normalerweise sollte man versuchen, abends eher früh zu Bett zu gehen und morgens eher früh aus den Federn zu hüpfen. Der Volksmund meint, dass der Schlaf vor Mitternacht der gesündeste sei, was ich durchaus bestätigen kann.

In jedem Fall dürfte klar sein, dass jemand, der nachts bis 24.00 Uhr vor dem Fernseher sitzt sich nicht wundern darf, wenn er keinen guten Schlaf hat. Das Unterbewusstsein kann nicht so schnell abschalten und versucht noch die Eindrücke der Fernsehbilder zu verarbeiten, was einen dann entweder vom Einschlafen oder vom Durchschlafen abhält.

Sollten Sie schlecht schlafen, versuchen Sie einmal, Ihren Fernseher bereits zwei Stunden vor dem Zubettgehen auszumachen und zünden Sie ein paar Kerzen an. Vielleicht nutzen Sie die Zeit, um mit einem lieben Menschen zu reden, um Tagebucheinträge vorzunehmen, um etwas zu lesen oder, oder, oder…

Vielleicht wird Sie dieses einfache Mittel nach ein paar Tagen zu einem wesentlich besserer und erholsameren Schlaf bringen, als viele Medikamente die man so schlucken kann.

Rauchen und Alkohol

Also, dass Rauchen schädlich ist, steht auf jeder Packung Zigaretten. Wer nicht raucht, lebt bestimmt gesünder, aber auch wenn Sie Raucher sind und es (noch) nicht geschafft haben mit dem Rauchen aufzuhören, können Sie etwas tun: Rauchen Sie ab sofort nur noch dann, wenn Sie Ihre Zigaretten wirklich auch genießen können, also nur noch dann, wenn Sie wirklich Zeit dafür haben.

Das Motto lautet also: In der Zeit, in der Sie rauchen, tun Sie ab jetzt nichts anderes mehr. Keine Telefonate, kein Zeitunglesen, keine

Gespräche, keine Arbeit… ab jetzt tun Sie nur noch eines wenn Sie rauchen, nämlich rauchen.

Eine Zigarette, die Sie nicht in Ruhe genießen können, brauchen Sie also gar nicht mehr anzuzünden.

Der Effekt ist verblüffend und angenehm zugleich: Sie werden weniger rauchen und die Zigaretten, die Sie rauchen, werden Sie mehr genießen, also früher.

Ich selbst rauche übrigens auch (noch), aber mit folgenden Einschränkungen: nicht in geschlossenen Räumen und nicht in der Gegenwart von Kindern. So gehe ich also für jede Zigarette vor die Tür und genieße sie dann auch, was meinen Zigarettenkonsum drastisch reduziert hat, ohne dass ich ganz darauf verzichten muss.

Gute Beziehungen

Zu guter Letzt noch ein ‚Geheimmittel', das uns fit und gesund erhält: gute Beziehungen zu anderen Menschen. Wir sind alle soziale Wesen und brauchen den Kontakt zu unseren Mitmenschen.

Dabei unterscheiden wir uns gewiss in der Dosis. Während der eine ein echter ‚Vereinsgänger' ist, braucht ein anderer etwas weniger oft den Kontakt zu anderen Menschen.

Aber egal wie viel Kontakt jeder von uns braucht, wichtig ist, dass wir dann, wenn wir mit Anderen zusammen sind, auch harmonische und aufbauende Kontakte erleben. Deshalb ist es elementar wichtig, die Menschen zu meiden, mit denen man nur hadert wenn man sich sieht.

Hier gilt also, lieber kein Kontakt als einer, nach dem man sich schlecht fühlt. Und da es so unendlich viele Menschen gibt, dürfte für jeden von uns genügend Auswahl an Gesprächs- und Kontaktpersonen vorhanden sein.

Eine gute Sache, um selbst zu harmonischen Beziehungen zu kommen, ist es, einmal bewusst darauf zu achten, wie man sich nach einem Treffen fühlt. Wenn Sie sich nach einem Treffen mit einer bestimmten Person immer wieder (gleich) schlecht fühlen, sollten Sie diese Treffen einfach einmal für ein paar Wochen einstellen.

Fragen Sie sich dann mit etwas Abstand, was die Ursache ist. Warum kommt es immer zu diesen Spannungen? Wenn Sie es ändern können, machen Sie es. Wenn nicht, sollten Sie die bestreffende Person einfach gänzlich meiden. Denn wie schon vorher gesagt, sind gute Beziehungen ein echtes Allheilmittel. Und zwar auch oder gerade für Ihre körperliche Gesundheit.

Versuchen Sie also mit Menschen zusammen zu sein, die bei Ihnen gute Gefühle auslösen. Vermeiden Sie negative Hormonschübe, die von Beziehungen zu Mitmenschen ausgelöst werden, die Sie nicht leiden können.

Ach, und noch etwas: Bemühen Sie sich natürlich vor allem darum, dass auch Sie bei möglichst vielen Menschen diese positiven Gefühle hervorrufen. Das wird Ihre eigenen Beziehungen enorm verbessern…

Qualifikation

Das vorletzte Kapitel zum Thema ‚Der Chef als Person und als Persönlichkeit' betrifft Ihre Qualifikation.

In der heutigen Zeit, in der ja alles immer billiger werden muss, weshalb vor allem große Firmen und Handelsketten fortwährend an Fachpersonal sparen, ist es sehr angenehm für Ihre Kunden, wenn Sie mit Ihnen einen wirklich qualifizierten Ansprechpartner haben, der sein Geschäft versteht und der professionell an die Lösung der Kundenprobleme herangeht.

Jetzige Qualifikation

Ich gehe also davon aus, dass Sie wirklich ein Profi auf Ihrem Gebiet sind. Nur so können Sie das Vertrauen, das Ihre Kunden beim ersten Geschäft oder Auftrag in Sie setzen, auf Dauer rechtfertigen.

Mir liegt dieser Punkt wirklich sehr am Herzen, weil man als Kunde immer öfter auf Berater und/oder Verkäufer trifft, die ihr Fachwissen in einem 14-tägigen Lehrgang erworben haben und dann auf die Menschheit losgelassen werden. Wenn Sie sich einmal in einer großen Handelskette zum Thema Computer beraten lassen haben, wissen Sie, was ich meine.

Ich habe es mir zum festen Grundsatz gemacht, nur noch das zu verkaufen, von dem ich wirklich etwas verstehe. Das engt das Angebot natürlicherweise etwas ein, aber genau darin liegt dann auch die Stärke. Nur das zu verkaufen, was man wirklich versteht, wird Ihnen ein ‚ruhiges Herz' verschaffen und jede Menge zufriedener Kunden, die von Ihrer Kompetenz begeistert und überzeugt sind. So schafft man sich einen Namen und erwirbt einen guten Ruf.

Sollte Ihre Qualifikation noch lückenhaft sein, gibt es daher zwei Möglichkeiten: Entweder schließen Sie diese Lücken möglichst umgehend oder Sie streichen die betreffenden Angebote aus Ihrem Produktangebot.

Noch ein Tipp: Es bringt nichts, wenn Sie zwar sehr qualifiziert sind, aber Ihre Kunden das nicht wissen. Deshalb sollten Sie einen Weg finden, Ihre Qualifikation zu vermitteln. Wenn Sie ein Büro oder einen Laden haben, könnten Sie zum Beispiel Ihre Urkunden sichtbar aufhängen. Sie könnten Ihre Ausbildung im Kundengespräch erwähnen oder auf Ihrer Internetseite deutlich sichtbar anbringen.

Ich meine damit nicht, dass Sie mit Ihrer Ausbildung prahlen sollen, aber Sie müssen erreichen, dass Ihr Kunde davon Kenntnis hat.

Weiterbildung

Nichts bleibt wie es ist, und wer sich nicht weiterbildet, stirbt einen langsamen und qualvollen Tod im Geschäftsleben. Da auch Ihre Konkurrenten immer besser werden, müssen Sie also mindestens Schritt halten. Noch besser ist, wenn Sie so gut sind, dass Sie das Tempo bestimmen können, weil Sie vorneweg marschieren.

Weiterbildung kostet auch Geld, manchmal sogar viel Geld. Als ich mich (als gelernter Vermögensberater) dazu entschlossen habe, das Programmieren in VBA zu erlernen, war ich schon 38 Jahre alt und habe manches Mal ganz trocken durchgehustet, was die Anbieter von Lehrgängen und Programmierschulungen für ein 5-tägiges Seminar verlangen.

Für einen 5-tägigen Kurs 2.500 Euro bezahlen zu müssen, ist in der Branche durchaus üblich. Und danach kann man im Grunde genommen noch nichts. Also kommt der nächste Kurs und wieder der nächste und so weiter. Aber es gab für mich nur zwei Möglichkeiten, entweder lerne ich es richtig, oder ich lasse es bleiben. Als Amateur hat man auf Dauer keine Chance und das gilt für alle, die sich selbständig machen.

Informationsbeschaffung

Überlegen Sie sich, wie Sie zu den Informationen kommen, die Sie brauchen, um stets auf dem Laufenden sein zu können. Man kann Fachzeitschriften abonnieren oder auch das Internet nutzen. Ich persönlich verwende jeden Tag zwischen ½ und 1 Stunde, um mich fachlich auf dem Laufenden zu halten.

Ich versuche stets, die Zeit für Tagungen, Fachmessen und Kongresse möglichst gering zu halten. Es gibt viele Jahre meiner beruflichen Laufbahn, in denen ich nur auf einer einzigen Tagung pro Jahr war.

Mein Eindruck ist dabei stets der gleiche: Die An- und Abreise kostet einen Haufen Zeit und steht meist in keinem Verhältnis zum Ertrag der Veranstaltung. Die Benzinkosten, die Übernachtungskosten und die Eintrittsgelder summieren sich sehr schnell auf viele hundert Euro, wenn man nicht sehr bewusst aussucht, welche Veranstaltung wirklich notwendig und welche verzichtbar ist.

Ich habe mir deshalb angewöhnt, im Zweifel nicht auf Veranstaltungen zu fahren. Das bedeutet für mich, wenn ich mir nicht 100%ig sicher bin, dass meine Teilnahme unabdingbar ist, bleibe ich zu Hause und arbeite lieber, anstatt in der Gegend herumzufahren.

Noch zwei Tipps: Eine gute Möglichkeit ist die, dass man sich von Konferenzen und Tagungen, auf denen man nicht war, einen Zusammenschnitt der Reden zuschicken lässt. Immer öfter gibt es auch Videofilme, die man sich dann zuhause ansehen kann. Auch wenn diese dann ein paar Euro kosten, spart es eine Unmenge an Zeit und Geld.

Eine weitere Option bieten Suchmaschinen wie Google, MSN, Yahoo etc. durch die Möglichkeit, sich so genannte Alertdienste einzurichten. Dabei wählt man die Begriffe aus, die einen interessieren und bekommt dann entweder täglich oder wöchentlich alle Meldungen zum jeweiligen Thema per E-Mail zugeschickt. Dieser Dienst ist (Stand 05/2006) sogar vollkommen kostenfrei.

Mann oder Frau?

Ob man nun weiblich oder männlich ist, spielt Gott sei Dank in der heutigen Zeit beim Thema Qualifikation keine Rolle mehr. Beiden Geschlechtern stehen zumindest in der westlichen Welt alle Aus- und Fortbildungsmaßnahmen gleichermaßen offen und können/sollen genutzt werden.

Zeitplanung

In meinem Umfeld gelte ich als kleiner ‚Planungsfetischist', weil ich die Angewohnheit habe, stets gedanklich in der Zukunft unterwegs zu sein. Ich überlege mir einfach gerne, was aus einem Produkt oder einer Sache werden könnte. Und ich habe meinen Spaß dabei, mir künftige Ereignisse bereits im ‚Hier und Jetzt' auszumalen.

Dabei habe ich in den vielen Jahren der Selbständigkeit immer wieder die Feststellung gemacht, dass eine Stunde Planung wirklich einen ganzen Tag Arbeit ersetzen kann. Bei großen Aufgaben und Projekten ersparen ein oder zwei Tage des Vordenkens, des Vorausschauens und Planens sogar mehrere Monate an sinnloser Arbeit, weil man nach der Planungsphase viel durchdachter an die Dinge herangeht.

Zeit ist Geld und verlorene Zeit ist für immer weg, deshalb möchte ich Sie an dieser Stelle ermutigen, sich mit dem Thema Zeitplanung, aber auch dem Thema Planung an sich intensiv zu beschäftigen. Wir haben hier auch vielfältige Unterlagen auf unserer Webseite zusammengestellt. 💻 Mehr Infos im Internet 💻

Noch eine Anmerkung: Je mehr Sie Ihre Zeit und damit ja auch Ihre Zukunft planen, desto mehr leben Sie ein selbst bestimmtes Leben. Wer dagegen keine oder eine zu ungenaue eigene Planung hat, wird in der Regel von anderen Menschen verplant und damit auch ein Stück ‚verlebt'…

Tagesplan

Ein Tagesplan enthält, wie der Name schon vermuten lässt, die Aufgaben des jeweiligen Tages.

Er wird aus dem Wochenplan gespeist, das bedeutet, ich nehme mir (immer am Vorabend) aus meiner Wochenübersicht die Aufgaben und Dinge heraus, die ich am nächsten Tag erledigt haben möchte.

Es gibt für Tagespläne extra Vorlagen, zur Not tut es aber auch ein ganz normales Stück Papier, auf dem Sie Ihre Tagesaufgaben notieren und das Sie den Tag über abarbeiten.

Entscheidend ist hier nur, dass Sie sich nicht erst morgens fragen, was Sie heute so alles tun könnten, sondern dass bereits am Vorabend feststeht, wann und mit welcher Aufgabe es morgen losgeht.

Wochenplan

Mein persönliches Herzstück ist der Wochenplan. Ich arbeite mit einem Zeitplansystem, in dem immer eine Woche auf einer Doppelseite im aufgeschlagenen DIN A5 Zeitplanbuch als Übersicht sichtbar ist.

Da ich wenig reise und das meiste von zuhause aus arbeiten kann, habe ich es mir zur Gewohnheit gemacht, meine Termine immer direkt in diese 52 Wochenübersichten einzutragen.

Wer viele unterschiedliche Termine pro Tag hat, wird bestimmt besser mit einem Kalender bedient sein, bei dem er für jeden Tag eine eigene Seite zur Verfügung hat. Aber da ich meist zeitlich zusammenhängende Aufgaben habe, mit denen ich mehrere Stunden verbringe, reicht mir der Wochenplan vollkommen aus. Die Tagesaufgaben schreibe ich dann bei Bedarf nur noch auf einen Notizzettel.

Probieren Sie einfach einmal aus, was Ihnen am besten gefällt, entweder ein Blatt pro Tag oder ein Doppelblatt für jede Woche. Es gibt da keine Regeln, was Ihnen nutzt wird genommen. Sie müssen in der Praxis damit klarkommen. Wichtig ist nur, dass Sie etwas haben, in dem Sie Ihre Aufgaben und Termine überwachen, denn nichts ist peinlicher, als einen versprochenen Termin vergessen zu haben…

Doppelseite für eine Woche (Quelle: www.tempus.de)

Monatsübersicht

Die Monatsübersicht ist jetzt schon eher etwas für die gröbere Planung. Dabei geht es nicht mehr um Aufgaben, die erledigt werden müssen, sondern mehr um Dinge wie Abgabetermine, Schulungstermine, Urlaubsplanung und ähnliches. Termine, die in der Monatsübersicht stehen, müssen dann jeweils auf die Wochenplanungen übernommen werden.

Wie bereits gesagt, habe ich selbst keine extra Monatsplanung, weil mir die 52 Wochenplanungen ausreichen.

Jahresplan

Was ich aber habe sind mehrere (Voraus)Jahrespläne, in denen ich mir die grobe Struktur der kommenden Jahre einteilen kann und auch Veranstaltungen, Schulungen etc. bereits berücksichtige.

Dabei habe ich es mir angewöhnt, einen Jahresplan für jedes kommende Jahr zu führen. Das bedeutet, das laufende Jahr ist ausschließlich auf den Wochenplänen und für die nächsten 5 Jahre habe ich je einen Jahresplan, damit ich mir längerfristige Termine vormerken kann.

An Silvester übertrage ich dann in ca. 10 Minuten den Jahresplan in meine Wochenpläne und werfe den Jahresplan anschließend weg.

Das ist nicht die ‚reine Lehre' der Zeitplanungsfraktion, aber darum geht es ja auch nicht... Sie müssen einfach das System finden, das Ihnen die besten Dienste erweist.

Lassen Sie sich auch hier nicht verrückt machen, sondern nehmen Sie das an, was Ihnen gut tut, lassen Sie das weg, was Sie hindert und fügen Sie noch hinzu, was Sie vermissen.

Zeitplansysteme

Es gibt im Wesentlichen drei verschiedene Arten von Zeitplansystemen. Die klassische Art ist die Planung in einem Zeitplanbuch in Papierform, das ich auch selbst bevorzuge.

Eine zweite Möglichkeit besteht darin, seine Planung mit Computerprogrammen zu machen. Hier ist Outlook von Microsoft® wohl eines der bekanntesten Programme. Die dritte Möglichkeit besteht in den kleinen PDAs, also den Persönlichen Digitalen Assistenten.

Auf Papier

Der Vorteil eines Zeitplanbuches auf Papier ist, dass Sie es überall hin mitnehmen können und keine Einarbeitszeit brauchen, wie das bei elektronischen Systemen der Fall ist. Sie brauchen auch keinen Computerabsturz zu fürchten und es reicht ein einfacher Bleistift, um Eintragungen vornehmen zu können.

Auch die Kosten halten sich in engen Grenzen. Sie bekommen hier schon für ein paar Euros wirklich professionelle und gut durchdachte Systeme. Wir haben auch hier Informationen zusammengetragen. 💻 Mehr Infos im Internet 💻

Ein Nachteil besteht darin, dass Sie es nicht verlieren dürfen, denn es gibt davon keine Datensicherung. Wenn es weg ist, ist es weg, und Sie haben keine Adressen, Termine etc. mehr zur Verfügung.

Am Computer

Die Computerplanung mit MS Outlook bietet sich an, wenn Sie sowieso die meiste Zeit am Schreibtisch verbringen und die Termine dann gleich eintragen können.

Outlook bietet natürlich wahnsinnig viele und umfassende Möglichkeiten an. So werden Sie mit netten Tönen an anstehende Aufgaben erinnert, können Termine mit Ihren Kollegen digital abstimmen und vereinbaren. Sie können Projekte überwachen und bei Bedarf die Beteiligten anmailen und so weiter.

Die Kosten sind nicht besonders hoch, wenn Sie sowieso mit Microsoft® Office arbeiten, denn Outlook ist dann standardmäßig als Programm mit dabei.

Ein weiterer Vorteil ist die Möglichkeit der Datensicherung. Wenn Sie diese regelmäßig machen, kann nichts verloren gehen. Auch der Wechsel zu einem neuen PC sollte dann problemlos möglich sein.

Ein großer Nachteil ist, dass Sie private Termine, wenn Sie zuhause sind nicht eintragen können, weil der PC eben im Büro steht. Ein weiterer Nachteil ist die Einarbeitungszeit, die Outlook wirklich einfordert. Immerhin gibt es fast nichts, was Sie damit nicht veranstalten können.

Mit dem PDA

Die Persönlichen Digitalen Assistenten sind kleine, tragbare Geräte (sehr oft vom Hersteller Palm), die eine Aufgabenplanung, einen Terminkalender und ein Adressbuch als Basisausstattung mitbringen.

Der Vorteil besteht darin, dass Sie die Mobilität eines Zeitplanbuches mit den Möglichkeiten der digitalen Computerprogramme vereinen. Leistungsstarke Geräte können schon fast soviel wie ein herkömmlicher PC.

Nachteile sind der Preis, den solch ein Gerät ja zusätzlich zum normalen PC kostet und die Einarbeitungszeit, die man nicht unterschätzen sollte.

Machen Sie es schriftlich

Für welches System Sie sich auch entscheiden, wichtig ist die Schriftlichkeit Ihrer Planung. Versuchen Sie erst gar nicht, Ihre Termine und Fristen alle im Kopf zu behalten. Sie werden immer irgendetwas vergessen, und das ist für Sie als Chef nicht hinnehmbar.

Zudem ist Ihr Gehirn kein Organ, das sich Dinge merken soll, die man sich auch aufschreiben kann. Das Gehirn soll als Problemlösungsorgan eingesetzt werden, denn das macht es so einmalig. Belasten Sie es also möglichst wenig mit ‚Standarddatenmüll'… und Sie werden frei, um Lösungen aller Art zu produzieren.

Das Pareto Prinzip

Vilfredo Pareto lebte im 19. Jahrhundert und war Professor für politische Ökonomie an der Universität von Lausanne. Er erkannte, dass in vielen Märkten überall auf der Welt ein Großteil der Aktivitäten auf einen Bruchteil der Akteure entfällt.

Dies wurde als 80 zu 20 Prinzip bekannt: 80 Prozent des Geschehens entfallen auf 20 Prozent der Beteiligten.

Man geht davon aus, dass eine Firma mit 20% ihrer Kunden 80% ihres Gewinnes erwirtschaftet oder auch, dass sie mit 20% ihrer täglichen Arbeit 80% ihres Einkommens erzielt.

Die 80 zu 20 Regel trifft in erstaunlich vielen Bereichen zu. Sie weist uns auf die Verhältnismäßigkeit zwischen Aufwand und Ergebnis hin. Dieses Verhältnis ist wichtig. Es kommt darauf an, jene 20% Aufwand herauszufinden, die Ihnen das größte Ergebnis erzeugen und sich darauf zu konzentrieren!

Wer die 80 zu 20 Regel beachtet und seine eigene Firma einmal daraufhin untersucht, ist in der Lage, den Anteil an Arbeit, der wirklich große Resultate bringt, zu steigern und den Anteil der Arbeit, die nur kleine oder gar keine Ergebnisse hervorbringt, zu reduzieren. Es geht also mehr Erfolg, ohne deshalb zwangsläufig mehr arbeiten zu müssen.

Schreiben Sie einmal ein paar Wochen alle Aufgaben, die Sie so tagsüber tun (müssen?) auf und dahinter schätzen Sie den Nutzen für Ihr Unternehmen ab, den die Erledigung dieser Aufgabe erwirtschaftet. Vielleicht gewinnen Sie so ganz neue Erkenntnisse über das, was wirklich sinnvoll ist…

Welche Aufgabe fällt genau an?	Wer erledigt sie?	Wie viel Anteil (in %) hat sie am Gewinn meiner Firma?

Achten Sie auf Ihre Grundauslastung

Zweifellos besteht ein kleines Geheimnis des Erfolges darin, auf seine Grundauslastung zu achten. Was ist mit der Grundauslastung gemeint?

Die Grundauslastung ist der Prozentsatz, zu dem Sie durch Ihre immer wiederkehrenden Aufgaben (die Routineaufgaben) bereits ausgelastet sind. Jede Routinearbeit bringt also einen Anstieg der Grundauslastung mit sich.

Es gibt Unternehmer, die von morgens bis spät abends arbeiten, nur um diesen (routinemäßig anfallenden) Tagesaufgaben in vollem Umfang nachkommen zu können. Das ist ungünstig, denn so bleibt wenig Zeit für Kreatives.

Und gerade als Chef ist es nicht Ihre Aufgabe, die Routinearbeiten zu erledigen, sondern in die Zukunft gerichtet zu planen und zu gestalten. Wenn Sie das Gefühl haben, dass Ihre Grundauslastung zu hoch ist, ist das nächste Kapitel ein möglicher Lösungsansatz.

Die Grundauslastung sollte meinem Empfinden nach nicht größer als 65% sein. Das bedeutet, von 10 Stunden Arbeit pro Tag sollten Sie nicht mehr als 6 ½ Stunden mit Dingen verbringen, die immer wiederkehrenden Charakter haben. Nur dann bleibt Ihnen die erforderliche Zeit für neue Produktideen, neue Kontaktmöglichkeiten, Ihre Neukundensuche, die Bestandskundenpflege oder auch die Erfolgsplanung- und gestaltung Ihrer Firma.

A – B – C und D-Aufgaben

Die Einteilung in A – B – C und D-Aufgaben kennen Sie bestimmt schon. Trotzdem kann es vorkommen, dass es im Alltag in Vergessenheit gerät, sich stets bewusst zu sein, welche Wertigkeit der jeweiligen Aufgabe beigemessen werden muss.

A - Aufgaben sind absolut wichtig und sie sind dringend. Sie sollten (und manchmal können) nur von Ihnen als Chef gemacht werden. Das sind Ihre wahren Aufgaben, auf die gilt es sich zu konzentrieren. Durch die hervorragende Durchführung dieser A-Aufgaben wird der

Erfolg Ihrer Firma bestimmt. Das sind also die ‚big Points', die Sie unbedingt machen müssen, um das Spiel zu gewinnen.

B – Aufgaben sind auch wichtig, aber nicht so dringend. Auch diese Aufgaben können Sie als Chef machen. Sie haben aber auch die Möglichkeit, diese zu delegieren, so lange noch Zeit dazu ist und Sie jemanden haben, der dieser Aufgabe gewachsen ist.

C – Aufgaben sind diese typischen ‚Nervtöteraufgaben', die man in der Regel gar nicht gerne hat. Sie sind dringend, aber überhaupt nicht wichtig für Ihre Firma. Trotzdem müssen Sie gemacht werden, weil es sonst an irgendeiner Ecke ziemlich unangenehm anfängt zu klemmen und zu brodeln. Diese Aufgaben können Sie also ganz beruhigt delegieren, sie sind das typische Tagesgeschäft, das einen oft vom Erfolg abhält.

Ich finde immer, dass zum Beispiel Briefmarken kaufen so eine C – Aufgabe darstellt. Die müssen einfach da sein, sonst geht keine Post raus, aber es ist völlig egal, wer sie bestellt oder kauft…

D – Aufgaben sind weder wichtig, noch sind sie dringend. Meine simple Empfehlung lautet deshalb: Übergeben Sie die D – Aufgaben Ihrem Papierkorb. Mögen sie selig ruhen.

Wenn Sie einen perfekten Betriebsablauf haben, was naturgemäß nicht ständig der Fall sein kann, merken Sie das daran, dass es keine A – Aufgaben mehr zu erledigen gibt. Diese sind dann bereits getan und Sie können in aller Ruhe und Gelassenheit Ihre B – Aufgaben angehen.

Hier eine Liste, mit der Sie einmal mitschreiben können, welche Ihrer Aufgaben in welche Rubrik gehört:

Aufgabe	wichtig	unwichtig	dringend	nicht dringend	Kategorie

Ihre persönliche Leistungskurve

Niemand ist den ganzen Tag über gleich leistungsfähig. Deshalb ist es wichtig, seine persönliche Leistungskurve zu kennen, um dann die A – Aufgaben möglichst in dem leistungsstärksten Bereich unterzubringen.

Routinearbeiten, also Ihre C – Aufgaben sollten Sie nach Möglichkeit in die ‚schwächste' Zeit des Arbeitstages legen. So können Sie sich in diesen etwas müden Stunden des Tages auch mal den einen oder anderen Ruhepunkt leisten.

Beobachten Sie dazu einmal drei Tage lang stündlich, wann Sie besonders leistungsfähig sind. Dazu können Sie die nachfolgenden Tabellen einfach kopieren und an Ihren Arbeitsplatz legen.

Beurteilen Sie dazu Ihre Energie, Ihre Konzentrationsfähigkeit und Ihre Laune nach dem folgenden Maßstab:

Energie:

1 = ich bin nur noch müde bis
10 = ich könnte Bäume ausreißen

Konzentrationsfähigkeit:

1 = ich kann mich gar nicht konzentrieren
10 = ich bin voll konzentriert bei der Sache

Laune:

1 = lasst mich bloß alle in Ruhe
10 = ich bin gut gelaunt und zuversichtlich

Ermitteln Sie dann den Durchschnitt der drei Tage und tragen Sie ihn anschließend in die Tabelle ein. Wenn Sie es optisch hervorheben möchten, können Sie für jede Kurve eine extra Farbe nehmen. Diesen Test können Sie beliebig oft wiederholen.

Zeit	Energie				Konzentration				Meine Laune			
	1. Tag	2. Tag	3. Tag	Schnitt	1. Tag	2. Tag	3. Tag	Schnitt	1. Tag	2. Tag	3. Tag	Schnitt
1.00												
2.00												
3.00												
4.00												
5.00												
6.00												
7.00												
8.00												
9.00												
10.00												
11.00												
12.00												
13.00												
14.00												
15.00												
16.00												
17.00												
18.00												
19.00												
20.00												
21.00												
22.00												
23.00												
24.00												

Meine persönliche Leistungskurve:

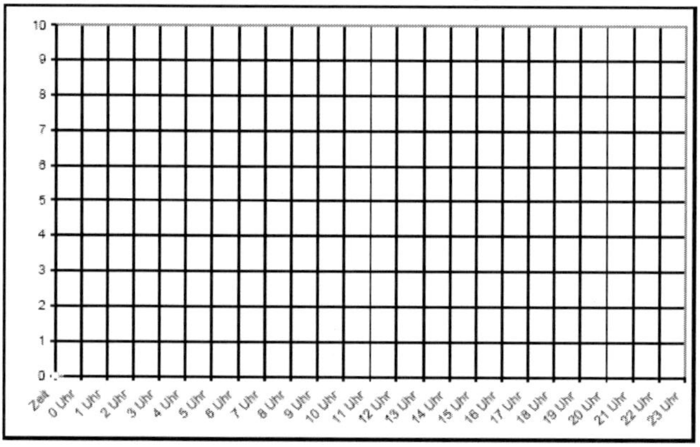

Persönliches Umfeld

Weil das persönliche Umfeld so wichtig ist, möchte ich diesem Thema gerne ein extra Kapitel widmen. Wir alle sind soziale Wesen und brauchen für unsere Leistungsfähigkeit ein gesundes und förderliches Umfeld. Wer von Menschen umgeben ist, die nicht an seinen Erfolg glauben, wird es viel schwerer haben als jemand, der von seinem Umfeld ermutigt, angespornt und gefördert wird.

Hier gilt die alte Weisheit: „Zeige mir Deine Freunde und ich sage Dir, wer Du bist“ oder auch „Vögel gleichen Gefieders fliegen zusammen“.

Für mich persönlich ist es daher von ganz entscheidender Bedeutung, ob meine Ziele auch von den Menschen mitgetragen werden, die für mich wichtig sind. Ich kann vielleicht eine Weile lang gegen die Haltung und Meinung der mir nahe stehenden Menschen angehen, aber auf Dauer muss ich entweder meine eigenen Ziele an mein Umfeld anpassen oder mir ein Umfeld suchen, das zu meinen Zielen passt.

Gestatten Sie mir deshalb einige offene Worte zu den Menschen, mit denen Sie am meisten zusammen sind.

Ihr Lebenspartner

Ich gehe jetzt einmal davon aus, dass die Beziehung intakt ist und nicht bereits vor dem Scheidungsrichter steht. Dann ist der wichtigste Partner in Ihrem Leben Ihr Lebenspartner.

Für Sie als Chef der Firma ist es von existenziell wichtiger Bedeutung, dass Ihr Lebenspartner bei Ihrer Geschäftsidee mitzieht oder Sie zumindest wirklich neutral gewähren lässt. Er sollte Ihrer Firma also vom Herzen her positiv gegenüberstehen.

Viele Gründer von Firmen machen hier leider den Fehler, zu wenig mit dem eigenen Lebenspartner zu reden. Die Folge ist dann, dass Ihr Lebenspartner gar nicht weiß, was Sie wirklich tun, was Sie beschäftigt, welche Ziele Sie haben, aber auch, welche Schwierigkeiten, Nöte oder Probleme gerade aktuell sind. Er hat im

Grunde genommen also gar keine Chance, Ihnen hilfreich zur Seite zu stehen.

Das Allheilmittel ist hier (mal wieder…) reden, reden und nochmals miteinander reden. Meine Frau hat immer ein offenes Ohr für meine geschäftlichen Situationen gehabt und so manche Nacht wurde zum Tag, weil wir einfach durchgequasselt haben. Wir sind in all diesen Gesprächen eng zusammengewachsen und haben ein tiefes Verständnis für die Standpunkte des anderen entwickelt.

Ich glaube fest daran, dass keine Partnerschaft deshalb auseinander geht, weil dem Mann mit den Jahren die Haare ausfallen und das Bäuchlein etwas üppiger wird. Und sie geht auch nicht auseinander, weil ihre Partnerin beim Schminken etwas länger braucht als früher.

Beziehungen gehen meist auseinander, weil man sich mit der Zeit entfremdet, man redet immer weniger miteinander und nimmt die Bedürfnisse des Partners nicht mehr wahr. Sätze wie „Er/sie wird schon wissen, was ich meine“ sind die Beziehungskiller. Das führt zu Gleichgültigkeit, dem Gift Nummer 1 und dem ‚Aus’ für jede Beziehung.

Mein ehrlicher und aufrichtiger Rat an alle Paare lautet daher: „Nehmen Sie sich (wieder) Zeit füreinander. Planen Sie einen Abend pro Woche ein, an dem Sie nur füreinander da sind, an dem sie keiner stört und an dem Sie miteinander über all das sprechen können, was Sie bewegt.“

Wir nennen diesen Abend unser ‚DateNight’. Das haben wir nicht selbst erfunden, sondern es stammt von einem amerikanischen Pfarrer, der seit über 50 Jahren mit seiner Frau verheiratet ist. Er empfiehlt dieses ‚DateNight’ als eine von 10 Regeln für eine glückliche Ehe. (Mehr Infos dazu finden Sie im ‚Familien Manager’ des FinanzplanTeams auf der Webseite).

Als wir von der Idee des ‚DateNight’ zum ersten Mal gehört hatten, waren wir vielleicht 7 oder 8 Jahre verheiratet. Mittlerweile sind wir fast 25 Jahre verheiratet und ich möchte kein einziges ‚DateNight’ missen.

Gehen Sie ins Kino, zum Italiener, zum Tanzen oder spazieren Sie einfach durch den Wald. Auch wenn Sie momentan wenig Geld haben, brauchen Sie auf diesen einen, wichtigsten Termin in der

Woche nicht zu verzichten. Spazieren gehen kostet bekanntlich nichts. Kaufen Sie sich eine Cola und setzen Sie sich einfach auf eine Parkbank und genießen Sie die freie Zeit mit Ihrem Lebenspartner.

Ihre Kinder

Jetzt kommen Ihre Kinder ins Spiel. Wir haben unsere Kinder nie gefragt, ob es Ihnen Recht ist, wenn wir uns selbständig machen, denn wir waren schon selbständig, als wir Nachwuchs bekamen. Unsere Kinder hatten also keine Wahl und sind ganz natürlich damit aufgewachsen, dass Papa und Mama auch mal am Wochenende arbeiten, und dafür unter der Woche Zeit für sie haben.

Unsere Kinder wissen auch, dass die von unzähligen Beamten angeordnete Bürokratie für Selbständige ein ganz böse Sache ist ;-)

Versuchen Sie unbedingt, auch Ihre Kinder mit in die Selbständigkeit einzubeziehen. Es ist wichtig, dass Sie sich die Zeit nehmen, um Ihren Sprösslingen (altersgerecht) zu erklären, was Sie machen und warum Sie das tun. Gerade beim Wechsel vom angestellt sein zur Selbständigkeit werden sich auch einige Abläufe innerhalb Ihrer Familie ändern. Das sollten Sie rechtzeitig erläutern und vor allem sollten Sie aufzeigen, wo die Chancen liegen.

Kinder verstehen oft viel mehr als man annimmt und glauben Sie mir bitte: Auch mit Ihren Kindern lohnt sich jedes Gespräch, das Sie führen. Im Idealfall erhalten Sie also auch die Unterstützung Ihrer Kinder. Das kann ‚nur' moralisch sein oder sogar richtig tatkräftig. Wir haben unsere Jungs zum Beispiel oft für leichtere Tätigkeiten mit ins Büro mitgenommen und fast immer unseren Spaß dabei gehabt.

Zumindest lernen Sie, dass man arbeiten muss um Geld zu verdienen, und das ist in der heutigen Zeit ja schon etwas, was nicht mehr alle Jugendlichen von zuhause aus mitbekommen…

Ihre Verwandtschaft

Anders als es bei Ihrem Lebenspartner und Ihren Kindern der Fall ist, muss die Verwandtschaft nicht unbedingt ‚mitspielen', wenn Sie sich selbständig machen, oder es bereits sind.

Natürlich ist es am angenehmsten, wenn Sie von Ihren Eltern, Schwiegereltern, Brüdern, Schwestern oder wem auch immer Hilfe und Unterstützung erhalten, aber das kann man weder erwarten, noch einfordern. In der Regel gilt auch hier: Gespräche helfen am ehesten, eventuelle Unstimmigkeiten oder Missverständnisse aus der Welt zu schaffen.

Sollten Sie auf wenig Gegenliebe oder Verständnis bei Ihrer Verwandtschaft stoßen, ist auch hier meist wieder Ihr Lebenspartner gefragt. Der sollte Ihnen jetzt den Rücken freihalten. Es kann nicht sein, dass Sie einen großen Auftrag sausen lassen, den Sie umständlich ‚ergattert' haben, nur um rechtzeitig auf den Geburtstag Ihrer Schwiegermutter zu kommen. Wenn Sie eine tolle Schwiegermutter haben, wird diese das auch verstehen und sich freuen, wenn Sie einfach sobald es geht zu der Geburtstagsfeier nachkommen.

Zwei Dinge müssen klar sein: Erstens, Sie bleiben als Chef nicht einfach von Familienfeiern fern, weil Sie keine Lust haben, sondern weil es dringende Arbeiten zu erledigen gibt, und sobald Sie dazu in der Lage sind, kommen Sie nach.

Und zweitens, und dazu müssen Sie einfach stehen: Die Firma geht vor. An der Firma hängen Ihre wirtschaftliche Zukunft und vielleicht sogar noch die Arbeitsplätze Ihrer Mitarbeiter. Da ist Schluss mit lustig – das ist ernst und ernst hat Vorfahrt… auch gegenüber der Verwandtschaft.

Ihre Freunde und Bekannten

Im Grunde genommen treffen für Ihre Freunde und Bekannten ganz ähnliche Regeln zu wie für Ihre Verwandtschaft. Wirklich gute Freunde werden verstehen, wenn Sie einmal keine Zeit haben und können das auch akzeptieren.

Wahrscheinlich werden Sie aber wie fast jeder Selbständige mit der Zeit die Erfahrung machen, dass sich durch Ihre Selbständigkeit auch ein paar Bekannte oder Freunde ‚verabschieden'. Meist ist es um die, die nur deshalb gehen, weil Sie mal keine Zeit haben, nicht besonders schade, zumal sich Ihnen durch die Selbständigkeit auch bald ein ganz neuer Kreis an Menschen auftun wird.

Das werden vermutlich ziemlich interessante Menschen sein, die genauso oder zumindest ähnlich wie Sie denken, die etwas in Ihrem Leben bewegen wollen, die positiv denken, die Probleme angehen und den ‚Stier bei den Hörnern packen', na... Selbständige eben :-)

Ihr Büro– und dessen Ausstattung

In diesem Kapitel möchte ich Ihnen gerne einige Tipps zur Ausstattung Ihrer Büroräume geben. Da alle Anschaffungen Geld kosten, ist es ratsam, sich zu überlegen, was man hier wirklich braucht und was nur überflüssiger Schnickschnack ist.

Da Büromöbel in der Regel nur über viele Jahre hinweg von der Steuer abgeschrieben werden können (💻 Mehr Infos im Internet 💻) ist auch der steuerliche Aspekt solcher Anschaffungen nicht sehr verlockend.

Natürlich ist es schön und tut dem Ego gut, wenn man seine Kunden und Partner in einem repräsentativen Büro begrüßen kann, aber es ist für den Geschäftserfolg nicht ausschlaggebend.

Ich habe selbst unzählige Büros gesehen und bei einem Dutzend Eröffnungen war ich unmittelbar dabei und konnte den weiteren Werdegang beobachten. Dabei reichte die Palette von einer ziemlich bescheidenen Ausstattung bis zu wahren Prunkpalästen. Die Erfolge, die sich nach den jeweiligen Büroeröffnungen eingestellt haben, waren allesamt vollkommen unabhängig von der Summe des Geldes, die für die Büroausstattung ausgegeben wurde. Es ließ sich also für mich absolut kein Zusammenhang zwischen der Investitionssumme und dem geschäftlichen Erfolg erkennen.

Was aber immer entscheidend gewesen ist, war der Einsatz des Geschäftsmannes, der nach einer Büroeröffnung erbracht wurde. Durch diesen persönlichen Einsatz des Chefs haben doch einige Büroeröffnungen wahre Umsatzschübe herbeigezaubert...

Lassen Sie uns also einen Blick auf das notwendige Inventar und die damit verbundenen Anschaffungskosten werfen.

Büroausstattung

Büromöbel sind nicht gerade günstig und haben wie alle Möbel fast keinen Wiederverkaufswert mehr. Wenn Sie sich diesen Umstand zunutze machen möchten, könnten Sie sich zum Beispiel bei ebay oder in der örtlichen Tageszeitung nach gebrauchten Büromöbeln umsehen.

Viele haben auch sehr gute Erfahrungen bei Versteigerungen gemacht, wo oft ganze Büroeinrichtungen zu einem Schnäppchenpreis unter den Hammer kommen.

Wer keine gebrauchten Möbel haben möchte, findet in den normalen Bürokatalogen (💻 Mehr Infos im Internet 💻) eine Fülle von günstigen Büromöbeln, die auch akzeptabel aussehen. Langlebige und unempfindliche Möbel sind meist aus beschichteten Platten und haben lackierte Stahlgestelle. Sie sind sehr pflegeleicht und verzeihen einem (fast) alles.

Möbel aus Echtholz sehen zwar schön aus, zerkratzen aber leichter und sind mit den Jahren oft unansehnlich. Es kann auch vorkommen, dass sich das Holz durch die Sonneneinstrahlung sehr unterschiedlich verfärbt, was dann natürlich gar nicht mehr schön aussieht.

Ich empfehle also - besonders bei einer Erstgründung des Unternehmens - robuste Büromöbel zu wählen, die nach Möglichkeit gebraucht sind.

Wenn Ihr Geschäft dann eines Tages so viel Gewinne abwirft, dass Sie Ihr Geld schon stapeln müssen, können Sie ja immer noch zu Designermöbeln greifen.

Fax und Telefon

Ein Telefax und ein Telefon sowie eine kleine Telefonanlage sind heute absoluter Standard und ein ‚Muss' für jeden Betrieb. Wählen Sie hier bitte keine Billiggeräte, Sie werden daran auf Dauer keine Freude haben. Wer dauernd unter seinem Schreibtisch liegt, um die Telefonanlage wieder zum Laufen zu bewegen... entwickelt auch nicht unbedingt mehr Spaß an seiner täglichen Arbeit.

Als Hersteller empfehle ich hier ganz klar die Deutsche Telekom, weil das die einzige Firma ist, die meiner Erfahrung nach einen funktionierenden Kundendienst und Service hat.

Ich kenne die Witze um die Telekom, aber nach 24 Jahren der Selbständigkeit muss ich ehrlich gestehen, dass die trotz allem Ärger immer noch die Besten sind. Alle Servicetechniker der Telekom, die uns in all den Jahren besucht haben, waren zum einen meist sehr kompetent und zum anderen nach nur wenigen Stunden bei uns vor Ort.

Haben Sie dagegen Ihren Anschluss bei einem Billiganbieter, so können Sie sich auf viele nervende Gespräche mit Mitarbeitern von (teuren) Hotlines einstellen, die oft selbst keinen Schimmer haben, um was es fachlich eigentlich geht. Und im Übrigen müssen diese Billiganbieter dann am Ende doch wieder die Telekom beauftragen, weil sie (die Billiganbieter) die Leitungen auch nur von der Telekom gemietet haben.

Wenn Sie also nicht selbst Profi in diesem Bereich sind, sollten Sie folgendes bei Ihrer Wahl berücksichtigen:

Nichts ist nerviger, als seinen DSL-Anschluß bei der Firma ‚xyz' zu haben, die Telefonapparate von der Firma ‚abc' und um es zu toppen am besten noch das Faxgerät von der Firma ‚zzz'.

Wenn dann irgendetwas nicht funktioniert, wird es immer der eine auf den anderen schieben und man ‚dreht fast durch'. Ersparen Sie sich diese hormonellen Momente in Ihrem Büroalltag und kaufen Sie am besten sämtliche Hardware und auch die Anschlüsse selbst bei der besagten Telekom.

Handy

Ich selbst mag keine Handys und finde es gar nicht aufregend, immer und überall erreichbar zu sein. Mittlerweile habe ich aber akzeptiert, dass es durchaus Berufe gibt, in denen es notwendig ist, während einer bestimmten Zeit auch per Handy erreichbar zu sein.

Dessen ungeachtet sollten Sie sich aber genau überlegen, wann Sie erreichbar sein wollen oder müssen und wann nicht. So lange es keinen zwingenden Grund gibt, würde ich persönlich meinen Kunden und Mitarbeitern ‚sehr nahe legen', mich nach Möglichkeit nur im Büro anzurufen.

Der Grund dafür ist der, dass Sie auch irgendwann einmal abschalten können müssen. Damit meine ich jetzt sowohl Sie selbst als auch Ihr Handy. Durch die ständige Erreichbarkeit, die Handys mit sich bringen, machen es sich viele Kunden zur Gewohnheit, einfach und ohne nachzudenken dann anzurufen, wenn ihnen gerade etwas durch den Kopf geht, das sie gerne wissen möchten. Nach Möglichkeit, ohne selbst vorher überprüft zu haben, ob die Anfrage sinnvoll ist oder nicht und auch gerne nach 20.00 Uhr…

Lassen Sie sich nicht auf diese Art und Weise von Ihren Kunden vereinnahmen. Ich bin ja nun wirklich jemand, der auf einen super Kundenservice viel Wert legt, aber Sie müssen Ihre Kunden auch dazu erziehen, dass diese sich an ordentliche Geschäftszeiten halten.

Sie könnten es also zum Beispiel so machen, dass Sie nur Ihren besten Kunden Ihre Handynummer geben und das auch als ganz besonderen Service herausstellen.

Für alle allgemeinen Anfragen, die so tagsüber eintrudeln, können Sie entweder einen Anrufbeantworter schalten, Ihren Lebenspartner einspannen oder aber mit einem FAQ-System auf Ihrer Webseite für Entlastung sorgen.

Der Computer

Wer heutzutage selbständig ist, stellt bald fest, dass ein (funktionierender) Computer zur absoluten Grundausstattung eines Betriebes gehört.

Egal, ob es die Lohnabrechnung ist, ob Sie ein Angebot schreiben, Ihre Finanzen ordnen oder auch nur eine Überweisung online erledigen, der PC ist immer mit von der Partie.

Davon abgesehen bietet Ihnen das Internet eine Fülle von Möglichkeiten der Arbeitsersparnis (siehe auch Finanzplan Internet Toolbar) und an nicht zu unterschätzenden Informationsquellen. Es lohnt sich absolut, sich mir dem Thema Computer zu beschäftigen, und zwar auch dann, wenn Sie selbst nicht gerade Informatik studiert haben…

AntiStress-PC

Wir als FinanzplanTeam arbeiten tagaus, tagein am PC und das oft für viele Stunden...

Da muss der Computer funktionieren, wir haben keine Zeit, uns ständig mit Fehlermeldungen oder Abstürzen zu beschäftigen. Die PCs müssen einfach laufen und klaglos und über viele Jahre hinweg ihren Dienst tun.

Oft erreichen uns Anfragen, wie man einen PC so installiert, dass er möglichst fehlerfrei läuft. Meist konnten wir schnell helfen und mit wenigen Handgriffen ein System so einstellen, dass es wieder für lange Zeit funktioniert.

Die Erfahrungen, die wir im Laufe der Jahre aus diesen PC-Installationen gesammelt haben, sind jetzt in einer Schritt-für-Schritt Anleitung verfügbar, die es auch Ihnen ermöglicht, einen AntiStress-PC für sich einzurichten.

Die Anleitung ist sowohl für eine Neuinstallation als auch für ein schon bestehendes PC-System geeignet. Probieren Sie es einmal, Sie werden erstaunt sein, was man mit wenigen Einstellungen mit Windows erreichen kann.

Sie erhalten eine Anleitung auf CD (mit einem sehr schönen Menü, das Sie mit jedem Browser bedienen können) und werden durch den gesamten Installationsprozess vom 'ganz leeren Rechner' bis zum richtig gut funktionierenden Privat- oder Bürosystem geführt.

Die Anleitung ist in ganz normaler Umgangssprache geschrieben und verzichtet - wo immer möglich - auf komplizierte Erklärungen.

Da Windows alleine als Software nicht ausreicht, um einen reibungslosen Betrieb zu gewährleisten, finden Sie bei der Anleitung auch noch eine Gratiszugabe-CD, die mehrere Programme enthält, die unserem Erachten nach unabdingbar für einen reibungslosen Betrieb des PCs erforderlich sind. Mehr Infos im Internet

Hardwareanforderungen

Als Hardware wird bei einem Computer all das bezeichnet, was Sie anfassen können (im Gegensatz zur Software, die ja immateriell ist).

Die Hersteller von Computersystemen versuchen naturgemäß meistens, einem einzureden, dass man ständig die neueste Hardware braucht. Das mag für einen Spiele-PC durchaus stimmen, für einen Privat- oder Büro-PC ist das aber völliger Unsinn.

Wir haben selbst jahrelang mit einem 400 MHZ-Rechner und Windows XP im Büro gearbeitet (allerdings ohne die SP1 und SP2) und kamen damit gut zurecht... Sie können einen Brief in Word nur so schnell schreiben, wie Sie tippen können. Ein schnellerer PC gewährleistet also nicht zwangsläufig auch, dass Sie Ihre Arbeit schneller erledigen können.

Im Gegenteil: Oft sind diese ‚hochgezüchteten' Highend Rechner ziemlich anfällig, produzieren sehr viel Wärme (was ein PC gar nicht mag) und sind störungsanfällig.

Hier unsere Vorschläge zur Hardware (Stand 06/2006 für ein Windows® XP Betriebssystem):

Taktfrequenz:	Irgendetwas über 1.000 MHz
Grafikkarte:	eine moderne Grafikkarte (DirectX 9, WDDM, Pixel Shader 2.0, 128 MB Speicher)
Netzteil:	Ein richtig gutes, hier wird meist zu wenig Wert darauf gelegt, dass es sich um ein Qualitätsprodukt handelt. Achten Sie auch auf die Lärmentwicklung des Netzteils. Manche sind immer noch furchtbar laut, was in einem Büro stören kann.
RAM:	Da Windows sehr viel Hauptspeicher braucht empfehlen wir hier 1 GB, also 1.024 MB. Tun Sie sich bitte den Gefallen und rüsten Sie hier ggf. auf. Sie werden es nicht bereuen!

Brenner: Am besten CD/DVD-Laufwerk und einen zusätzlichen CD oder DVD-Brenner

Außerdem empfehlen wir nach wie vor ein Diskettenlaufwerk einzubauen, da die 1,44 MB Disketten nicht aussterben…

Festplatte(n): Ein Markenprodukt (nicht zu groß wählen, nach Möglichkeit unter 100 GB bleiben). Eine 80 GB Platte müsste eigentlich vollkommen ausreichen. Lieber 2 Platten á 80 GB als eine mit 160 GB (wegen der Datensicherung)

Wenn Sie sich einen neuen PC anschaffen möchten, empfehlen wir Ihnen sehr, auf einen Vor-Ort-Service zu achten, der Ihnen den PC innerhalb von wenigen Stunden bei Ihnen im Büro austauscht oder repariert. 💻 Mehr Infos im Internet 💻

Datensicherheit

Die Datensicherung gehört (vor allem in kleinen Betrieben) nach wie vor zu den sträflich unterlassenen Handlungen.

Dabei ist es gar nicht so schwierig, eine schnelle und gute Lösung für das leidige Thema zu finden. Da wir selbst eine kleine (und feine) Computerschmiede haben, möchte ich Ihnen hier gerne eine ausführliche Anleitung geben, die Ihr Büro- und Computerleben deutlich vereinfachen wird.

Selbst wenn Sie jemanden haben, der Ihnen Ihre Computer betreut, kann es hilfreich sein, sich diese Anleitung zumindest einmal selbst durchzulesen.

Generell gilt: Speichern Sie alle Daten nach Möglichkeit in ein Verzeichnis und arbeiten Sie dann mit Unterverzeichnissen.

Auch bei Programmen, die gerne ‚woanders' hinspeichern möchten, sollten Sie versuchen, diese Ordnung einzuhalten:

Beispiel einer sinnvollen Dateistruktur:

C:\Eigene Dateien\
\Word\2001
\Word\2002
\Word\2003
\Word\2004
\Word\aktuell (wäre bei uns das aktuelle Jahr)

C:\Eigene Dateien
\Excel\2001
\Excel\2002
\Excel\2003
\Excel\2004
\Excel\aktuell (wäre bei uns das aktuelle Jahr)

C:\Eigene Dateien\Bilder
C:\Eigene Dateien\Fotos
C:\Eigene Dateien\PDF_Dateien
C:\Eigene Dateien\Sonstiges
C:\Eigene Dateien\Filme
C:\Eigene Dateien\PowerPoint
C:\Eigene Dateien\Bankdaten

Legen Sie also unter:

C:\Dokumente und Einstellungen\BENUTZERNAME\Eigene Dateien einfach so viele Verzeichnisse an, wie Sie benötigen und unterscheiden Sie dabei zunächst nach der Art der Dateien und dann nach dem Datum.

Es ist natürlich auch jede andere Ablageform möglich, so lange sie alle unter einem Hauptverzeichnis ‚versammeln'.

Sie brauchen nur eine Datensicherung, wenn Ihnen die Daten wichtig sind, die sich auf Ihrem PC befinden. Es gibt durchaus PCs, auf denen ist einfach nichts Wichtiges drauf. Wozu soll man dann eine Datensicherung machen?

Hier deshalb die wichtigste Frage für Sie: *Wenn heute Ihr PC explodieren würde, was würde das für Sie bedeuten? Welche Daten fehlen? Sind Sie wichtig? Wie lange brauchen Sie, um diese wieder genau so herzustellen, wie Sie Ihnen jetzt zur Verfügung stehen?*

Wenn Sie diese Fragen nur mit einem Achselzucken beantworten können und innerlich gar nicht berührt sind, machen Sie es wie folgt:

Installieren Sie Ihr PC-System wie in der AntiStress PC-Installationsanleitung beschrieben und kaufen Sie sich zusätzlich noch ein Image-Programm. Mehr Infos im Internet

Mit diesem Image-Programm ziehen Sie sich ein Image Ihrer Festplatte auf eine DVD. Wenn jetzt Ihr PC ‚explodiert', spielen Sie das Image zurück (was ca. 30 Minuten oder weniger dauert) und Ihr PC ist wieder im Ursprungszustand, ohne dass Sie dafür wieder alles neu installieren müssen.

Was ist ein Image? Ein Image ist das genaue Abbild Ihrer Festplatte und kann sooft zurückgespielt werden, wie Sie es gerne möchten. Da Sie ja keine Daten haben, die gesichert werden müssen, sparen Sie sich mit einem Image einfach die ganze Installationsarbeit.

Die nächste Möglichkeit besteht darin, dass Sie schon wichtige Daten auf Ihrem PC haben. Da sind Kundendaten, Lieferantendaten, Bestelllisten, Rechnungen etc. Vielleicht sogar noch ein paar Steuerunterlagen.

Und Sie sagen sich „Na ja, das wäre blöd, wenn der PC abstürzt, aber ein Weltuntergang ist es auch nicht. So oft legen wir auch gar keine neuen Daten an, das meiste ist sowieso immer das Gleiche…"

In diesem Fall richten Sie Ihren PC bitte auch wie mit der AntiStress PC-Installationsanleitung beschrieben ein und ziehen ebenfalls nach Ihrer ersten Installation das o.a. Image.

Zusätzlich sollten Sie aber einmal pro Woche ein zusätzliches Backup Ihrer Daten machen. Das können Sie am besten mit dem in der Anleitung beschriebenen BackUp-Programm durchführen, indem Sie (z.B. immer freitags um 13.00 Uhr) eine neue Datensicherung erstellen und diese anschließend auf CD/DVD brennen.

Der Zeitaufwand beträgt ca. eine ½ Stunde (in der Sie zum Mittagessen gehen können) und Sie sind stets auf der sicheren Seite.

Verwenden Sie für jede Datensicherung eine neue CD/DVD und heben Sie die alten immer für 90 Tage auf. Wenn Ihr PC defekt sein sollte, ‚fallen' Sie nie weiter zurück, als bis zum letzten Freitag.

Notieren Sie sich diesen Termin einfach in Ihrem Terminkalender und tragen Sie ihn immer wieder für die folgende Woche ein, wenn Sie die Datensicherung erstellt haben.

Pro Jahr brauchen Sie so 50 CDs/DVDs, die zusammen ca. 30 - 80 Euro p.a. kosten und Sie bekommen dafür eine tolle Möglichkeit, jederzeit (fast) alle Daten inklusive Ihrem gesamten PC-System wieder herstellen zu können.

Die dritte Möglichkeit lautet in etwa wie folgt: Auf die Frage, was es bedeuten würde, wenn Ihr PC heute ‚explodiert', sind Sie zunächst ins Koma gefallen ;-))

Nachdem sich Ihr Kreislauf nach ca. 30 Minuten wieder halbwegs stabilisiert hat, haben Sie mit leiser Stimme genuschelt: „Dann kann ich meinen Laden zumachen. Alle Kunden weg, keine Buchhaltung mehr da, keine Adressen, keine Auftragseingänge, keine Kontakte, nichts... gar nichts würde dann noch funktionieren..."

O.k. in diesem Fall - so geht es uns übrigens auch ;-) - machen Sie es wie folgt:

Sie kaufen sich noch eine zweite und dritte (baugleiche) Festplatte. Die zweite Festplatte bauen Sie in Ihren PC ein, die dritte legen Sie einfach in den Schrank.

(Hinweis: Diese zweite Festplatte müssen Sie im BIOS anmelden und vor dem ersten Gebrauch formatieren. Wenn Sie sich hier unsicher sind, lassen Sie die 2. Festplatte am besten von Ihrem PC-Händler einbauen. Für den ist der Einbau eine Sache von 10 Minuten – Sie können also darauf im Geschäft warten).

Auf die zweite Festplatte ziehen Sie immer dann ein Image, wenn Sie wieder wichtige Daten und/oder Dateien hinzugefügt haben. Das könnten Sie z.B. auch standardmäßig immer über die Mittagszeit tun, oder immer kurz vor Feierabend... in jedem Fall sollten Sie eine Gewohnheit daraus machen.

MINDESTENS aber erstellen Sie jeden Freitag ein Image Ihrer 1. Festplatte, das Sie einfach auf Ihre 2. Festplatte speichern. Sie sparen sich dadurch die Kosten für die vielen DVD-Rohlinge, schonen so die Umwelt und es geht natürlich auch wesentlich schneller.

Wenn Sie einmal zwischendurch etwas kurz wegsichern möchten, nützen Sie das kostenfreie BackUp-Programm, das Sie auf der Antistress PC Installationsanleitung von uns finden. Diesem Programm müssen Sie einmal ‚mitteilen', was alles gesichert werden soll, und dann werden immer nur noch die geänderten und/oder neuen Dateien weggesichert.

Auch dieses Backup lassen Sie sicherheitshalber auf die 2. Festplatte laufen.

Warum wir eine dritte, baugleiche Festplatte kaufen? Nun, am sichersten ist es, wenn Sie eine Festplatte in Reserve haben. So kann es Ihnen nie passieren, dass die Festplatten, die Sie verwenden, nicht mehr lieferbar sind.

Geht Ihnen die erste Platte kaputt, dann bauen Sie Ihre Reserveplatte ein und spielen das Image einfach wieder zurück. Das ist etwas kostspieliger, aber Ihre Daten sind ja auch eine Menge wert(!!)

Für alle drei Varianten gilt: Sie müssen Ihre Daten physikalisch auf einen anderen Datenträger sichern. Es bringt nichts (und wird doch noch so häufig gemacht...) die Daten nur in ein anderes Verzeichnis, oder eine andere Partition der gleichen Festplatte zu speichern.

Wenn Ihre Festplatte kaputt ist, ist alles weg(!!) Auch die Daten in einer anderen Partition der gleichen Platte werden Sie dann nur noch schwerlich zurückgewinnen können.

Am besten sollten Sie Ihre Datensicherung übrigens sogar noch in einem anderen Gebäude aufbewahren. Denn... wenn es brennt, brennt Ihnen sonst auch Ihre Datensicherung mit ab.

Obwohl ein Image zu den besten Möglichkeiten der Datensicherung gehört, möchten wir dazu noch ein paar Anmerkungen machen:

- Ein Imageprogramm kopiert die Rohdaten einer Festplatte Sektor für Sektor (Ein Sektor ist die kleinste adressierbare Adresse auf einer Festplatte und 512 Bytes groß). Sie verfügen also durch ein Image über ein genaues Abbild Ihrer ersten Festplatte.

- Ein Image muss physikalisch auf ein zweites Sicherungsmedium geschrieben werden, damit es Sinn macht.

- Sie müssen das Image (zumindest einmal und testweise) wieder zurückgespielt haben. Glauben Sie bitte nicht, dass dies immer möglich ist und verlassen Sie sich nicht auf die Herstellerangaben(!!).

Es hängt von vielen Faktoren ab, ob das Zurückspielen auch auf Ihrem PC problemlos möglich ist (z.B. auf welche Art von Laufwerk Sie das Image speichern, ob die Startdiskette oder Start-CD bei Ihrem System funktioniert, welches Dateisystem Sie verwenden etc.).

Sie müssen also das Image mindestens einmal wieder zurückgespielt haben, um sicher zu sein, ob es funktioniert. Verwenden Sie für diesen Test Ihre dritte Festplatte als Ihre C:\ Platte, dann gehen Sie kein Risiko ein.

<u>Computersoftware</u>

Jetzt kommt ein etwas heikler Punkt, an dem wir vielleicht bei einigen Lesern anecken werden, aber ich sage es trotzdem, weil es unserer über 15-jährigen Erfahrung mit Büro PC-Systemen entspricht:

Bleiben Sie – wenn Sie professionell mit Ihrem PC arbeiten – nach Möglichkeit in der Microsoft® Produktfamilie. Das bedeutet, Sie sollten möglichst die Office-Produkte von Microsoft® verwenden und keine Freeware oder gar Exotenprogramme, die nur in kleiner Stückzahl hergestellt werden.

Die Gründe dafür sind vielfältig und wir wollen hier nur stellvertretend ein paar der wichtigen Gründe aufführen:

- Da Microsoft® Produkte (im Office-Bereich) die mit Abstand größte Verbreitung haben, können Sie mit sehr vielen Geschäftspartnern Ihre Dokumente austauschen und bearbeiten.

- Es gibt unendlich viele Internetforen, in denen man super qualifizierte Auskunft, Rat und Hilfe zu diesen Officeanwendungen erhält.

- Der Preisunterschied zu anderen Programmen (der ja immer wieder ins Feld geführt wird) ist nur dann von Bedeutung, wenn Sie immer die neuesten Versionen kaufen. Das muss aber gar nicht sein. So können Sie eine Office2000 Version z.B. unter http://www.mein-finanzbrief.de (im Bereich Extras) bereits für weniges Euros erwerben.

- Unter der noch älteren Office97 Version ist z.B. der Finanzplan in Excel entstanden, der zu einer der umfangreichsten Excelanwendungen im deutschsprachigen Raum gehören dürfte. Sie sehen also: Qualität muss nicht zwangsläufig teuer sein.

- Es wird immer wieder behauptet, dass die Freeware Programme alle Dokumente von Microsoft® lesen können. Das ist schlicht falsch und Sie werden hier immer wieder auf zeitraubende und vermeidbare Kompatibilitätsunterschiede stoßen. Sobald es sich um anspruchsvolle Dokumente handelt, in denen auch nur eine Zeile Programmcode steckt, streckt jedes Freewareprogramm die Flügel, da die VBA-Programmierumgebung eben nur von Microsoft® zur Verfügung gestellt wird.

- Der Austausch zwischen Office-Programmen funktioniert reibungslos, das bedeutet, Sie können Ihre Zahlen z.B. in Excel berechnen und dann in Word einfügen. Das möchten wir persönlich jetzt nicht mit anderen Programmen ausprobieren müssen :-)

Welche Programme gehören zur Office-Familie von Microsoft®?

- *Word* als Textverarbeitungsprogramm
- *Excel* für alle, die etwas berechnen möchten
- *Outlook* für Terminplanung, E-Mails und Kontakte
- *PowerPoint* als Präsentationsprogramm

Und hier noch einige ‚Spezialprogramme' der Office-Familie:

- *Access* Datenbankprogramm
- *Frontpage* erstellt Internetseiten
- *Projek*t organisiert Informationen und verbindet Mitarbeiter
- *Visio* für die Darstellung komplexer Ideen und Geschäftsprozesse
- *One Note* als Verwaltung von Notizen und Ideen
- *Info Path* erstellt Formulare

Bei einer Installation von Office können Sie eigentlich nichts verkehrt machen. Legen Sie die Office-CD in Ihr Laufwerk ein. Entweder startet das Setup Programm automatisch oder Sie klicken die Datei setup.exe doppelt an. Der Rest geht automatisch. Bitte installieren Sie immer alle Komponenten, die angeboten werden. Die Zeiten von kleinen Festplatten sind vorbei, sparen Sie also nicht am Speicherplatz.

Hinweis: Wenn Sie eine ältere Office-Version installieren, sollten Sie immer nach den verfügbaren Updates suchen.

Das tun Sie am besten direkt auf der MS Office-Updateseite. 💻 Mehr Infos im Internet 💻

Alternativ können Sie auf den Startbutton von Windows klicken, und das Windows Update starten. Genau auf dieser Seite finden Sie (Stand 06/2006) auch den Menüpunkt, um ein ‚Office-Update' durchzuführen.

Spezialsoftware

Es gibt Fälle, in denen Sie vielleicht mit den herkömmlichen Standardsoftwareangeboten nicht auskommen und Sie benötigen eine spezielle Anpassung der Software für Ihren individuellen Betriebsablauf.

Sie merken das daran, dass Sie immer wieder die gleichen Aufgaben und Mausklicks ausführen müssen. In solchen Fällen kann es durchaus sinnvoll sein, sich eine eigene Software erstellen zu lassen, die solche Standardaufgaben automatisiert.

Vor allem dann, wenn Sie vor der Entscheidung stehen, einen Mitarbeiter einzustellen oder ein Computerprogramm anzuschaffen, sollten Sie einfach die Kosten vergleichen. Meist fährt man mit einer Softwarelösung günstiger und stressfreier. Die Lohnnebenkosten und die Krankheits- und Urlaubstage machen es heute leider nötig, einen neuen Mitarbeiter erst dann einzustellen, wenn es absolut nicht mehr anders geht. Aber dazu später mehr...

Grundsätzlich gibt es zwei Möglichkeiten, zu solchen individuellen Softwarelösungen zu kommen:

Prüfen Sie, ob es durch eine Erweiterung Ihrer Officeanwendung möglich ist, diese so zu programmieren, dass die von Ihnen gewünschten Aufgaben automatisiert werden können. Da sich die MS Officeanwendungen alle durch Zusatzprogrammcode erweitern lassen, ist hier viel mehr machbar, als man allgemein annimmt.

Wenn das nicht möglich ist, muss auf eine wirklich neue Software zurückgegriffen werden, die dann aber absolut Ihren Bedürfnissen angepasst werden kann. Hier haben Sie dann keine Einschränkungen mehr zu befürchten.

Ein Tipp zum Schluss: Vermeiden Sie es mit allen Mitteln, dass Ihnen Studenten, Ihr Nachbar oder wer auch immer, mal so kurz und nebenher eine Software programmiert, wenn Sie nicht sicherstellen können, ob er diese auch auf Dauer pflegen und warten kann. Denken Sie nur an die Erweiterung der Postleitzahlen von vier auf fünf Stellen, oder die dauernden Erhöhungen des Mehrwertsteuersatzes.

Bei all diesen Änderungen brauchen Sie die Gewissheit, dass es möglich ist, Ihre wichtige Bürosoftware auch nachträglich zu erweitern, anzupassen und zu pflegen.

Ansonsten müssen Sie unter Umständen alle paar Jahre Ihre Daten neu eingeben und können immer wieder Ihre alte Software vollkommen neu programmieren lassen, was mit erheblichen

Mehrkosten verbunden ist. Es lohnt sich also wirklich, auch in diesem Bereich nur mit Profis zusammen zu arbeiten.

E-Mails nutzen

E-Mails, also elektronische Nachrichten, vereinfachen das Arbeitsleben kolossal, wenn man sie richtig einsetzt…

Zunächst einmal zu den Vorteilen von E-Mails:

- Sie können eine Nachricht dann schreiben oder beantworten, wenn Ihnen danach ist und brauchen Ihren Gesprächspartner nicht persönlich zu erreichen.

- Für Ihren Gesprächspartner gilt natürlich das Gleiche, auch er kann sich an Sie wenden, wann immer er das Bedürfnis hat, ohne dass Sie deshalb persönlich ansprechbar sein müssen.

- Sie können E-Mails an (fast) jedem Ort der Welt senden und natürlich auch empfangen. Das geht mittlerweile via Funk sogar mit einem Notebook.

- Sie können an eine E-Mail ganze Tabellen, Briefe, Fotos und Bilder anhängen.

- E-Mails sind ein sehr schnelles Kommunikationsmittel.

- E-Mails kosten fast nichts. Es fallen auch für professionelle Dienste pro Monat meist weniger als 5 Euro an.

- E-Mails können Sie leicht archivieren und somit über Jahre hinweg aufbewahren, was besonders für getroffene Vereinbarungen sinnvoll sein kann.

- Texte und Bilder in E-Mails können Sie kopieren und so direkt mit Ihren Officeanwendungen weiter bearbeiten, was eine enorme Zeitersparnis bedeutet.

Die sinnvollsten, weil pflegeleichtesten Programme sind auch hier wieder einmal die von Microsoft®. Ich empfehle daher entweder das kleine und kostenfreie Outlook Express, oder aber (wenn es richtig professionell sein soll) das große Outlook. Beide funktionieren tadellos und arbeiten vor allem mit anderen Officeanwendungen wie Excel, Word oder Powerpoint perfekt zusammen.

Natürlich gelten auch für E-Mails einige Regeln, die leider immer wieder übergangen oder sogar bewusst missachtet werden.

Deshalb hier noch einmal die Basics:

- Für eine E-Mail gelten die gleichen Regeln wie für einen Brief auch…

- Man duzt sich also nicht einfach, nur weil man mailt.

- Man verwendet eine ordentliche Anrede und spricht den Partner (sofern bekannt) mit seinem Namen an.

- Man schreibt nicht einfach alles klein.

- Man achtet auf seine Rechtschreibung. Dazu können Sie auch eine automatische Korrektur mitlaufen lassen, die im Hintergrund eventuelle Tipp- und Rechtschreibfehler anzeigt.

- Man verwendet für geschäftliche E-Mails keine Klänge, bunten Hintergründe oder grelle Bildschirmschriften.

- Wenn Sie eine E-Mail an mehrere Empfänger gleichzeitig versenden, die sich alle untereinander kennen, fügen Sie die Adressen unter der Schaltfläche ‚CC' also als CarbonCopy ein. Dann kann jeder Empfänger sehen, wer die E-Mail außer ihm auch noch erhalten hat.

- Kennen sich die Empfänger nicht gegenseitig, müssen Sie auf den Datenschutz achten. Sie dürfen nicht einfach fremden Leuten eine andere E-Mailadresse bekannt geben. Daher verwendet man in solchen Fällen zwingend die Schaltfläche ‚BCC' also die BlindCarbonCopy. Dann sieht keiner, wer diese Nachricht außer ihm noch erhalten hat.

- Wenn Sie auf eine E-Mail antworten, sollten Sie die Ursprungsnachricht in der E-Mail belassen und Ihre Antwort GANZ OBEN einfügen. Der Empfänger muss dann nicht lange überlegen, um was es geht und braucht auch nicht den ganzen Text durchzuscrollen, um Ihre Antwort zu finden.

- Schreiben Sie unter eine E-Mail auch stets Ihre Adresse und wie Sie erreichbar sind, also Ihre Kontaktdaten, so hat es Ihr Partner leichter, Sie zu kontaktieren.

- Denken Sie daran, dass eine E-Mail eine weite Reise hinter sich hat. Sie wissen nie, wer von dem Inhalt noch Kenntnis erlangt hat. Schreiben Sie deshalb in eine E-Mail nur Dinge, die Sie auch auf eine Postkarte schreiben würden. Für streng geheime Informationen ist eine E-Mail keinesfalls geeignet.

- Da sich 98% aller Viren und Würmer per E-Mail verbreiten, achten Sie bitte darauf, dass Sie selbst einen guten Virenscanner verwenden, damit Sie nicht in die peinliche Situation kommen, einem Kunden einen Virus geschickt zu haben.

- Last but not least: Wenn Sie als Chef nicht innerhalb von maximal 48 Stunden auf E-Mails antworten können, ist das sehr schlecht. 24 Stunden gelten als schnell, unter 12 Stunden als wirklich guter Kundenservice. Beachten Sie, dass E-Mails ein schnelles Medium sind und überraschen Sie Ihre Kunden hier positiv. Schnelle Reaktionszeiten werden Ihnen viele Aufträge verschaffen und das, bevor Ihre Konkurrenz überhaupt ein Angebot abgegeben hat...

Ihre Webseite

Heute kann sich jeder eine eigene Webseite leisten. Die Kosten betragen nur wenige Euro pro Jahr. Als Chef sollten Sie auch dieses Medium nutzen, um Ihr Unternehmen noch bekannter zu machen.

Das Erstellen einer eigenen Webseite ist mit Programmen wie MS Frontpage oder Dreamweaver ziemlich einfach. Sie erfordern eine

Einarbeitungszeit, wie es auch bei den Programmen Word oder Excel üblich ist. Wem das zu kompliziert ist, der kann auch auf so genannte CMS-Systeme (Content Management Systeme) zurückgreifen, bei denen im Grunde genommen nur noch der Text einzugeben ist, das CMS erledigt dann den ganzen Rest, also die Formatierungen, den Aufbau, die Verlinkung der einzelnen Webseiten und so weiter.

Eine weitere Möglichkeit besteht darin, seine Webseite von anderen erstellen zu lassen. Dabei sollten Sie allerdings bedenken, dass Sie dann jedes Mal, wenn Sie etwas an Ihrer Webseite geändert haben möchten, auf die Hilfe des Programmierers angewiesen sind. Klären Sie deshalb zunächst, wie hoch die Kosten dafür sind und innerhalb welcher Zeit die Änderungen oder Erweiterungen für Sie durchgeführt werden.

Ein Tipp: Viele Schüler und Studenten erstellen nebenher Webseiten, vielleicht haben Sie ja Kontakt zu jemandem, der Ihnen für wenig Geld beibringt, wie man eine Webseite anlegt und pflegt. Ich persönlich halte es bei den meisten kleinen Firmen für sehr sinnvoll, wenn diese Ihre Webseite selbst aktualisieren können.

Hier noch einige Tipps, die Sie bei Ihrer Webseite beachten sollten, die entsprechenden weiterführenden Links finden Sie wie immer auf der Webseite 💻 Mehr Infos im Internet 💻:

- Achten Sie auf ein korrektes Impressum, damit Sie nicht von Leuten abgemahnt werden, die nichts anderes zu tun haben, als aus Ihrem Versäumnis Kapital zu schlagen.

- Verwenden Sie keine fremden Bilder oder Zeichnungen, auch hier drohen Abmahnungen und Strafen. Sie finden auf der Webseite des Chefbuches eine Reihe von lizenzfreien Fotos und Bildern.

- Ihre Webseite sollte übersichtlich sein und keine überladenen Inhalte aufweisen. Halten Sie die einzelnen Seiten überschaubar und erstellen Sie bei umfangreichen Texten und Inhalten lieber mehrere Unterseiten zu einem Thema.

- Eine Webseite macht nur dann einen guten Eindruck, wenn auch alles funktioniert. Links und Verweise, die nur zu einer Fehlerseite führen, sind peinlich und erwecken kein Vertrauen bei Ihren Besuchern. Testen Sie deshalb selbst ab und zu Ihre eigene Webseite und klicken Sie sich einmal durchs Geschehen...

- Bieten Sie ein Kontaktformular an, und achten Sie wie auch bei den E-Mails darauf, dass Ihre Antwort auf die Fragen Ihrer Besucher zügig erfolgt. Internetkunden sind in der Regel ungeduldig und möchten alles am liebsten sofort haben ;-)

- Wenn Sie eine Webseite haben, heißt das noch nicht automatisch, dass Sie auch von den großen Suchmaschinen gefunden werden. Um bei den Suchmaschinen in den Trefferlisten ganz oben zu stehen, müssen viele Dinge beachtet werden. Ihre Webseite muss für die Suchmaschinen speziell optimiert werden. Diese Optimierung nennt man SEO (Search Engine Optimization) und sie ist eine Wissenschaft für sich.

  Hier tummeln sich viele Anbieter, die einem teilweise sogar einen Platz in den Top 10 der Trefferlisten garantieren. Solche Angebote sollten Sie unbedingt meiden, sie sind allesamt unseriös, denn keiner kann Ihnen eine bestimmte Platzierung innerhalb der Suchmaschinen garantieren.

- Entweder gilt es also auch hier, sich selbst in die Materie einzuarbeiten oder Sie wenden sich an einen seriösen Anbieter. Natürlich können Sie es auch ganz einfach sein lassen, denn wer seine Dienstleistung nicht überregional oder gar deutschlandweit anbietet, hat ja sowieso nichts davon, wenn er von Menschen in ganz Deutschland im Internet gefunden wird. 💻 Mehr Infos im Internet 💻

- Sie sollten auch darauf achten, dass Ihre Webseite mit den unterschiedlichen Browsern gleichermaßen gut aussieht. Deshalb gilt es, die eigene Webseite immer mit den drei großen Browsern zu testen (InternetExplorer, Firefox und Opera). Dann können Sie davon ausgehen, dass die meisten Ihrer Besucher mit der Darstellung der Webseite zurecht kommen.

- Verzichten Sie möglichst auf technischen Schnickschnack und stellen Sie sicher, dass Ihre Webseite auch dann noch gut aussieht, wenn Sie mit einer kleinen Bildschirmauflösung betrachtet wird. Vorbildlich ist Ihre Webseite dann, wenn diese ab einer Auflösung von 800 x 600 noch ohne horizontalen Scrollbalken auskommt.

- Da nicht jeder Ihrer Kunden bereits einen schnellen DSL Internetzugang hat, sollten Sie auch auf die Ladezeit der einzelnen Webseiten achten. Als Richtwert können Sie sich daran halten, das die Startseite nicht größer als 50 kb und alle Unterseiten (inklusive der Bilder) nicht größer als 70 kb sein sollten.

Finanzplan Internet Toolbar

Für Sie als Chef ist es wichtig, Informationen schnell zu finden und nicht erst lange und umständlich suchen zu müssen. Eine ideale Voraussetzung dafür ist das Internet. Wer im Internet etwas sucht, ist aber leider oft auf sich alleine gestellt…

Auf der Chefwebseite finden Sie deshalb die Finanzplan Internet Toolbar, die eine sehr umfangreiche Sammlung von wichtigen Links aus den Bereichen Staatliches, Finanzen, Büro und SparTipps enthält, auf die Sie jederzeit Zugriff haben.

Die Toolbar integriert sich nahtlos in Ihren InternetExplorer und aktualisiert sich automatisch, so dass alle Links immer auf dem neuesten Stand sind… 💻 Mehr Infos im Internet 💻

Firmenwagen

Bekanntlich ist des Deutschen liebstes Kind ja sein Auto und auch so mancher Chef meint, damit seine Position und Wichtigkeit wirksam unter Beweis stellen zu müssen.

„Was sollen denn meine Kunden von mir denken, wenn ich mit einem Kleinwagen vorfahre?“ habe ich schon viele Chefs fragen gehört. Deshalb möchte ich mit ein paar Denkansätzen einmal in eine andere Richtung zeigen.

Wirklich wichtige Menschen fahren gar nicht selbst Auto, sondern werden zu Ihren Terminen abgeholt. Zu noch wichtigeren Menschen fährt man hin, die kommen nämlich gar nicht zu einem (siehe Papst)... Das ist jetzt nicht ganz ernst gemeint, aber es zielt doch in die Richtung, in die ich möchte.

Fragen Sie sich einmal, ob Sie eine Persönlichkeit sind oder nicht. Eine in sich ruhende und selbstbewusste Persönlichkeit braucht kein Auto, um sich zu profilieren. Ein dickes Auto wird oft nur dazu benutzt, um die Aufmerksamkeit auf das Äußerliche zu lenken, weil es im eigenen Inneren ganz leer ist.

Ich persönlich finde es besser in ein Rhetorikseminar, in das eigene Fachwissen, den Kundenservice oder in die technische Ausstattung zu investieren, anstatt sein Geld in ein Auto zu pumpen, das von Jahr zu Jahr weniger wert ist.

Das soll Ihnen jetzt nicht die Freude am Autofahren nehmen. Wenn Sie es sich problemlos leisten können und selbst Spaß daran haben, ein tolles Auto zu fahren, dann tun Sie es doch einfach. Aber um es ganz klar zu sagen: Für Ihren geschäftlichen Erfolg ist ein großes Auto genauso wichtig wie die Farbe Ihrer Haare oder die Größe Ihres Büros.

Büroordnung und Ablagesysteme

Wer Ordnung hält ist nur zu faul zum Suchen? Für Sie als Chef gilt dieser Spruch natürlich nicht. Zeit ist zu kostbar, um sie mit Suchen zu verbringen, sollte demnach Ihre Devise lauten.

Wir selbst verwenden ein Ablagesystem der neuen Generation und legen nicht mehr in Aktenordnern ab. Mehr Infos im Internet

Aber welches System Sie auch immer benutzen, Sie sollten in der Lage sein, jeden gewünschten Beleg und jedes gewünschte Schriftstück mit einem Minimum an Zeitaufwand zu finden. Gerade in Kleinbetrieben ist es verbreitet, die Ablage schleifen zu lassen.

Gewöhnen Sie sich einfach an, jedes Schriftstück sofort so abzulegen, dass Sie es jederzeit wieder finden. Es kostet wirklich nicht mehr Zeit, sondern spart Ihnen auf Dauer eine Menge Ärger, Kraft und schlechte Laune. Nichts ist lästiger, als eine dringend benötigte Information nicht mehr zu finden.

Wer seine Dinge ordentlich ablegt, gewinnt Sicherheit und Überblick. Das schafft einen freien Kopf, damit man sich auf die wirklich wichtigen Dinge im Büro konzentrieren kann.

Sauberkeit

Sauberkeit gilt allgemein als eine Tugend. Und besonders kritisch geht man selbst dabei ja bekanntlich mit anderen ins Gericht. Als Besucher eines Büros oder einer Werkstatt lassen wir ja auch selbst gerne unseren Blick schweifen.

Fragen Sie sich also einmal, was ein Besucher, der zum ersten Mal in Ihre Firma kommt, wahrnimmt. Versetzen Sie sich in die Rolle des Gastes, der Ihren Betrieb betritt. Wie sieht es in der Firma aus, die Sie besuchen? Ist es aufgeräumt und übersichtlich? Ist es sauber? Oder liegt alles kreuz und quer gestapelt und droht beim nächsten Windstoß umzukippen?

Der erste Eindruck dauert scheinbar nur wenige Sekunden und es gibt für den ersten Eindruck keine zweite Chance. Diesen ersten Eindruck (und natürlich alle weiteren) sollten Sie nutzen, denn Sauberkeit kann sich nun wirklich jeder leisten. Seife, Reiniger und Wasser kosten nicht die Welt und könnten so manches Büro in ein kleines Schmuckstück verwandeln.

Sie müssen nicht die schickste Einrichtung haben, aber achten Sie auf die Sauberkeit, wenn Sie Gäste, Kunden und Besucher bei sich im Büro empfangen.

Warum ist das so wichtig? Ihr Kunde geht einfach instinktiv davon aus, dass Sie mit ihm und seinen Gegenständen genauso umgehen, wie mit Ihren eigenen. Und auch wenn das nicht stimmt, weil Sie zwar als ‚Genie das Chaos brauchen…' aber mit Kundendingen sehr sorgfältig sind, wird Ihr Kunde doch unterbewußt diese Verbindung herbeiführen: Bei dem sieht's schlampig aus, also bin ich bei dem nicht in guten Händen.

Deshalb auch hier ein paar wenige Anregungen:

- Lüften Sie Ihr Büro regelmäßig. Wenn Sie in Ihrem Büro das Rauchen erlauben, achten Sie auch darauf, dass es nicht zu sehr nach Qualm riecht. Was für Raucher vielleicht nicht tragisch ist, kann so manchen Nichtraucher ‚aus den Socken hauen'.

- Achten Sie auf einen sauberen Fußboden und saubere Schreibtische, Stühle etc.

- Wenn Sie Kundenakten führen, sollten diese nicht vergammelt, sondern stets neu aussehen. Eselsohren und Kaffeeränder haben auf Kundenakten nichts zu suchen.

- Bieten Sie Getränke und Kekse zum Kaffee stets nur in sauberem Geschirr an. Auch der Aschenbecher sollte nicht schon überquellen. Und wenn wir gerade dabei sind: Bieten Sie jedem Kunden etwas zu trinken an, der sich voraussichtlich länger als 5 Minuten bei Ihnen im Büro aufhalten wird. Das gehört sich einfach so und gilt als gastfreundlich.

- Vielleicht mögen Sie Blumen, dann können Sie mit ein paar Pflanzen schon eine sehr angenehme Stimmung erzeugen. Achten Sie darauf, dass Ihre Pflanzen gegossen werden und nicht die Köpfe hängen lassen.

- Ein ganz heikler Punkt ist die Toilette. Überzeugen Sie sich selbst davon, dass diese sauber und ordentlich ist. Wenn Sie sich nicht sicher sind, schauen Sie kurz nach, bevor Sie Ihrem Gast den Weg zu Ihrer Toilette zeigen. Natürlich sollte auch genügend Toilettenpapier, Seife und ein Handtuch bereit stehen. So hinterlassen Sie auch auf dem stillen Örtchen einen guten Eindruck.

Im Grunde genommen ist es ganz simpel: Tun Sie einfach alles, was Ihnen einfällt, damit sich Ihre Besucher bei Ihnen wohlfühlen, dann kommen diese auch gerne wieder…

Wo sitzt der Chef?

Sie als Chef haben den Vorteil, dass Sie sich Ihren Arbeitsplatz im Büro aussuchen können. Suchen Sie sich nach Möglichkeit einen Bereich aus, in dem Sie mit Ihren Kunden auch reden oder telefonieren können, ohne dass es gleich alle mitbekommen.

Besonders bei Preisverhandlungen oder unangenehmen Telefonaten ist es sehr hilfreich, wenn nicht gleich die ganze Belegschaft mithört.

Am besten ist es natürlich, wenn Sie einen eigenen Büroraum haben, bei dem Sie bei Bedarf die Türe zumachen können. Gestalten Sie sich diesen Raum so freundlich und angenehm, wie nur irgend möglich, denn Sie verbringen hier einen Großteil Ihres Arbeitslebens.

Neben den allgemeinen ergonomischen Anforderungen eines Arbeitsplatzes, auf die ich hier nicht eingehen möchte, sollten Sie darauf achten, dass Sie nicht mit dem Rücken zu einem Fenster sitzen.

Am besten ist es, eine Wand im Rücken zu haben, weil diese die größte Sicherheit gibt. Dieses ‚etwas Starkes und Sicheres im Rücken zu haben' stärkt die Selbstsicherheit unterbewusst und Sie können dann besser nach ‚vorne gehen'.

Sie sollten Ihren Sitzplatz auch so wählen, dass Sie die Eingangstür stets im Blick haben. Sehr ungünstig ist es dagegen, wenn Sie mit dem Rücken zur Tür sitzen. Sie sehen dann nie, wer auf Sie zu zukommt und müssen sich immer erst umständlich umdrehen und Ihre Arbeit fallenlassen. Wenn Sie mit dem Blick zur Tür sitzen, genügt dagegen ein Blick und Sie sind im Bilde.

Ihre Produkte

Klar, Ihre Produkte sind das Wichtigste in Ihrem Unternehmen. Wenn Ihre Produkte keiner will, sie zu teuer sind, zu altbacken oder einfach unnütz, bringt Ihnen auch alles andere nichts.

Sie können das beste Marketing und das schönste Büro haben und alles richtig machen. Wenn Sie in der Wüste Sand verkaufen wollen, finden Sie nicht genügend Kunden, um davon gut leben zu können.

Gut, vielleicht verkaufen ja nicht viele Chefs Sand in der Wüste, aber manchmal fragt man sich schon, wer so eine Dienstleistung oder ein solch unnützes Produkt kaufen soll... wie es von vielen Selbständigen (mehr oder weniger erfolgreich) angeboten wird. Ein paar Beispiele gefällig?

Nun, da gibt es zum Beispiel Zigarettenpackungen mit Rabattmarken zur Behandlung von Krankheiten. Tabletten, die Körper und Kleidung gleichzeitig von innen nach außen reinigen, und einen mit Mikrobakterien durchtränkten Beißring, der durch Konfrontation mit Dreck das Immunsystem von Babys stärken soll. Es gibt Kalkzertrümmerungsgeräte, die an Ihre Wasserleitung angeschlossen werden und Abnehmpillen, die Ihr Körperfett in pure Muskelmasse verwandeln.

Nicht zu vergessen sind auch alle Kapitalanlagen, die mindestens 16% Rendite pro Jahr erwirtschaften und fast gar nicht spekulativ sind... Kurzum, Sie brauchen tragfähige Produkte und Dienstleistungen, die wirklich geeignet sind, Ihnen ein dauerhaftes Einkommen zu ermöglichen.

Gute Produkte sind ein Segen für jeden Verbraucher und damit auch für Sie als Firmeninhaber. Schauen Sie sich deshalb kritisch Ihre Produktpalette durch.

Ist wirklich alles sinnvoll? Bringt es Ihren Kunden Vorteile? Können Sie es guten Gewissens verkaufen? Auch an Ihren besten Freund? Nur wenn Sie sich selbst diese Fragen offen und ehrlich mit einem klaren ‚Ja' beantworten können, haben Sie auch die moralische Berechtigung ein Geschäft zu führen.

Da mag jetzt hart klingen, ist aber ganz einfach so. Es lohnt sich also, seine eigenen Produkte einmal aus Verbrauchersicht unter die

Lupe zu nehmen und auch ggf. an den Markt anzupassen. Manchmal ist es schon ausreichend, ein Produkt oder die Dienstleistung etwas zu verändern, damit man voll und ganz hinter seinen Angeboten stehen kann.

Eines ist sicher: Wer selbst nicht hinter seinem Angebot steht, wird auch keinen Kunden überzeugen können. Letztendlich ist es also purer Egoismus, dafür zu sorgen, dass man selbst ‚die besten Angebote und Dienstleistungen der Welt' verkauft!

Preise richtig kalkulieren

Preise richtig zu kalkulieren ist (vor allem am Anfang einer Selbständigkeit) gar nicht so einfach. Um Ihnen eine Hilfe anbieten zu können, haben wir deshalb auf der Chefwebseite ein Modul zur Preiskalkulation veröffentlicht, das Sie dabei sinnvoll unterstützt. Mehr Infos im Internet

Bei der Preiskalkulation sollte man sich zunächst einmal über die Kosten im Klaren sein, die einem selbst durch das Produkt entstehen. Das sind quasi Ihre reinen Herstellungskosten.

Notieren Sie sich also bitte zunächst, was Sie der Einkauf des Materials kostet, das Sie zur Herstellung benötigen. Ein wichtiger Tipp: Denken Sie daran, auch eine Fehlerquote, den so genannten Ausschuss gleich mit zu berücksichtigen, da bei jeder Herstellung von Produkten auch mal etwas schief gehen kann. Dann brauchen Sie sich später über ein Missgeschick in der Produktion nicht gleich zu ärgern.

Als nächstes kommen Ihre reinen Arbeitszeitkosten. Setzen Sie diese nicht zu niedrig an, so vermeiden Sie Hektik bei der späteren Herstellung. Viele Selbständige rechnen ihre eigene Arbeitszeit nicht mit in die Kalkulation ein. Das ist ein schwerwiegender Fehler, den Sie gleich von Beginn an vermeiden sollten.

Vielleicht haben Sie auch Lagerhaltungskosten, auch diese gehören zur Kalkulation dazu. Genauso wie die Kosten für Geräte und Maschinen, die Sie sich vielleicht wegen dieses Produktes anschaffen müssen.

Der letzte Punkt ist Ihre gewünschte Gewinnspanne. Diese sollten Sie so ansetzen, dass Sie bei einem Großauftrag auch noch einen Rabattspielraum haben.

Da die Kalkulation meist sehr stark von der Stückzahl abhängig ist, müssen Sie die Kalkulation wahrscheinlich für die jeweiligen Mengenstaffeln separat vornehmen. Aber es lohnt sich für Sie, sich bereits vor der Produkteinführung ausreichend Zeit für diese Gedanken zu nehmen. Ein altes Sprichwort sagt: „Stelle Deine Bedingungen bei der Saat, dann brauchst Du nach der Ernte nicht zu feilschen…“ Und ganz genau so ist es auch bei der Kalkulation, also bitte erst rechnen und dann produzieren.

Keine Rabattschlachten bitte

Wer sich selbständig macht oder bereits ist, merkt schnell, dass neue Kunden nicht jeden Morgen vor dem Büro Schlange stehen, um dann nacheinander vorgelassen zu werden.

Der Kunde hat eine schier unendliche Auswahl, bei welchem Händler er einkauft oder von wem er sich beraten lässt. Vor allem das Internet hat einen enormen Anteil daran, dass Kunden sich schnell und auch ziemlich genau über das informieren können, was sie jeweils anschaffen möchten.

Waren und Dienstleistungen sind heute also viel leichter zu vergleichen als noch vor ein paar Jahrzehnten. Und auch Organisationen wie die Stiftung Warentest oder die vielfältigen Möglichkeiten, die Preissuchmaschinen im Internet bieten, machen es heute nahezu unmöglich, ‚Mondpreise' auf Dauer am Markt durchzusetzen. Um Ihre Dienstleistung oder Ihr Produkt an den Kunden zu bringen, müssen Sie sich dessen bewusst sein.

Großkonzerne treten regelrechte Rabattschlachten los und bieten teilweise Verkaufspreise an, die unter dem Einkaufspreis eines kleinen Händlers liegen.

Leider machen gerade kleine Firmen immer wieder den Fehler, sich an diesen Rabattschlachten zu beteiligen und reduzieren ihre Preise oft so lange, bis nahezu nichts mehr an der Ware verdient ist.

Die Handelsspanne zu verringern führt Sie aber auf Dauer unweigerlich in eine schwierige wirtschaftliche Lage. Deshalb sollten Sie – gerade als kleinere Firma – diesen Weg tunlichst vermeiden. Überlassen Sie die Rabattschlachten den großen Unternehmen und lehnen Sie sich entspannt und locker zurück. Dann können Sie zusehen, wie diese sich gegenseitig ruinieren.

Wenn Sie jetzt denken: „Das geht nicht, von was soll ich dann leben?" fragen Sie sich doch einmal, was Ihre wirklichen Stärken sind. Was bieten Sie, das die großen Firmen und Konzerne nicht leisten können?

Sie als Kleinunternehmer oder auch als mittelständischer Betrieb können sich über Ihre Qualifikation vom Markt abheben. Sie können einen genialen Service bieten, Sie könnten sich auch mit Ihren Öffnungszeiten an Ihre Kunden anpassen. Sie könnten Reparaturen von Produkten anbieten, wo sonst nur einfach weggeworfen wird. Sie könnten individuelle Lösungen anbieten, wo sonst nur Massenware angeboten wird. Ihre Möglichkeiten sind nahezu unendlich, aber versuchen Sie es nie, nie, niemals über den Preis.

Ihre Stärke kann nur in der Qualität liegen, und diese Karte müssen Sie ausspielen. Dazu einige Beispiele:

Nehmen wir zunächst einmal ein Beispiel aus dem Handel. Neulich habe ich bei einer großen Kaufhauskette ein Fahrrad für 250 Euro gesehen, das im normalen Handel nahezu das Doppelte kosten dürfte.

Wenn Sie jetzt Fahrradhändler sind und auf diese Konkurrenz schimpfen haben Sie vielleicht Recht, aber es wird nicht viel bringen. Diese großen Ketten ordern 5.000 oder 10.000 Räder auf einmal und bekommen Einkaufspreise, von denen Sie nur träumen können. Wenn jetzt ein Kunde zu Ihnen kommt und sich nach dem Preis eines Rades bei Ihnen erkundigt, wird es schwierig, wenn es sich wirklich um ein vergleichbares Modell handelt, was in diesem Beispiel der Fall war.

Wie können Sie jetzt noch Geschäft machen, wie können Sie Ihrem Kunden helfen und trotzdem an ihm verdienen? Ganz einfach: Lassen Sie ihn doch das Rad in der Kaufhauskette kaufen, wehren Sie sich innerlich nicht dagegen und schicken Sie ihn doch zu dem Schnäppchen.

Gleichzeitig bieten Sie Ihrem Kunden aber an, dass er sein neues Rad zu einem ersten Kundendienst und zu einem Sicherheitscheck zu Ihnen in die Werkstatt bringt. Diese Kaufhausräder sind in aller Regel schlecht montiert und ziemlich schlampig zusammengeschraubt. Das ist bei dem Preis ja auch klar, irgendwo muss da ja auch eingespart werden, und das wird dann immer bei der Qualität getan.

Also nehmen wir einmal an, Ihr Kunde bringt sein im Kaufhaus erworbenes Rad jetzt zu Ihnen und Sie spannen das Rad (unbedingt im Beisein Ihres Kunden) auf den Montageständer.

Was finden Sie? Dort eine lockere Schraube (das zeigen Sie Ihrem Kunden), hier eine lose Mutter (auch das zeigen Sie Ihrem Kunden), upps, das Tretlager ist aber gar nicht richtig festgezogen (das zeigen Sie Ihrem Kunden) und dann stellen Sie noch die Bremsen ein, weil diese ganz schief montiert waren. Zum Schluß stellen Sie die hakelige Schaltung so ein, dass man auch wirklich damit fahren kann.

Nachdem Sie also Ihre Dienstleistung sehr eindrucksvoll unter Beweis gestellt haben, können Sie Ihrem Kunden noch zeigen, wie man die richtige Sattelhöhe einstellt und das auch gleich für ihn tun. Die richtige Sattelhöhe ist sehr wichtig beim Rad fahren, weil man sich sonst wirklich die Knie kaputt macht.

Vielleicht weisen Sie ihn jetzt noch locker darauf hin, dass dies normalerweise zu dem Standardservice gehört, wenn man ein Rad kauft... aber bitte nicht zu ironisch, sonst geht der Schuss nach hinten los.

Nehmen wir einmal an, es sind jetzt 30 Minuten vergangen, dann haben Sie bei einem Stundenlohn von 50 Euro in der Stunde bereits 25 Euro verdient. Sie können Ihrem Kunden jetzt noch eine Satteltasche, Flickzeug, einen Reifenheber, einen Ersatzschlauch und ein Montagewerkzeug verkaufen, weil es sonst bei einer Panne schlecht aussieht. Vergessen Sie die neue Trinkflasche und einen Tacho nicht und dann geht's zur Kasse.

Wie stehen Sie jetzt da? Also Ihr Kunde ist glücklich, das ist sicher, denn Sie haben wichtige, sicherheitsrelevante Wartungsarbeiten an seinem Rad durchgeführt. Außerdem weiß er, dass SIE der Profi sind und nicht das Kaufhaus, wenn es um Fahrräder geht. Und er hat das nötige Zubehör auch gleich bei Ihnen erhalten, was ihm ja das Kaufhaus auch nicht bieten konnte, weil das ja diese Woche nur Fahrräder und Toaster im Angebot hatte und kein Fahrradzubehör...

Was tippen Sie jetzt in Ihre Kasse ein? Wohlgemerkt bei einem Kunden, den Sie eigentlich an ein Kaufhaus verloren haben, weil die das Fahrrad zur Hälfte Ihres Preises angeboten hatten?

Montage- und Wartungsarbeiten	25 Euro
Satteltasche mit Regenschutz	15 Euro
Flickzeug und Reifenheber	8 Euro
Ersatzschlauch	5 Euro
Montagewerkzeug	15 Euro
Trinkflasche	9 Euro
Tacho	25 Euro
Macht insgesamt	102 Euro

Was meinen Sie? Nicht schlecht für 30 Minuten Arbeit – oder? Es wurden auf diese Art und Weise sogar schon ganze Fahrräder an Kunden verkauft, die dann erbost Ihr Fahrrad in den Supermarkt zurückgetragen haben, weil einfach zuviel Schrott am Supermarkt-Rad verbaut wurde.

Wichtig - und das ist der entscheidende Faktor – ist, dass Sie Ihren Kunden nicht (innerlich) verfluchen und auf ihn stinkig sind, nur weil er jetzt im Supermarkt kauft, sondern dass Sie ihn zu der Dienstleistung einladen, die eben nur Sie erbringen können. So können Sie über Qualität anstatt über den Preis gehen und denken Sie daran, Ihrem Kunden zu sagen, wann er zum nächsten Kundendienst kommen muss.

Das war jetzt natürlich nur ein Beispiel aus einer unendlichen Fülle an Möglichkeiten. Überlegen Sie, was nur Sie können, was Ihre Qualifikation ist und wie Sie diese ganz groß herausstellen können. Sie müssen (!) mit Ihren Pfunden wuchern, sonst gehen Sie im Preiskampf der Großkonzerne gnadenlos unter.

Seminarrechner

Ein besonderes Thema bei der Preisermittlung betrifft Seminare und Vorträge um die Sie (hoffentlich?) einmal gebeten werden oder um die Sie sich aktiv bewerben.

Da wird in der täglichen Praxis ganz oft der Fehler gemacht, dass man diese Preise nicht kalkuliert, sondern rein aus dem Bauch festlegt. Man hat ja schließlich keine Materialkosten, also wird der Seminarpreis schon so in etwa dem Gewinn entsprechen...

Das ist leider vollkommen falsch. Sie können sich durch eine falsche Kalkulation auch hier ziemlich heftig schaden. Wir haben auf der Chefwebseite eigens einen Seminar- und Schulungskostenrechner veröffentlicht, der sich der Kalkulation und Angebotserstellung von Schulungen und Seminaren widmet. 💻 Mehr Infos im Internet 💻

Bedenken Sie aber in jedem Fall die folgenden Größen, wenn Sie ein Seminar anbieten:

- Wie viele Stunden sind Sie insgesamt von zuhause weg? In dieser Zeit können Sie nämlich nichts Produktives arbeiten und es werden sich vermutlich kleine Stapel bilden, die wieder aufgearbeitet werden wollen. Diese Zeit müssen Sie in Rechnung stellen.

- Welche Fahrtkosten entstehen Ihnen?

- Welchen Stundensatz setzen Sie für die reine Seminarzeit (also die Dauer des Seminars) für sich an?

- Entstehen Ihnen Übernachtungskosten? Wer bezahlt diese?

- Müssen Sie etwas anschaffen, das Sie eigentlich nur für dieses Seminar benötigen?

Die meisten Seminarleiter sind total überrascht, was wirklich herauskommt, wenn man alle seine Kosten mit einbezieht, und genau das müssen Sie unbedingt tun...

Seminare zu halten gilt allgemein als schick und trendy, aber die meisten zahlen hier nur drauf. Prüfen Sie also rechtzeitig Ihre tatsächlich anfallenden Kosten und kalkulieren Sie entsprechend.

Umsatz – Kosten - Gewinn

Jetzt kommt ein Thema, das mich immer wieder fast ‚in den Wahnsinn treibt'. Es handelt sich um das Gerede vieler Selbständiger von ihrem Umsatz.

Selbständige lieben es in der Regel, über ihren Umsatz zu reden. Vielleicht, weil das die größten Zahlen im Unternehmen sind und es einem das Gefühl von Wichtigkeit gibt. Tun Sie sich selbst bitte einen riesigen Gefallen und vergessen Sie, dass das Wort Umsatz überhaupt existiert.

Kein Mensch braucht Umsatz. Umsatz macht Arbeit und kostet Schweiß. Umsatz bedeutet Waren einkaufen zu müssen, Waren auspacken, Waren kontrollieren, Arbeit einteilen, Arbeit kontrollieren, Maschinen zu warten und zu pflegen, Ersatzteile einkaufen zu müssen, die produzierten Waren zu verpacken, Reklamationen entgegennehmen, Reklamationen zufriedenstellend beantworten und so weiter und so fort.

So mancher Selbständige erliegt der Verlockung ausschließlich auf seine Umsatzzahlen zu schauen. Dabei werden die Kosten vergessen, und viel Umsatz bedeutet in der Regel auch hohe Material- und Personalkosten zu haben.

Wenn Sie wirtschaftlich erfolgreich arbeiten wollen, sollten Sie sich von Ihren Umsatzzahlen abwenden und sich Ihren Gewinnzahlen dafür umso mehr widmen.

Ihr Umsatz ist nicht entscheidend. Was zählt ist Ihr Gewinn und der Aufwand, den Sie dafür betreiben mussten.

Großkunden sind nicht allein selig machend

In genau die gleiche Kerbe möchte ich auch bei den meist so beliebten Großkunden hauen. Kunden, die hohe Stückzahlen abnehmen, fordern oft extrem niedrige Preise.

Dabei sind die Preisverhandlungen nicht gerade sanft und oft bleibt der selbständige Firmeninhaber mit einem riesen Auftrag und extrem kleinen Gewinnspannen zurück. Was dann folgt sind viele schlaflose Nächte des Chefs, Probleme mit dem Einkauf der eigenen Teile (weil man das in den Mengen ja bisher nicht gewohnt war) und jede Menge Wochenendarbeit für sich und die ganze Belegschaft.

Ich selbst musste schon sehr früh erleben, wie ein Heizungsbaubetrieb, der 5 Leute beschäftigte, durch einen Großauftrag finanziell ruiniert wurde.

Zunächst freute man sich riesig, den Großauftrag einer Stadt erhalten zu haben. Es wurden viele neue Maschinen angeschafft und weitere 5 Arbeiter eingestellt. Natürlich musste der Betrieb zunächst alles vorfinanzieren, was nur durch unangenehme Gespräche mit der Bank möglich war. Die neuen Arbeiter mussten sich auch erst eingewöhnen, was zu einem stressigen Betriebsklima führte.

Als nach vielen Monaten die Baustelle fertig war, sahen die Geschäftskonten miserabel aus. Chef und Chefin waren absolut mit ihren Nerven fertig und die neu eingestellten Arbeiter mussten natürlich auch wieder entlassen werden, weil der normale Geschäftsumfang nicht ausreichte, um so viele Menschen zu beschäftigen.

Das dicke Ende kam aber erst noch, denn die Stadt weigerte sich, die Rechnungen pünktlich und vollständig zu bezahlen. Es wurde hier bemängelt und da gestritten. Zahlungen erfolgten – wenn überhaupt - nur sehr zögerlich. Es war für diesen kleinen Heizungsbaubetrieb das finanzielle ‚Aus'.

Der Betrieb ging Pleite und ich habe bereits mit 19 Jahren eine sehr wichtige Erfahrung gemacht: Großkunden sind nur dann gute Kunden, wenn die gleichen Bedingungen gelten, wie für alle anderen Kunden auch.

Prüfen Sie daher sehr kritisch, welche Gefahren Ihnen bei eventuellen Großaufträgen ins Haus stehen könnten und bleiben Sie innerlich ganz cool. Treten Sie auch Großkunden gegenüber aufrecht und selbstbewusst auf und lassen Sie sich Ihre Qualität nicht durch zu niedrig kalkulierte Preise kaputtmachen. Klären Sie die rechtlichen Bedingungen am Anfang ab und gewähren Sie keine anderen Zahlungsbedingungen als bei allen anderen Kunden auch.

Im Gegenteil, Sie können sich sogar hinstellen und ganz offen sagen, dass Ihnen der Auftrag eigentlich eine Nummer zu groß ist und Sie deshalb diese und jene Sonderregelung für sich in Anspruch nehmen müssen. Das Schlimmste, was Ihnen passieren kann, ist, dass Sie diesen Auftrag nicht erhalten. Das ist aber nichts zu der Gefahr, Ihre Existenz unter Umständen aufs Spiel zu setzen...

Ihre Qualität

Als Chef eines kleinen Betriebes besteht Ihre riesige Chance darin, eine hervorragende Qualität Ihrer Dienstleistung oder Ihrer Waren anbieten zu können. Es wurde ja bereits erwähnt, dass große Firmen in aller Regel auch große Probleme mit der Qualitätssicherung haben.

Das wird dann klar, wenn man sich vor Augen hält, dass irgendwo in Russland ein Mitarbeiter aus der Mongolei bei der Qualitätsprüfung am Band sitzt und nicht mal die deutsche Schrift auf der Packung entziffern kann...

Qualität, Qualität, Qualität, lautet daher das Zauberwort für Sie als Chef eines Kleinbetriebes. Lassen Sie keine Arbeit unkontrolliert ausliefern. Erkundigen Sie sich bei Ihren Kunden, ob alles in Ordnung war und betonen Sie immer wieder und wieder, dass Sie nicht teuer sind, denn Ihre Ware funktioniert einfach.

Schon John Ruskin (englischer Sozialreformer, 1819-1906) schrieb einmal:

„Es gibt kaum etwas auf dieser Welt, das nicht irgendjemand ein wenig schlechter machen und etwas billiger verkaufen könnte.

Und die Menschen, die sich nur am Preis orientieren, werden die gerechte Beute solcher Machenschaften.

Es ist unklug zuviel zu bezahlen, aber es ist noch schlechter, zuwenig zu bezahlen. Nehmen Sie das niedrigste Angebot an, müssen Sie für das Risiko, das Sie eingehen, etwas hinzurechnen. Und wenn Sie das tun, dann haben Sie auch genug Geld, um für etwas Besseres zu bezahlen!

Wenn Sie zuviel bezahlen verlieren Sie etwas Geld, das ist alles. Wenn Sie zuwenig bezahlen, verlieren Sie manchmal alles, da der gekaufte Gegenstand die ihm zugedachte Aufgabe nicht erfüllen kann. Alles im Leben hat seinen Preis!

Sie müssen immer etwas bezahlen. Bevor, während und nachdem Sie etwas bekommen haben!"

Das leuchtet normalerweise jedem vernünftigen Menschen ein und wenn es Ihnen gelingt, Ihren Kunden bewusst zu machen, dass Sie nicht für ‚billig', sondern für ‚gut' stehen, haben Sie als Chef schon fast das Paradies auf Erden.

Ihr Service

Zu einer guten Ware oder Dienstleistung gehört natürlich auch ein guter Service. Dieser Service muss übrigens gar nicht immer kostenlos sein. Das meinen nur viele...

Überlegen Sie sich genau, welchen Service Sie kostenfrei anbieten und für welche Zusatzleistungen Sie Geld verlangen (müssen) um auf Dauer am Markt existieren zu können.

Wir – als FinanzplanTeam – bieten zum Beispiel eine 24 Stunden HOTMAIL für alle unsere Kunden an. Das bedeutet, dass sich unsere Kunden sicher sein können, für jedes Problem mit unserer Software, das sie uns per E-Mail schildern, an allen Werktagen innerhalb von maximal 24 Stunden eine Antwort zu erhalten.

Diese Antwort ist qualifiziert, denn sie stammt direkt von einem Mitglied des EntwicklerTeams. Bei uns gibt es also keine Standardantworten wie „Spielen Sie Windows neu auf und installieren Sie einfach alles nochmals... und dann müsste das Problem behoben sein".

Aber: Wem diese kostenfreie HOTMAIL nicht ausreicht und wer lieber mit uns telefonieren möchte, um sein Anliegen zu schildern, für den fallen Kosten an. Hierfür bieten wir eine kostenpflichtige Rufnummer an.

Manche Kunden murrten am Anfang, aber irgendwie verstanden dann doch die Allermeisten, dass wir ja nicht den ganzen Tag lang nur telefonieren können, weil es Zeitgenossen gibt, die eben noch nicht so geübt im Umgang mit Ihrem Computer sind. Wir haben dann auch erklärt, dass wir nicht die Preise für alle anheben wollen, sondern dass unsere günstigen Preise zustande kommen, weil der Support per E-Mail ausreicht und alles andere (wie zum Beispiel eine Fernwartung) eben auch separat zu bezahlen ist.

So bezahlen die Sonderleistungen dann wirklich nur die Kunden, die diesen Zusatzservice auch in Anspruch nehmen.

Termine einhalten

Last but not least: Setzen Sie auf Pünktlichkeit und Sie werden Ihre Kunden verzaubern.

In der heutigen Zeit gehören Lieferverzögerungen bedauerlicherweise bereits zur Normalität. Viele Kunden rechnen schon gar nicht mehr damit, dass Fristen eingehalten werden. Hier haben Sie also wieder eine fantastische Chance, sich weit vom Markt abzuheben.

Dabei ist es ganz einfach, die vereinbarten Termine einzuhalten: Lassen Sie sich einfach mehr Zeit und berechnen Sie alle Lieferfristen und Termine so, dass Sie noch genügend Luft haben und auch einmal etwas dazwischen kommen kann.

Es kommt wesentlich besser bei Ihren Kunden an, einen Termin in 14 Tagen einzuhalten, als einen nächste Woche zu ‚versemmeln'...

Sagen Sie also gleich am Anfang, dass Sie viel Wert auf Pünktlichkeit und Zuverlässigkeit legen und deshalb nur Termine nennen, die Sie auch einhalten können. Wenn es dann früher fertig ist, wird Ihnen niemand böse sein.

Arbeitstechniken

Unter Arbeitstechniken verstehe ich Gewohnheiten, die man sich im Alltag bei seiner Arbeit angewöhnt hat. Natürlich gibt es hilfreiche Gewohnheiten und auch solche, die einem das (Arbeits-)Leben deutlich erschweren.

Arbeitstechniken sind reines Handwerk und können erlernt werden. Man muss nicht besonders begabt sein, oder große Fähigkeiten besitzen. Arbeitstechniken trainiert man sich gewissermaßen einfach an.

Da der überwiegende Teil der täglichen Arbeit wohl bei den meisten Menschen aus Routinejobs besteht, sind diese Gewohnheiten nicht zu unterschätzen. Meiner Erfahrung nach machen sie sogar einen Großteil des Erfolges aus.

Es lohnt sich also, sich bewusst Techniken anzueignen, die einem das (Arbeits-)Leben erleichtern und die somit auch zwangsläufig zu besseren Resultaten führen. Hier einige Anregungen und Tipps:

Besprechungen

Besprechungen teile ich gerne in zwei Arten auf: Es gibt interne und externe Besprechungen, also solche, die Sie bei sich im Büro mit Ihren Mitarbeitern durchführen und solche, zu denen Sie von Kunden gebeten werden.

Fangen wir mit den internen Besprechungen an. Bestimmt haben Sie das auch schon öfters erlebt: Viele Besprechungen dauern zu lange, sind schlecht vorbereitet, langweilig und echte Zeitfresser. Auch wissen die Beteiligten am Konferenzende oft nicht, wer jetzt was zu tun oder zu lassen hat.

Machen Sie es besser, indem Sie ein paar einfache und wichtige Punkte für Ihre hausinternen Konferenzen beachten:

- Führen Sie regelmäßige Besprechungen durch. Es ist nicht gut, wenn alles immer nur zwischen ‚Tür und Angel' abgesprochen wird. Auch wenn Sie nur einen einzigen Mitarbeiter haben: Setzen Sie sich regelmäßig mit ihm zusammen. Reservieren Sie sich diese Zeit exklusiv, das bedeutet, Sie gehen nicht ans Telefon und lassen sich auch sonst nicht stören oder ablenken.

- Ein guter Rhythmus dürfte in den meisten Fällen einmal pro Woche sein. Sie können (kurze) Besprechungen auch öfters ansetzen, weniger als einmal pro Woche ist meist nicht empfehlenswert.

- Besprechungen mit dem gleichen Inhalt sollten stets zur gleichen Zeit und am gleichen Ort durchgeführt werden. So können sich alle Beteiligten darauf einstellen. Es entwickelt sich ein fester Rhythmus, der sich vor allem für alle Routineaufgaben eignet.

- Für kreative Meetings (an denen Ideen und neue Problemlösungen gefragt sind) sollten Sie eher die Orte wechseln und die Zeiten variieren.

- Stellen Sie sicher, dass der richtige Personenkreis an den Besprechungen teilnimmt. Gehen Sie die Teilnehmer im Kopf durch und stellen Sie sich zu jeder Person die Frage: Warum soll er oder sie an dieser Besprechung teilnehmen?

- Als nächstes fragen Sie sich, ob Sie noch gerne jemand dabei hätten, der bis jetzt gefehlt hatte und laden Sie dann entweder ein oder auch aus. Es ist wichtig, dass Sie dafür sorgen, dass nur die Menschen an Besprechungen teilnehmen, die dafür auch notwendig sind. Im Zweifelsfall halten Sie den Kreis eher zu klein, als dass Sie ihn zu groß werden lassen.

- Keine Besprechung ohne Tagesordnung. Dieses eiserne Gesetz gilt es fast zwingend zu beachten. Als Chef ist es Ihre Aufgabe, die Punkte, die besprochen werden müssen, auf die Tagesordnung zu setzen. Lassen Sie sich aber auch Vorschläge von Ihren Mitarbeitern machen.

- Die Tagesordnung muss jedem Teilnehmer zwei Tage vor der Konferenz bekannt sein, sonst kann sich keiner darauf einstellen.

- Stellen Sie eine große Uhr auf den Konferenztisch und halten Sie die veranschlagten Zeiten ein. Machen Sie etwas Dampf und nehmen Sie sich vor, die angesetzten Zeiten zu unterbieten. So merken Ihre Mitarbeiter, dass Zeit Geld ist und alle kommen schneller auf den Punkt.

- Es kann auch hilfreich sein, einmal den Stundenlohn der Teilnehmer zusammen zu rechnen, um zu wissen, was eine Stunde Ihrer Konferenz wirklich kostet...

- Es kann auch gelacht und gescherzt werden, aber achten Sie darauf, dass es nicht erst eine halbe Stunde dauert, bis man dann doch endlich anfängt...

- Noch ein Tipp: Eine Besprechung kann auch durchaus nur 20 Minuten dauern. Länger als drei Stunden zu tagen halte ich für unproduktiv.

- Getränke ja, Essen nein. Bei einer Besprechung gehört kein Essen auf den Tisch, außer Sie treffen sich bewusst zum Frühstück. Ansonsten lenkt es nur ab und die Aufmerksamkeit gleitet in Richtung der leckeren Schnittchen ab.

- Wenn Sie einen Mitarbeiter loben möchten, tun Sie das am besten immer öffentlich.

- Haben Sie einen Mitarbeiter zu kritisieren, tun Sie das stets unter vier Augen. Man stellt dann keinen öffentlich bloß.

- Sie sind dafür verantwortlich, dass die Aufgaben, die Sie verteilt haben, auch verstanden worden sind. Lassen Sie sich am besten immer von Ihrem Mitarbeiter wiederholen, was jetzt genau seine Aufgabe ist. Umfangreiche Aufgaben sollten Sie sogar stets schriftlich weitergeben.

- Am Ende jeder Konferenz sollte es etwas Zeit für neue Ideen, Kritik, Vorschläge und Fragen Ihrer Mitarbeiter geben. Halten Sie diesen Teil der Besprechung lebendig und hören Sie genau hin. Oft kommen so ganz tolle und richtungweisende Ideen auf den Tisch. Aber wie gesagt: Sie als Chef müssen dafür Zeit und Raum zur Verfügung stellen.

Kommen wir nun zu den externen Besprechungen. Dabei werden Sie merken, dass es genau die gleichen Probleme gibt, wie vorher geschildert. Nur haben Sie hier den Ablauf nicht im Griff, da Sie ja ‚nur' zu den eingeladenen Teilnehmern gehören.

Aber Sie können dennoch ein paar Dinge tun:

- Das Beste wäre natürlich, wenn Sie dem Leiter der Besprechung einmal dieses Buch ausleihen oder es ihm oder ihr schenken. Es kann gut sein, dass Sie so das beste Ergebnis erzielen und es fortan zügiger geht.

- In jedem Fall sollten Sie auch für externe Besprechungen einen (eigenen) Plan mitbringen, auf dem steht, was Sie bei dieser Besprechung für sich erreichen möchten.

- Wenn es allzu lange dauert und sich die Stunden nur so hinziehen, können Sie auch darum bitten, dass die Punkte, für die Ihre Anwesenheit erforderlich ist, zuerst abgehandelt werden, um danach einfach früher gehen zu können.

- Das müssten Sie dem Leiter der Konferenz allerdings vorher sagen, damit sich dieser darauf einstellen kann. Natürlich ist das nicht die allererste Wahl, aber manchmal bleibt einem nichts anderes übrig, als zu dieser Lösung zu greifen.

- Ganz generell können Sie auch einmal abklären, ob Ihre Anwesenheit wirklich erforderlich ist. Besonders in Behörden und großen Betrieben wird ja manchmal den ganzen Tag nur geredet, das können Sie sich als Chef einfach nicht leisten.

- Versuchen Sie dafür einmal etwas Verständnis zu erwecken. Sie müssen es ja nicht so formulieren, wie ein Bekannter von mir, der einmal zum Leiter einer Behörde sagte: „Schau mal, Du bekommst Geld fürs Herumsitzen und Labern. Ich muss noch richtig arbeiten, deshalb muss ich jetzt ins Büro zurück..." Wahrscheinlich hatte er sogar Recht, aber versuchen Sie trotzdem, es etwas netter zu formulieren ;-)

Präsentationen

Vor einer Gruppe von Menschen gut zu präsenteren will richtig gelernt und geübt sein. Viele haben dabei ein ungutes Gefühl. Deshalb hier einmal einige Anmerkungen:

Machen Sie sich bitte bewusst, dass die allermeisten Schauspieler, und zwar auch die ganz erfolgreichen, Lampenfieber haben. Nichts anderes ist dieses Kribbeln im Bauch vor der Präsentation. Der trockene Mund ist auch normal und die zittrige Stimme entspringt derselben Quelle.

Das beste Mittel gegen Lampenfieber, das ich kenne, ist eine sehr gute Vorbereitung auf den Termin und auf das, was Sie zu präsentieren haben.

Arbeiten Sie Ihre Präsentation haarklein aus und investieren Sie die dafür notwendige Zeit. Wenn Sie mögen, können Sie auch eine PowerPoint-Präsentation erstellen oder sich Folien herstellen, die Sie auf einen Tageslichtprojektor legen.

Fertigen Sie sich auch DIN A6 Karten an, die Sie durchnummerieren und auf die Sie Ihren Text schreiben, zumindest aber Ihre Stichworte notieren.

Das Wichtigste ist aber folgender Punkt: Fragen Sie sich immer und immer wieder, warum die Teilnehmer bei Ihnen kaufen sollen. Was haben die davon, bei Ihnen und nicht irgendwo anders zu kaufen? Was sind die Vorteile, die Sie dem Kunden bringen können? Welche Probleme Ihrer Kunden können Sie damit lösen? Ist die Problemlösung, die Sie anbieten, wirklich die sinnvollste? Gäbe es etwas Günstigeres? Wenn ja, warum bieten Sie das nicht an?

Sie merken, ich denke strikt mit dem Kopf Ihres Kunden. Das sollten Sie sich auch angewöhnen. Nur dann fallen Ihnen die Argumente ein, die wirklich überzeugen.

Im Verkauf (und nichts anderes ist eine Präsentation) denken die Verkäufer immer noch viel zu sehr daran, was sie verkaufen wollen, anstatt daran zu denken, was ihr Kunde gerne (und freiwillig!) kaufen würde...

Schulungen und Seminare

An wie vielen Schulungen und Seminaren haben Sie bereits teilgenommen? Ich für meinen Teil bin absolut ‚seminargeschädigt'. Bei den unzähligen Schulungen und Seminaren, an denen ich teilgenommen habe, waren meist nur 1-2 Themen wirklich interessant. Der Rest bestand aus Dingen, die mich (und viele andere Teilnehmer) wirklich nicht interessierten.

Am Ende der Schulung begibt man sich dann wieder auf den Heimweg, und kommt vielleicht erst gegen 20.00 Uhr zuhause an. Der Tag ist also gelaufen, es bleibt gerade noch genügend Zeit, um sich kurz anzusehen, welche Anrufe und Faxe eingegangen sind.

Ich denke, in der heutigen Zeit des Internets gibt es da wesentlich schlauere Möglichkeiten. Da sind zum Beispiel Onlineseminare, die man bequem von zuhause aus in einem virtuellen Klassenraum besuchen kann. 💻 Mehr Infos im Internet 💻 Bei einem Onlineseminar klinken Sie sich (via Internet) dann in die Schulung ein, wenn Sie Zeit haben.

Eine Antwort auf Ihre Fragen erhalten Sie in wenigen Stunden und zudem haben Sie die Möglichkeit, sich mit anderen Teilnehmern via E-Mail auszutauschen. Zusätzlich erhalten Sie den Lernstoff schriftlich und können diesen direkt auf Ihrem PC abspeichern und bearbeiten.

Bedenkt man, dass keine Fahrtkosten anfallen und die Gebühren meist nur einen Bruchteil eines Seminars ausmachen, so steht Ihnen mit Onlineseminaren eine überaus komfortable Möglichkeit der Weiterbildung zur Verfügung.

Wenn Sie überlegen, ob Sie eine ‚echte' Schulung besuchen sollen, stellen Sie sich bitte mehrmals die Frage, ob das wirklich notwendig und sinnvoll für Sie ist. Bringt es Sie auf Ihrem Weg zum Ziel weiter, dann ist es o.k. Wenn Sie sich nicht sicher sind, bleiben Sie im Zweifelsfall besser zuhause und arbeiten stattdessen an Ihren Zielen.

Sollten Sie selbst einmal zu einer Schulung als Referent gebeten werden, gibt es ein paar Dinge, auf die Sie achten sollten. Das Wichtigste ist meinem Empfinden nach Ihre Qualifikation. Sind Sie wirklich der oder die Richtige für diese Schulung? Es ist überaus peinlich, vor einer Klasse zu stehen und verzweifelt nach Fachwissen zu suchen, das man nicht hat. Überlassen Sie das Stammeln und Dichten anderen Schulungsleitern. Schaffen Sie sich einen exzellenten Ruf, indem Sie nur Themen schulen, die Sie wirklich beherrschen.

Ansonsten gilt:

- Halten Sie die vorgegebenen Zeiten unbedingt ein. Überziehen Sie nicht und strapazieren Sie nicht die Aufmerksamkeit Ihrer Zuhörer.

- Ihre Vorbereitung muss perfekt sein. Bereiten Sie schriftliche Unterlagen vor, die Sie austeilen können. Was ich immer gerne mache: Ich lasse eine Liste herumgehen, in die die Teilnehmer ihre E-Mail Adresse eintragen können. Einen Tag nach dem Seminar erhalten Sie dann die Unterlagen per E-Mail von mir.

- Das spart jede Menge Druckkosten und jeder Teilnehmer kann sich auch nach dem Seminar noch mit weiteren Fragen per E-Mail an mich wenden.

- Außerdem können meine Unterlagen direkt auf dem PC des Teilnehmers abgespeichert werden und niemand muss nochmals von Hand irgendetwas in seinen Computer eingeben.

- Auch ganze Excelberechnungen oder Worddateien (zum direkten Weiterbearbeiten) kann ich so weitergeben, was immer sehr gut ankommt und gerne angenommen wird.

- Halten Sie Blickkontakt zu Ihren Teilnehmern und hören Sie auf zu referieren, wenn Sie bemerken, dass im Seminar gesprochen wird. Warten Sie ab, bis wieder Ruhe eingekehrt ist. Das schafft Ihnen die Aufmerksamkeit, aber auch den Respekt, den Sie als Schulungsleiter dringend brauchen.

- Sorgen Sie dafür, dass Sie ein paar witzige Sachen dabeihaben: eine lustige PowerPointdatei, einen Witz, einen kleinen Film etc. All das lockert auf und ist besonders bei trockenen Schulungsthemen oder nach der Mittagspause eine willkommene Abwechslung für die Seminarteilnehmer.

- Wichtig ist, dass Sie gut sind, aber wichtiger ist, dass Ihre Teilnehmer Sie verstehen und von Ihnen profitieren. Das können Sie erreichen, indem Sie immer wieder um Fragen bitten. Stellen Sie ruhig auch mit Kontrollfragen fest, ob Sie selbst verständlich genug waren.

- Es gehört eine feines Gespür dazu, um sicherzustellen, dass Sie nicht nur ‚da vorne' rumquasseln, sondern dass Ihre Teilnehmer Ihnen auch folgen können. Scheuen Sie sich nicht davor, auch die Basics immer und immer wieder zu erläutern. So mancher Teilnehmer wird dadurch zu einem echten Fan von Ihnen und wird begeistert sein.

- Sprechen Sie deutsch. Lassen Sie Fremdwörter wann immer es geht weg. Sie sollen nicht beweisen, welche Fremdwörter Sie schon kennen, sondern Sie sollen Wissen vermitteln. Denken Sie an meinen Spruch: "Wer es nicht auf Deutsch erklären kann, hat es selber noch nicht richtig verstanden."

- Nutzen Sie Grafiken, Zeichnungen, Flipcharts, Filme, Powerpoint-Präsentationen, Tageslichtprojektoren, Mind Maps, kurz was immer geeignet erscheint, um Dinge zu visualisieren also bildlich bewusst zu machen. Der Lerneffekt, den Sie erzielen wird ungleich höher sein.

- Nutzen Sie auch die Macht von Geschichten, um Zusammenhänge klar zu machen. Setzen Sie Eselsbrücken ein. Es gibt nichts, das zu verspielt oder zu kindisch wäre. Trauen Sie sich einfach einmal.

Ich habe bei meinen Beratungen im Finanzbereich immer sehr viel auf Papier gemalt und veranschaulicht… und viele Kunden waren begeistert davon, endlich einmal wirklich verstanden zu haben, wie zum Beispiel ein Bausparvertrag funktioniert.

Es hatte sich einfach bis dahin noch keiner die Mühe gemacht, es einmal so zu erklären, dass es auch verstanden wird. Ihre Kunden und Seminarteilnehmer sind niemals dumm. Wenn sie also etwas nicht verstanden haben, dann haben Sie es nicht pfiffig genug erläutert. Wer dies als Schulungsleiter akzeptieren kann, wird bald zu den Besten seiner Branche gehören.

Checklisten

Checklisten sind mir zum ersten Mal bei Flugzeugkapitänen aufgefallen. Die gehen vor jedem Start immer und immer wieder die gleichen Checklisten durch, damit an alles gedacht ist. Am Anfang dachte ich mir, das ist ja wohl reichlich lächerlich, wenn man sich immer wieder die gleichen Fragen stellt, aber mit der Zeit habe ich Checklisten regelrecht lieben gelernt. 💻 Mehr Infos im Internet 💻

Das Geheimnis von Checklisten liegt darin, dass man eine immer perfekte Arbeit abliefert und das unabhängig von seiner Tagesform oder äußeren Einflüssen. In dem Moment, in dem Sie eine Routineaufgabe nacheinander anhand einer Checkliste abarbeiten, können Sie sicher sein, dass Sie nichts vergessen haben.

Selbst wenn Sie einmal nervös, abgelenkt, schlecht gelaunt oder warum auch immer mal nicht gut drauf sind: Ihre Arbeit, die anhand einer Checkliste überprüft wurde, verlässt Ihre Firma auf dem immer gleichen, hohen Niveau.

Sie finden auf der Chefwebseite eine große Anzahl von Checklisten und Vorlagen zu allen möglichen Themen, aber am besten sind immer noch die, die Sie selbst anfertigen.

Vorplanung – Tun – Nachbereiten

Jede Aufgabe, die Sie übernehmen, sei sie nun groß oder klein, erfordert den Dreiklang von Vorplanung – dem Tun und dem Nachbereiten. Fehlt eines der drei, so ist die Aufgabe in sich nicht stimmig abgeschlossen und kann daher auch nicht als vollkommen erledigt angesehen werden.

Was meint man damit?

Vorplanung: Darunter versteht man das Vorbereiten einer Aufgabe, also das Recherchieren, das Ausarbeiten eines Konzeptes, einer

Rede, einer Schulung. Das Zusammenstellen von Unterlagen, das Einholen von Preisen, Angeboten, Lieferbedingungen und so weiter.

Je besser die Vorbereitung einer Aufgabe, desto einfacher wird das eigentliche Tun. Erfolg ist also wahrhaftig die Ecke, an der sich Vorbereitung und eine günstige Gelegenheit treffen.

Die Vorplanung sollte auch stets schriftlich erfolgen. Dann können Sie neue Ideen, Einfälle, Änderungswünsche immer gleich auf der Vorplanung vermerken.

Ich selbst fange Vorplanungen bereits möglichst weit vor dem eigentlichen Tun an, indem ich mir einfach ein Blatt Papier nehme und den Namen der Aufgabe oder des Projektes oben auf das Blatt schreibe. Dann notiere ich mir kurz, was mir dazu schon eingefallen ist und lege es in meine aktuelle Ablagemappe.

Diese Ablagemappe beinhaltet mit der Zeit natürlich viele verschiedene Projekte und Aufgaben. Deshalb schaue ich mir die Mappe jeden Tag vor Arbeitsbeginn durch und rufe mir die einzelnen Projekte so immer wieder ins Gedächtnis.

Manche Projekte und Aufgaben liegen da schon Monate vor ihrer eigentlichen Verwirklichung. Und immer, wenn ich wieder eine Idee dazu habe, oder sich eine neue Fragestellung dazu ergibt, notiere ich diese auf dem Blatt.

So bin ich meistens sehr gut vorbereitet und brauche mich aufgrund der extrem langen Vorplanungsphase kaum anzustrengen, was meiner natürlichen Faulheit sehr entgegenkommt.

Auch Hektik habe ich so (fast) gänzlich ausgeschaltet, denn wer sich zum Beispiel seit drei Monaten immer wieder einmal über ein Projekt Gedanken macht, dem ist dann wirklich so ziemlich alles zu diesem Thema eingefallen... Das Chefbuch entstand übrigens ca. 8 Monate lang nur auf einer MindMap, bevor ich mich überhaupt an das eigentliche Schreiben des Buches gemacht habe.

Tun: Das eigentliche Erledigen einer Aufgabe sollte jetzt nicht mehr so schwierig und aufwändig sein, denn schließlich sind Sie optimal vorbereitet. Trotzdem ist es wichtig, sich die erforderliche Zeit zu nehmen, die jede Aufgabe nun eben einmal erfordert.

Wer in Hektik arbeitet, macht viele Fehler, die im Grunde genommen ganz leicht vermeidbar gewesen wären. Sorgen Sie deshalb dafür, dass jede Ihrer Aufgaben einen angemessenen und ausreichenden Zeitrahmen zur Verfügung hat. Es ist besser, einer Aufgabe 2 Stunden Zeit einzuräumen und in dieser Zeit wirklich fertig zu werden, als ihr nur 1 Stunde Zeit zu gönnen und dann festzustellen, dass es doch nicht ausreicht.

Womöglich müssen Sie dann später noch einmal ganz von vorne anfangen oder Sie können Termine nicht einhalten und müssen für Erklärungen und Entschuldigungen zusätzliche Zeit aufwenden. Unter dem Strich ist eine Aufgabe am einfachsten, wenn Sie einmal anfangen und diese dann zur Zufriedenheit aller Beteiligten auch zu Ende bringen können.

Nachbereiten: Hier versagen sogar Profis, denn das Nachbereiten eines Projektes erfordert Ihre Disziplin. Warum ist das so? Nun, die Aufgabe ist erledigt, alle sind zufrieden und am liebsten würde man sich nun der nächsten Aufgabe zuwenden.

Aber Achtung, es muss auch alles nachbereitet werden. Dazu gehört vielleicht, die gesammelten Erkenntnisse aus dem Kundengespräch schriftlich festzuhalten, damit diese Ihnen später auch noch in Erinnerung sind. Zur Nachbereitung gehört auch das korrekte Schreiben einer Rechnung an den Kunden und/oder die noch versprochenen Änderungen pünktlich nachzuliefern.

Ganz allgemein kann man sagen, dass zu wenig nachbereitet wird. Der Alltagsstress steht einer ausführlichen Nachbereitung oft im Weg. Fallen Sie ab heute nicht mehr darauf herein und nehmen Sie sich genügend Zeit, um alles sauber abzulegen und das Projekt vollkommen abzuschließen. Sie werden sehen, dass es effektiv sogar Zeit spart und ein großer Gewinn für Ihr Geschäft ist.

Wann machen Sie etwas sofort?

Es kommen jeden Tag viele unterschiedliche Aufgaben auf Sie als Chef zu. Welche machen Sie sofort, welche legen Sie ab und welche delegieren Sie an Ihre Mitarbeiter weiter?

Hier ein ganz einfacher Tipp: Erledigen Sie alle Aufgaben, die nicht länger als 5 – 10 Minuten dauern einfach sofort. Bei so kleinen und schnell zu erledigenden Aufgaben lohnt es sich nicht, diese noch extra aufzuschreiben oder zu delegieren.

In der Zeit, in der Sie es erklärt haben, wären Sie vermutlich selbst schon lange fertig gewesen. Nutzen Sie dieses einfache Hilfsmittel, das ‚Sofort machen' und Sie werden merken, dass sie zum einen durch Ihre Schnelligkeit beeindrucken und zum anderen keine langen ‚Aufgaben-Listen' mehr haben werden.

MindMaps

Kennen Sie MindMaps? Das sind Gedankenkarten, mit denen man Prozesse, Aufgaben, Ideen oder was auch immer bildlich festhalten kann. Man kann sich solche MindMaps ganz einfach auf einem Stück Papier anfertigen oder spezielle Computerprogramme nutzen.

Der Vorteil an MindMaps besteht darin, dass man Aufgaben bildlich vor sich sieht und so besser überschauen kann. Probieren Sie diese Technik einmal aus, sie hat sich bei vielen Chefs als sehr hilfreich erwiesen. Da ich hier keine Anleitung zum MindMappen geben will und auch lieber an die Profis dieser Technik verweisen möchte, finden Sie auf der Chefwebseite alle erforderlichen Informationen:
💻 Mehr Infos im Internet 💻

Lieferanten und Einkauf

Ein weiser Spruch lautet: „Der Gewinn liegt im Einkauf". Da die Verkaufspreise für Ihre Dienstleitungen und Waren auf natürliche Art und Weise begrenzt sind, können Sie Ihren Gewinn oft nur dadurch steigern, dass Sie preisgünstig einkaufen. Dabei gilt es allerdings ein paar Dinge zu beachten.

Kaufen Sie günstig ein, aber kaufen Sie keine minderwertige Ware, sonst ist auch Ihr Produkt nachher von schlechter Qualität. Es muss ihnen bewusst sein, dass man aus schlechter Rohware keine exzellenten Produkte herstellen kann. Wenn Sie Spitzenköche fragen, weshalb sie so leckere Dinge zaubern, hören Sie immer und immer wieder, dass die Qualität der Lebensmittel entscheidend ist. Spitzenköche kaufen einfach qualitativ sehr hochwertige Produkte ein. Natürlich müssen sie dann auch noch richtig gut kochen können, aber kein Koch kann aus schlechten Lebensmitteln etwas wirklich Wohlschmeckendes zubereiten.

Auf der anderen Seite gilt es, seine Einkaufspreise immer und immer wieder zu überprüfen. Gibt es einen Hersteller, bei dem Sie die gleiche oder eine ähnliche Ware günstiger erhalten können? Gibt es vielleicht die Möglichkeit, durch eine größere Stückzahl an bessere Einkaufskonditionen zu kommen?

Oft werden Waren saisonabhängig verkauft. Wenn die Saison abgelaufen ist, können Sie wahre Schnäppchen machen, weil auch die Hersteller ihre Lager räumen müssen, um Platz für die kommende Produktion zu schaffen.

Ein Beispiel, das mir dazu einfällt, ist mal wieder die Fahrradbranche. Im Herbst werden Markenräder der laufenden Saison zu einem Bruchteil des Normalpreises angeboten. Wenn Sie als Fahrradhändler jetzt liquide sind, können Sie absolute Qualität zu kleinen Preisen erwerben. Natürlich sind das dann die Vorjahresmodelle, aber das interessiert den Großteil Ihrer Kunden nun wirklich nicht.

Legen Sie sich die Fahrräder auf Lager und Sie erzielen damit im nächsten Jahr mit großer Sicherheit einen tollen Gewinn.

Eine weitere Möglichkeit günstigere Preise zu erzielen besteht darin, dass Sie sich mit anderen Händlern aus Ihrer Branche zusammentun, um gemeinsam die Dinge zu bestellen, die sowieso alle brauchen. Stellen Sie sich vor, Sie würden Ihre Standardwaren alle 10–20 % günstiger einkaufen können, weil Sie sich mit Leuten aus Ihrem örtlichen Gewerbeverein oder Ihrem Stammtisch zusammentun und gemeinsam ordern.

Das müssen selbstverständlich Personen sein, denen Sie vertrauen können, aber ich denke, dass Sie diese finden können. In jedem Fall ist es eine Überlegung wert...

Partnerschaft aufbauen

Auch Ihre Lieferanten sind Partner auf dem Weg zum Erfolg. Daher gilt es auch hier, dass man fair und respektvoll miteinander umgeht. Mir persönlich sind langfristige Beziehungen immer am liebsten, weil man sich mit der Zeit doch wesentlich mehr vertrauen kann.

Ein wichtiger Punkt betrifft das Bezahlen der Rechnungen. Bezahlen Sie diese immer innerhalb der Skontofrist. Es gehört leider zu den immer weiter verbreiteten Eigenschaften, seine Lieferanten zu spät zu bezahlen. Ich halte das für in höchstem Maße unfair und schädlich. Und zwar sowohl für den eigenen, als auch den Erfolg anderer.

Sagen Sie Ihren neuen Lieferanten, dass Sie auf der Suche nach langfristigen Beziehungen sind und beweisen Sie, dass Sie pünktlichst bezahlen und Sie werden merken, dass man Sie als Kunde innerhalb kürzester Zeit sehr zu schätzen weiß.

Rabatte und Konditionen

Führen Sie gerne Preisverhandlungen? Wenn ja, ist das sehr hilfreich, wenn nein, müssen Sie es trotzdem tun.

Erkundigen Sie sich zunächst bei verschiedenen Anbietern über die Ware, die Sie gerne kaufen möchten. Informieren Sie sich genau und lassen Sie sich Zeit.

- Wie ist die Qualität der Ware?
- Wie sind die Lieferbedingungen?
- Wie lauten die Zahlungsbedingungen?
- Wie sind die Garantiebedingungen?
- Wie sind die Rabattstaffeln?

Wie schon gesagt, der Gewinn (Ihr Gewinn) liegt im Einkauf und alles was Sie an Sinnvollem tun können, um Ihre Kosten niedrig zu halten, sollten Sie auch umsetzen.

Bei den Preisverhandlungen selbst sollten Sie sich versichern, dass Ihr Gesprächspartner auch befugt ist, mit Ihnen über die Konditionen Sonderabsprachen zu treffen. Sie sollten auch stets freundlich bleiben. Lassen Sie nicht heraushängen, dass der Kunde König ist. Das sind Sie sowieso.

Verhandeln Sie hart, aber überschreiten Sie nicht die Grenze des guten Geschmacks und setzen Sie Ihrem Lieferanten niemals „das Messer auf die Brust". Lassen Sie ihn leben. Ein toter Lieferant, der an Ihren Einkaufsbedingungen in Konkurs gegangen ist, nützt niemandem etwas.

Reklamationen

Auch für Reklamationen gilt, dass man sich einen anständigen und sachlichen Ton bewahrt. Denken Sie immer daran: „Kritik sagt zunächst einmal nichts über den der kritisiert wird. Aber sie verrät eine Menge über den Kritiker..."

Ich bin oft schockiert, wenn ich miterlebe, wie im Geschäftsleben miteinander umgegangen wird. Mein Gott, denke ich mir dann manchmal, wie reden die nur miteinander?

Reklamationen sind wichtig und natürlich müssen sie manchmal sein. Wenn eine Ware nicht wie vereinbart geliefert wurde, muss dies korrigiert werden. Aber achten Sie bitte darauf, wie Sie reklamieren. Oft ist es auch hilfreich, sich zunächst einmal alles auf einen Zettel zu schreiben:

- Was wurde bestellt?
- Welche Eigenschaften sollte das Produkt haben?
- Was wurde tatsächlich geliefert?
- Was möchten Sie jetzt (Umtausch, Preisnachlass)?

Damit Sie mich nicht falsch verstehen, auch ich bin nicht bereit, für schlechte Ware gutes Geld zu bezahlen. Das sage ich auch ganz direkt so, aber ich versuche mich dabei stets so zu verhalten, als wenn meine Reklamation live im Fernsehen übertragen würde.

Wareneingang prüfen

Wenn Sie es nicht bereits tun, gewöhnen Sie sich bitte an, alle Waren, die Ihnen geliefert werden, sofort zu überprüfen. Spätere Reklamationen werden oft nicht mehr angenommen und dann sind Sie in einer denkbar schlechten Position. Deshalb kontrollieren Sie Ihren Wareneingang stets am gleichen, spätestens am nächsten Tag.

Preisvergleiche im Internet

Als Letztes möchte ich Sie gerne dazu ermutigen, Ihre Preisvergleiche nicht nur bei sich am Wohn- oder Firmenort durchzuführen, sondern dazu auch die enormen Möglichkeiten des Internets zu benutzen. Sie finden auf der Chefwebseite eine Finanzplan Internet Toolbar, die Ihnen einen direkten Vergleich von unzähligen Produkten ermöglicht.

Für diesen Zweck wurden die besten 10 Preisvergleiche und Preissuchmaschinen übersichtlich aufgelistet und es kostet Sie wirklich nur noch ganz wenige Minuten, um einen wirklich guten Einkaufspreis für Ihre Einkäufe zu finden.

Ihre Kunden

Kommen wir nun zum wichtigsten Teil Ihres Unternehmens, zu Ihren Kunden. Egal, wie gut Sie selbst und Ihre Produkte sind, ohne Ihre Kunden läuft nichts. Ihre Kunden sind der Dreh- und Angelpunkt Ihres Erfolges.

Ich kenne Chefs, die Ihre Kunden nur als notwendiges Übel ansehen. Wenn man sich mit ihnen unterhält, bezeichnen Sie ihre Kunden als bockig, kaufunwillig oder sogar als dumm.

Mit solch einer Einstellung zu seinen Kunden wird das nichts und die Arbeit macht bestimmt keinen Spaß. Diese Chefs sollten einmal darüber nachdenken, dass jeder die Kunden hat, die er verdient. Gleiches zieht Gleiches an und Vögel gleichen Gefieders fliegen zusammen. Wer nur bockige, kaufunwillige und dumme Menschen um sich herum hat, sollte es einmal mit einem selbstkritischen Blick in den Spiegel versuchen...

Aber ganz im Ernst: Sie sollten sich um jeden einzelnen Ihrer Kunden kümmern, als wenn er in diesem Moment der wichtigste Mensch auf der Erde wäre, was er für Sie ja vielleicht sogar ist.

Hören Sie auf, Ihren Kunden Produkte zu verkaufen und überlegen Sie (aus der Sicht des Kunden), was dieser gerade wirklich als Problemlösung von Ihnen gebrauchen könnte. Wenn Sie zum Problemlöser Ihrer Kunden werden, kommen diese immer wieder. Sie werden sich sehr bald an einem treuen und zuverlässigen Kundenstamm erfreuen können.

Natürlich gibt es unterschiedliche Kunden. Auf jeden muss man einzeln eingehen. Manche muss man auch einmal stoppen, wenn sie zu ‚frech' oder fordernd werden. Andere muss man ermutigen, wieder anderen einfach einmal zuhören. Aber was immer Ihr Kunde gerade braucht, Sie müssen mit der Zeit in der Lage sein, ein Gespür dafür zu entwickeln, was das ist, um dann darauf eingehen zu können.

Der beste Tipp, den Sie von mir zum Umgang mit Ihren Kunden bekommen können ist folgender: Behandeln Sie andere Menschen einfach stets so, wie Sie selbst in dieser Situation gerne behandelt werden möchten.

Damit meine ich nicht, dass Sie alles mit sich machen lassen oder jedem Kundenwunsch nachkommen. So etwas werden Sie selbst ja wohl auch nicht von anderen Ihnen gegenüber erwarten. Aber, nehmen Sie Ihre Kunden und deren Wünsche bitte sehr ernst und machen Sie das Maximale, was Sie tun können, ohne sich selbst dabei zu vergessen.

Ein Geschäft ist immer dann ein gutes Geschäft, wenn beide Parteien zufrieden sind. Und diese Übereinkunft gilt es in jedem einzelnen Fall zu finden. Wenn es einmal zu keiner Übereinkunft kommen kann, weil die Standpunkte zu unterschiedlich sind, sollten Sie nicht die menschliche Beziehung beenden, sondern nur dieses eine Geschäft. Wer weiß, vielleicht ergibt sich morgen mit dem gleichen Kunden eine völlig neue Basis, auf die man dann wieder aufbauen kann.

Die einzigen Kunden, die mir wirklich ‚im Mondschein begegnen können', sind solche, die bestellte Waren nicht bezahlen. Da habe ich persönlich kein Verständnis, und sondere diese unangenehmen Zeitgenossen aus meinem Umfeld sehr konsequent aus. Mit diesen Kunden arbeite ich dann auch in Zukunft nicht mehr zusammen.

Aufträge annehmen

Sie brauchen nicht jeden Auftrag annehmen. Das ist vor allem für junge Unternehmer oft noch nicht selbstverständlich. „Ich kann den Auftrag doch nicht einfach ablehnen, dann bestellt der Kunde nie wieder bei mir", denkt sich vielleicht so mancher Firmenchef.

Dabei gibt es Aufträge, an denen ist wirklich fast nichts verdient und zudem bedeutet die Annahme eines solchen Auftrages oft noch jede Menge Stress. Ich rate dann meist dazu, seinem Kunden ganz klar zu sagen, wie es aussieht und warum man diesen Auftrag nicht annehmen möchte.

Reden Sie in solchen Fällen nicht lange um den heißen Brei, sondern bereiten Sie sich sachlich auf das Gespräch vor, indem Sie sich die Punkte notieren, die dazu führen, dass Sie dem Auftrag nicht zustimmen können. Darunter schreiben Sie dann die Bedingungen, die sich ändern müssten, damit Sie den Auftrag annehmen würden.

Wenn Sie so gut vorbereitet in das Gespräch mit Ihrem Kunden gehen und selbst dabei sachlich und freundlich bleiben, wird es normalerweise kein unangenehmes Gespräch. Es gibt doch nur zwei Möglichkeiten: Entweder kommt Ihr Kunde Ihnen entgegen, dann haben Sie einen guten Auftrag, oder sie kommen diesmal nicht zusammen, dann haben Sie einen schlechten Auftrag abgelehnt und damit Ihre Firma vor weiterem Schaden bewahrt. Sehen Sie es von der positiven Seite: Ihre Firma vor Schaden zu bewahren ist doch auch schon ein – zumindest kleiner – Erfolg.

Großkunden

Die Problematik von Großkunden wurde ja bereits weiter vorne behandelt. An dieser Stelle deshalb nur noch folgende Zusatzüberlegung: Sie stellen Ihre Firma dann auf sichere Beine, wenn Sie mit keinem Kunden mehr als 25% Ihres Gewinnes erwirtschaften.

Auch hier gilt: Der Umsatz ist egal, die entscheidende Größe ist der Gewinn!

Das dient der ganz simplen Absicherung Ihres Geschäfts. Wenn Sie nur ‚einem Herren dienen', sind Sie vollkommen abhängig von ihm. Ihre unternehmerische Freiheit geben Sie dann fast vollkommen auf. Wenn Ihr (Groß)Kunde einen Schnupfen bekommt, liegen Sie mit einer Lungenentzündung im Bett…

Diese Problematik wird besonders bei Zulieferern der Automobilbranche deutlich. Wenn Firmen ausschließlich für eine Automarke produzieren, mag das ja sehr angenehm sein, weil die Aufträge nicht akquiriert werden müssen, sondern automatisch kommen, aber die Abhängigkeit eines Zulieferers von dem Großkonzern kann grausam sein.

Besonders in wirtschaftlich harten Zeiten werden solche Zulieferer manchmal gnadenlos behandelt und die Gewinnmargen schmelzen wie Eis in der Sonne.

Sie tun also sehr gut daran, sich immer genügend verschiedene Kunden zu suchen. So bleiben Sie, was Sie ja wahrscheinlich sein wollten als Sie sich selbständig gemacht haben: frei und unabhängig.

Stammkunden pflegen

Neukunden zu finden gehört zu den schwierigsten Tätigkeiten, die Sie als Chef zu bewältigen haben. Ihre Kunden haben die Auswahl zwischen vielen Anbietern und es erfordert in der Regel einiges an Anstrengung, bis man einen Neukunden für sich gewinnen kann.

Wenn man sich dessen bewusst ist, wird es schnell klar, dass man seine bestehenden Kunden pflegen und ‚umsorgen' sollte, damit diese über einen möglichst langen Zeitraum bleiben. Stammkunden bei der Stange zu halten ist meist wesentlich einfacher, als ständig vorne neue Kunden hinzuzugewinnen, während hinten die bestehenden Kunden wieder wegfallen.

Was können Sie tun, um Stammkunden zu halten? Alles fängt damit an, beim Erstkontakt wirklich nur die Produkte zu verkaufen, die der Kunde braucht. Das hört sich jetzt vielleicht etwas simpel an, aber es ist einleuchtend, dass Ihre Kunden dann sehr zufrieden mit Ihnen sind, wenn Sie bei der ersten Beratung die richtigen Produkte empfohlen haben.

Dann können Sie immer mal wieder eine Kundenumfrage durchführen. Fragen Sie Ihre bestehenden Kunden, wie diese mit Ihrer Dienstleistung oder den von Ihnen empfohlenen Produkten zurechtkommen. Sie erhalten hier sehr wertvolle Informationen.

Fragen Sie Ihre Kunden nach Verbesserungsvorschlägen, nach Ideen und Tipps, wie Sie Ihr Angebot erweitern und ausbauen können. Sie werden keine bessere und günstigere Möglichkeit finden, um Ihr Angebot dem Markt anzupassen. Diejenigen, die am ehesten wissen, was Sie Ihrer Konkurrenz gegenüber unschlagbar macht, sind also Ihre bestehenden Kunden.

Nach einer Umfrage sollten Sie auch den Kunden, die daran teilgenommen haben, wieder irgendeine Form der Rückmeldung geben. Das kann eine Zusammenfassung der Ideen sein, die genannt worden sind oder auch nur ein kleines Dankeschön in Form einer E-Mail oder eines Anrufes. Sie können auch die Dinge, die Ihnen spontan gefallen, einfach sofort umsetzen und den Ideengeber darüber kurz informieren. Jeder Kunde freut sich, wenn er merkt, dass seine Informationen bei Ihnen als Chef angekommen sind.

Bestandskunden freuen sich auch über eine Geburtstagskarte, einen Weihnachts- oder Ostergruß. Es müssen gar nicht immer teure Dinge sein, was zählt ist die Beachtung, die Sie Ihren Kunden schenken.

Auch Werbeprämien für die Empfehlung an einen Neukunden kommen immer klasse an, und da sollten Sie nicht sparen. Wir vom FinanzplanTeam schreiben jedem Kunden 17% von der Erstbestellung einer Empfehlung auf seinem Kundenkonto gut. Sie können aber auch genauso gut Sachprämien ausloben und da vielleicht sogar einen kleinen Werbemittelkatalog zur Verfügung stellen, aus dessen Angebot sich der Kunde etwas aussuchen kann. Suchen Sie einfach fünf bis zehn Werbeprämien aus, die bei Ihren Kunden gut ankommen und testen Sie es einmal. Wenn es nicht klappt, hat es Sie ja nichts gekostet, und wenn es erfolgreich ist, behalten Sie es einfach auch in Zukunft bei.

Zum Schluss noch die wirksamste Art der erfolgreichen Bestandskundenpflege: Bearbeiten Sie alle Anfragen, Wünsche und Bedürfnisse Ihrer Stammkunden sofort und vor allen Neukundenaktivitäten. Jemand, der Ihnen bereits sein Vertrauen geschenkt hat, verdient einfach Ihre volle Aufmerksamkeit.

Noch ein Tipp: Es gibt eine so genannte A-B-C Analyse, mit der Sie Ihre Kunden in verschiedene Gruppen einteilen können. Diese Analyse zeigt Ihnen dann genau, auf welche Ihrer Kunden Sie sich besonders konzentrieren müssen. 💻 Mehr Infos im Internet 💻

Empfehlungen holen

Die wirksamste Art der Neukundengewinnung ist bekanntlich die Mund-zu-Mund-Propaganda. Wenn ein zufriedener Kunde Sie weiterempfiehlt, haben Sie es in aller Regel ganz leicht, den so Empfohlenen für sich als Kunde zu gewinnen.

Überlegen Sie einmal ganz ausführlich, was Sie tun können, um aktiv Empfehlungen zu erhalten. Vielleicht könnten Sie Ihre Kunden beim nächsten Besuch einfach darum bitten, Ihnen jemanden zu nennen, der auch von Ihrer Dienstleistung profitieren kann. Dabei ist natürlich der vorher genannte Werbemittelkatalog sehr hilfreich.

Die meisten Firmen fragen übrigens zu plump nach Empfehlungen. Dafür möchte ich Ihnen gerne ein Beispiel aus der Finanzbranche nennen: Ein Finanzberater, der zum wiederholten Mal bei einem Bestandskunden ist, holt ein Blatt Papier heraus, legt es auf den Tisch und fragt den Kunden, an wen er ihn weiterempfehlen kann.

Der Kunde wird sich jetzt wahrscheinlich denken „Mein Gott, wenn ich jetzt die Adressen meiner Bekannten nenne, könnte ich Ärger bekommen". Also sagt er zu dem Finanzberater, dass ihm so spontan jetzt gerade keiner einfällt und er erst einmal mit seinen Bekannten darüber sprechen möchte…

So geht der Finanzberater also leer aus, denn alles, was jetzt an Argumenten kommen kann, würde zu einer unguten Stimmung führen.

Hätte der Finanzberater sich vorher etwas mehr Gedanken gemacht, wäre es wahrscheinlich besser für ihn ausgegangen. Nehmen wir einmal an, der Kunde hätte einen Computer und der Finanzberater hätte ihm die Finanzplan-Software mit einem Lizenzcode für ein Jahr geschenkt.

Er hätte dem Kunden kurz erklärt, was er wo und wie in den Finanzplan eintragen kann und dass der Finanzplan dem Kunden dabei hilft, in Zukunft einen wesentlich besseren Überblick über seine Finanzen zu haben.

Dann hätte er angemerkt, dass diese Software normalerweise etwas kostet, aber er sich als Finanzberater eine Beraterversion für seine Kunden gekauft hat, die er ganz legal weitergeben darf. Als nächstes sagt er seinem Kunden, dass für diese Finanzplan-Software jedes Jahr ein neuer Lizenzcode notwendig ist, den der Kunde sich immer bei ihm abholen kann. Was wäre dann das Ergebnis des Gespräches?

Nun, der Kunde findet es toll, dass er etwas so Sinnvolles geschenkt bekommen hat. Er denkt wahrscheinlich auch, wer ihm etwas schenkt ist ein guter Mensch... Und er hat etwas, das ihm auf Dauer einen Nutzen verschafft, also nicht nur einen Kugelschreiber oder einen Eiskratzer.

Der Kunde weiß auch, dass er sich einmal pro Jahr wegen des (dann wieder kostenfreien) Lizenzcodes an seinen Berater wenden muss.

Wenn der Finanzberater jetzt nach Empfehlungen fragen möchte, könnte er zum Beispiel fragen: „Wer von Ihren Bekannten hat denn auch einen Computer?" oder „Wer von Ihren Bekannten beschäftigt sich denn auch gerne mit seinen Finanzen, dem könnte ich doch auch eine solche Finanzplan-Software schenken?" oder auch einfach nur „Wem von Ihren Bekannten könnte denn so eine Finanzplan-Software auch gut gefallen?"

Es dürfte jetzt sehr leicht sein, zwei oder drei gute Empfehlungen zu erhalten. Der Kunde ist schließlich in guter Stimmung und etwas Kostenfreies empfiehlt sich ja auch leicht weiter. Zumal er (der Kunde) ja auch heute schon daran denkt, dass es nächstes Jahr wieder gerne den Lizenzcode für sich selber hätte.

Das obige Beispiel kann auf fast jedes Gewerbe übertragen werden. Vielleicht nicht ganz genauso, aber den Ablauf könnten Sie durchaus beibehalten: Zuerst etwas geben, was Ihrem Kunden einen echten Mehrwert und Zusatznutzen verschafft und dann nach Menschen fragen, die so etwas auch gebrauchen können. Dienen kommt eben vor verdienen.

Sie merken, wenn man sich vorher Gedanken macht, was dem Kunden nutzt, ist es gar nicht so schwer, durch seine Bestandskunden auch immer wieder an neue Kunden zu kommen.

Reklamationen bearbeiten

Eines meiner Lieblingsthemen ist die Bearbeitung von Kundenreklamationen. Was den meisten Chefs den Angstschweiß auf die Stirn treibt, können Sie ab sofort zu einem einmaligen Instrument für den Erfolg Ihrer Firma machen: Die Reklamationen Ihrer Kunden.

Reklamationen kommen von alleine, darum brauchen Sie sich also nicht aktiv zu kümmern ;-) Sie haben dadurch einen Kontakt zu Ihrem Kunden, was ja an sich schon positiv ist. Nur wer mit seinen Kunden in Kontakt steht, kann auch neue Dinge an den Mann oder die Frau bringen.

Bearbeiten Sie Reklamationen immer sofort, wenn möglich in Lichtgeschwindigkeit. So signalisieren Sie Ihrem Kunden zunächst einmal etwas sehr Bedeutendes, nämlich: „Sie sind mir wichtig."

Nichts ist unangenehmer, als selbst auf eine Beanstandung hin keine Rückmeldung zu erhalten. Diese Unart, Kunden so zu behandeln kennen Sie bestimmst aus eigener Erfahrung von vielen größeren Firmen und Konzernen.

Also Sie sind schnell, sehr schnell. Sie rufen Ihren Kunden an und fragen, an was es hängt. Was genau geht nicht? Wo funktioniert etwas nicht? Was ist das Problem? Sie erwähnen dabei auch, dass Sie doch sehr schnell zurückgerufen haben, das kommt bei allen Kunden super an!

Jetzt müssen Sie fachlich gut sein und blitzschnell (noch während dem Telefonat) eine Entscheidung treffen: An wem liegt es? Haben Sie es ‚verbockt' – Sind Sie schuld? Oder liegt es am Kunden? Kann er oder sie etwas nicht wie vorgesehen bedienen? Hat er etwas verwechselt? Hat er etwas falsch verstanden oder ausgelegt?

Wenn Sie schuld sind, machen Sie jetzt bitte nicht lange herum. Geben Sie es zu, sagen Sie bis wann Sie sich darum kümmern, eventuell können Sie eine Abhilfe erläutern. Nennen Sie einen Zeitpunkt, bis zu dem es von Ihnen erledigt wird und halten Sie diesen Termin ein.

Nach der Beseitigung des Problems rufen Sie bitte Ihren Kunden nochmals an und erkundigen Sie sich, ob jetzt wieder alles in Ordnung ist. Auch hier können Sie, wenn es reinpasst, nochmals Ihren schnellen Service erwähnen.

Um die Reklamation abzuschließen können Sie sich jetzt noch überlegen, ob dieses Problem auch bei anderen Kunden von Ihnen (oder Ihrer Konkurrenz) auftauchen könnte. So manches Geschäft kam schon deshalb zustande, weil man seinen Kunden auf die Vermeidung eines Problems von sich aus angesprochen hat.

Gehen wir nochmals etwas zurück und spielen den anderen Fall durch, nämlich den, dass Sie gar nicht schuld sind, sondern der Kunde das Problem selbst verursacht hat.

Hier haben Sie natürlich ein Heimspiel. Sagen Sie Ihrem Kunden, was er tun soll oder kann und machen Sie sehr deutlich, dass Sie nicht die Ursache der Angelegenheit sind. Wenn Sie Ihrem Kunden jetzt bei der Beseitigung seines Problems helfen können, ist vielleicht schon wieder ein neuer Auftrag in Sicht...

Die dritte und letzte Möglichkeit besteht darin, dass Sie nicht wissen, ob es Ihre Schuld oder die des Kunden ist. Dann machen Sie folgendes: Vereinbaren Sie mit Ihrem Kunden, dass Sie sich die Sache ansehen, und dass der die Kosten trägt, der das Problem verursacht hat.

Mit Bestandskunden, die Sie schon länger kennen, können Sie das durchaus so vereinbaren. Bei Kunden, die noch nicht so lange bei Ihnen sind, müssen Sie eventuell etwas vorsichtiger sein. Wichtig ist hier wie immer: Sie müssen nachher ehrlich sagen, an wem es gelegen hat.

Ihre Meinung muss also im Extremfall auch von einem Sachverständigen geteilt werden können.

Fazit: Reklamationen sind nicht schlimm, sondern immer eine gute Gelegenheit, Ihr Wissen, Ihr Können und Ihren schnellen Service unter Beweis zu stellen.

Ihre Geschäfts-Strategie

Dieses Kapitel enthält Tipps und Ideen, die sich bei uns sehr bewährt haben. Vielleicht können Sie durch den ein oder anderen Punkt schon eine Verbesserung bei sich erreichen oder es bringt Ihnen etwas mehr Ruhe und Gelassenheit in Ihr aufregendes und interessantes Leben als Chef.

Einfach bleiben

Bleiben Sie einfach einfach. Es gibt heute viel zu viele Dinge, Angebote und Kaufoptionen, die für den Kunden unüberschaubar und zu kompliziert geworden sind.

Denken Sie nur einmal an die verschiedenen Handytarife oder die Tarifgestaltungen beim Internetzugang. Kunden sehnen sich aber in aller Regel danach, ihre Verträge und Angelegenheiten zu verstehen und zu überblicken.

Davon können Sie als Chef profitieren, indem Sie Ihr Angebot einfach, klar und überschaubar halten. Gestalten Sie nicht zu viele Variationen Ihrer Produkte, sondern belassen Sie es lieber bei einem überschaubaren Angebot.

Niemand kann jeden Hasen jagen. Wer alle Hasen fangen will, fängt schließlich keinen. Beherzigen Sie diese alte Regel. Ihre Kunden werden es Ihnen danken.

Sehen Sie sich einmal Ihre Produkte an. Was kann man bei Ihnen alles kaufen? Was bringt Ihnen den meisten Gewinn (nicht den meisten Umsatz!!)?

Fertigen Sie eine Liste all Ihrer Produkte an und schreiben Sie hinter jedes Produkt, wie viel Gewinn Sie in den letzten 12 Monaten damit für Ihre Firma erzielt haben.

Jetzt sehen Sie sehr schnell, auf welche Produkte Sie sich konzentrieren sollten, denn der Markt hat ja dadurch schon entschieden, was er von Ihnen möchte.

Noch einmal, seien Sie sich bitte dessen ganz bewusst, was Sie gerade gelesen haben:

Der Markt hat bereits entschieden, was er von Ihnen gerne angeboten bekommen möchte.

Sich jetzt nicht besonders um diese unumstößliche Marktmeinung Ihrer Kunden und Käufer zu kümmern, wäre taktisch mehr als nur ungeschickt, es wäre absurd.

Der nächste taktische Schritt besteht darin, dass Sie sich ernsthaft überlegen sollten, welche Produkte Sie vollkommen aus Ihrem Sortiment streichen. Das könnten zum Beispiel die 30% Ihrer Produkte sein, die Ihnen am wenigsten Gewinn gebracht haben.

Natürlich wird es den einen oder anderen geben, der diese Produkte dann künftig bei Ihnen vermisst, aber wie schon vorher gesagt: Sie können nicht alle Hasen jagen.

Überlegen Sie auch, was Sie an Aufwand und Mühe einsparen, wenn Sie sich von diesen 30% Ihrer Produkte trennen, an denen Sie sowieso am wenigsten verdient haben.

Investieren Sie einen Teil dieser eingesparten Zeit und Energie in die 30% Ihrer Produkte, die zu den Topsellern bei Ihnen gehören. Was könnten Sie dann mit der freien Energie und Zeit an den 30% Ihrer besten Produkte verbessern?

Normalerweise ist es so, dass eine Konzentration auf die ohnehin schon gut laufenden Angebote und Produkte einen Gewinnschub hervorruft. Und das bei einer gleichzeitigen Ersparnis von Zeit, Ärger, Energieaufwand und Kraft, *wenn Sie bereit sind, Ihre Ladenhüterangebote schlicht zu streichen.*

Ihr Kerngeschäft

Jedes Unternehmen hat ein Kerngeschäft. Das ist Ihr Spezialgebiet als Chef, darin sind Sie wirklich richtig gut. Das beherrschen Sie aus dem ‚Effeff' – darin macht Ihnen keiner etwas vor. Man könnte Sie nachts um 3:30 Uhr wecken, was ja wirklich eine gemeine Zeit ist, und Sie wären in der Lage, selbst im Halbschlaf ganze Vorträge über Themen Ihrer Kernkompetenz zu halten.

Sich auf etwas anderes als auf Ihre Kernkompetenz zu konzentrieren, können und sollten Sie erst dann machen, wenn Sie Zeit, Kraft und Geld im Überfluss haben.

Natürlich können Sie sich auch auf anderen Gebieten als Ihrem ureigenen ausbreiten oder austoben, aber erst dann, wenn Sie es sich leisten können. Am Anfang einer Unternehmensgründung sowie in den ersten Jahren einer Firma ist es zwingend erforderlich, sich auf die Kernbereiche zu konzentrieren.

Verkaufen Sie nur, was Sie verstehen

Geben Sie Geschäfte und Kundenanfragen, die nicht zu Ihrem Kerngeschäft gehören, an Partnerunternehmen oder Freunde ab. Sie brauchen sonst zuviel Zeit, um sich in ein neues Gebiet wegen eines einzigen Auftrages einzuarbeiten.

Suchen Sie sich Firmen und Personen, die diese Aufträge von Ihnen als Empfehlung erhalten. Vereinbaren Sie eine Entgeltregelung. Das kann zum Beispiel ein bestimmter Prozentsatz des Gewinnes sein oder Sie erhalten dann im Gegenzug wiederum Empfehlungen und Aufträge von Ihrem Partner.

Suchen Sie nach strategischen Partnerschaften, von denen beide Parteien profitieren, anstatt Zeit und Energie außerhalb dessen zu investieren, was Sie sowieso nicht ganz verstehen.

Nehmen Sie Kontakt zu den Personen auf, die dafür in Frage kommen, und denen Sie guten Gewissens Aufträge weitergeben können. Versichern Sie sich, dass diese Personen vor allem menschlich zu Ihnen passen.

Es kann sehr hilfreich sein, sich zum Beispiel alle 14 Tage zu einem Stammtisch zu treffen, an dem mehrere Chefs teilnehmen, die sich gegenseitig bei solchen Weiterempfehlungen unterstützen. Ergreifen Sie die Initiative, treten Sie solch einem Zirkel bei oder gründen Sie ganz einfach einen.

Was wird die Folge sein, wenn Sie es wie beschrieben machen?

- Ihr Kunde, den Sie ‚weiterreichen', wird es schätzen, dass Sie ihn nicht als Versuchskaninchen missbrauchen. Er wird es schätzen, dass Sie sich darum gekümmert haben, ihn an einen wirklichen Experten weiter zu empfehlen und er nicht selbst suchen muss.

- Entweder werden Sie für diese Weitervermittlung eine Provision erhalten oder aber einen Ausgleich durch eine gleichwertige Weiterempfehlung Ihres Partners.

- Sie haben also den Kopf frei und können sich weiterhin auf Ihr eigentliches Geschäft konzentrieren.

<u>Keine Einzelgeschäfte</u>

Bei jedem Geschäft und jedem Auftrag, den ich annehme überlege ich mir sehr genau, ob es einmaliges Geschäft ist oder ob sich daraus auch Folgeaufträge ergeben könnten.

Einzelgeschäfte mag ich persönlich nicht sehr. Sie müssen sich auf jeden Kunden neu einstellen und herausbekommen, was ihm wichtig ist. Das erfordert Zeit und Mühe.

Wenn Sie einen Imbissstand haben, wissen Sie mit der Zeit genau, wie Ihr Kunde seine Wurst am liebsten mag. Dadurch schmeckt es Ihrem Kunden und er kommt auch gerne immer wieder bei Ihnen vorbei.

Es ist je nach Branche sehr unterschiedlich, wie man mit Einzelgeschäften umgeht. Aber es ist für Sie als Chef in jedem Fall eine ausführliche Überlegung wert, wie Sie sich generell zu diesen einmaligen Geschäften stellen.

Vielleicht haben Sie ja sogar ein paar Ideen, wie Sie entweder um die Einmalverkäufe umhinkommen oder, das wäre natürlich noch besser, wie Sie aus Einzelgeschäften für sich Folgegeschäfte machen können.

Werbung und Corporate Design

In diesem Kapitel geht es um das große Märchen der Werbung. Als Chef werden Sie von vielen umlagert, die Ihnen ihre Dienste in Sachen Werbung anbieten. Ebenso groß ist die Schar derer, die Ihnen klarmachen möchte, dass nur ein perfektes Äußeres, das so genannte Corporate Design, zu Ihrem Erfolg führen wird.

Lassen Sie sich bitte von beiden Gruppierungen nicht ‚kirre machen'. Folgen Sie Ihrem gesunden Menschenverstand. In diesem Kapitel erfahren Sie also, was bei Werbung wirklich wichtig ist und wie Sie diese bezahlbar gestalten können.

Der für mich wichtigste Punkt ist das Kosten-Nutzen-Verhältnis: Was bringt es mir, wenn ich 5.000 Euro mehr Umsatz durch eine Werbebuchung mache, die mich 1.000 Euro kostet?

Nehmen wir einmal an, dass Sie durch einen Umsatz von 5.000 Euro einen Reingewinn (und nur der zählt) von 25% Prozent haben. Dann haben Sie für 5.000 Euro Leistung erbracht aber netto lediglich 250* Euro verdient.

Folgen Sie daher vor jeder Werbebuchung der nachfolgenden, einfachen Kalkulation auf der nächsten Seite, die uns selbst schon vor vielen unrentablen Werbebuchungen bewahrt hat...

* 25% Gewinn von 5.000 Euro sind 1.250 Euro. Abzüglich der 1.000 Euro Kosten für die Werbebuchung, verbleibt lediglich ein Gewinn von 250 Euro. Die Arbeit musste aber für einen Umsatz von 5.000 Euro erbracht werden.

Wie hoch sind die Gesamtkosten der Werbebuchung?	______________
Wie hoch wird der Mehrumsatz dadurch voraussichtlich sein?	______________
Wie viel Gewinn verbleibt mir dann daraus netto?	______________
Wie viel Geld will die Werbeagentur für diese Werbekampagne?	______________
Das bleibt mir unter dem Strich übrig:	______________

Ich habe die Erfahrung gemacht, dass die einzig sichere Sache bei jeglicher Art von Werbebuchungen die ist, dass die Werbeagentur einem nachher eine Rechnung schickt. Wie hoch der Erfolg einer Werbung ist wissen Sie dagegen immer erst hinterher.

Wir hatten einmal von einem Anbieter für E-Mail Werbung ein Angebot, Werbung für unsere Finanzplan-Software an 60.000 Abonnenten zu versenden. Der Preis dafür hätte 2.340 Euro netto betragen.

Meine Frau und ich fanden es im ersten Augenblick natürlich total verlockend, auf einen Schlag bei 60.000 möglichen Kunden bekannt zu werden. Wir rechneten uns aus, wie viel Softwarebestellungen wir erhalten mussten, um nach der vorne angeführten Kalkulation wenigstens Null auf Null herauszukommen.

Schließlich war uns aber das Risiko zu groß. Wir haben es gelassen. Nur ein paar Monate später ergab sich ein netter Kontakt zu jemand, der selbst einen Newsletter an ca. 60.000 seiner Abonnenten verschickte. Er bot uns ein Geschäft auf Gegenseitigkeit an, das wir dann gerne angenommen haben. Dabei entstand für keine der beiden Firmen ein finanzieller Aufwand.

Aber jetzt halten Sie sich fest, das Resultat dieser Anzeige in einem der größten Newsletter waren lediglich 110 Besucher mehr auf unserer Webseite als sonst. Stellen Sie sich nur vor, wie wir uns geärgert hätten, wenn uns solch eine Anzeige über 2.300 Euro gekostet hätte.

So war uns einfach einmal mehr bewusst, dass Werbung keine Wunder und keine fest kalkulierbaren Resultate hervorbringen kann.

Das mag bei Großkonzernen anders sein, aber bei kleinen Firmen stimmt es allemal.

Für Sie als Chef gilt es daher Möglichkeiten zu finden, um Ihre Werbung so zu gestalten, dass diese mit wenig Geldmittel effektiv ist.

Wenig Geldmittel bedeuten, dass Sie nicht mehr als 5% Ihres bereits erzielten Gewinnes pro Jahr in Werbung investieren. Diese 5% sollen aber die absolute Obergrenze darstellen. Je weniger Sie für Werbung ausgeben, desto höher ist der Firmengewinn, der bei Ihnen verbleibt.

Und noch ein Gedanke zum Thema Werbung. Wenn Ihr Geschäft zufriedenstellend läuft, brauchen Sie gar keine Werbung zu machen. Werbung soll immer nur die Aufträge ankurbeln. Ansonsten hat sie keinen kaufmännischen Nutzen.

Ich selbst habe in über 20 Jahren als Vermögensberater weniger als 5.000 Euro in Werbung investiert, und hatte trotzdem einen Mitarbeiterstamm von ungefähr 50 Vermögensberatern. Es lief einfach gut genug, also hatte ich keinen Anlass, um auch noch zusätzlich Werbung für mein Geschäft zu machen.

Heute als Hersteller von Software sieht das etwas anders aus. Da ist es durchaus nötig, zum Beispiel die Presse auch auf uns aufmerksam zu machen, damit diese über unsere Produkte schreibt.

Sie sehen, es kommt also bei der Frage ‚Ist Werbung notwendig?' sehr auf Ihre Branche und die derzeitige Auftragslage an.

Werbegeschenke

Auch beim Thema Werbung gilt einmal mehr: Ihre bestehenden Kunden sind der beste Werbeträger für Sie. Nutzen Sie die Beziehungen Ihrer bestehenden Kunden. Fragen Sie immer und immer wieder nach Weiterempfehlungen.

Zeigen Sie Ihren Kunden durch sinnvolle Werbegeschenke (wie weiter vorne ausführlich beschrieben) wie wertvoll Ihnen diese Weiterempfehlungen sind.

Ansonsten gilt für Werbegeschenke, dass Sie sich unbedingt von den üblichen Kugelschreibern und Zettelboxen verabschieden müssen. Hier lohnt es sich Zeit zu investieren, um nach Werbegeschenken zu suchen, mit denen Sie sich von Ihrer Konkurrenz abheben.

Sie können aber auch einmal einen Kunden einfach fragen, über welches Werbegeschenk er sich besonders freuen würde. Vielleicht kommen Sie so auf ganz neue und ausgefallene Ideen.

Produktqualität

Entscheidend für eine dauerhaft gute Geschäftsentwicklung ist die Qualität Ihrer Produkte. Egal wie viel Geld Sie in Werbung pumpen, wenn Ihre Produkte nicht gut sind, werden Sie keine Langzeitwirkung am Markt erzielen.

Daher fällt die Weiterentwicklung und Verbesserung Ihrer Produkte und Dienstleistungen ganz klar mit in den Bereich der Werbung. Zumal Sie nach jeder Verbesserung einen echten Grund haben, um Ihre Kunden anzuschreiben und darüber zu informieren.

Kunden lieben es in aller Regel umsorgt und beachtet zu werden. Jetzt kommen Ihnen als Chef wieder die Großkonzerne zu Hilfe. Die tun das nämlich nicht. So wird Ihnen hier eine Spielwiese bereitet, auf der Sie sich wirklich austoben können.

Machen Sie Umfragen bei Ihren Kunden. Stellen Sie fest, was sich Ihre Kunden noch von Ihren Produkten wünschen. Was soll verbessert werden? Was ist schon gut? Was hätten Ihre Kunden gerne zusätzlich?

Dann setzen Sie sich hin und machen die folgenden Dinge:

- Sie bauen die Verbesserungen nach Möglichkeit ein und informieren alle Ihre bestehenden Kunden darüber.

- Sie überprüfen, ob die Eigenschaften Ihres Produktes oder Ihrer Dienstleistung, die Ihren Kunden besonders gut gefällt, auch von Ihnen bei Ihrer Werbung genügend herausgestellt werden.

- Oft sehen Ihre Kunden ein Produkt oder eine Dienstleistung aus einem ganz anderen Blickwinkel als Sie. Uns fasziniert als Softwarehersteller zum Beispiel ganz oft die Technik, die hinter einem Programm steht. Unsere Kunden finden aber vielleicht einfach nur die Farbgestaltung der Software schön.

- Jetzt ist es wichtig zu erkennen, dass Ihre Kunden immer Recht haben und wenn Ihre Kunden eine Eigenschaft an einem Produkt besonders mögen, liegt es doch nahe, dass diese Eigenschaft auch von Ihren künftigen Neukunden geschätzt wird.

- In unserem Beispiel sollten wir also nicht die Technik des Programms in den Vordergrund unserer Werbung und Produktbeschreibung stellen, sondern die gelungene Farbgestaltung.

- Sie nehmen sich die Zeit um herauszufinden, ob Sie die zusätzlichen Wünsche Ihrer Kunden irgendwie kaufmännisch sinnvoll befriedigen können. Dann entwickeln Sie diese Produkte und informieren wieder alle Ihre Kunden in einem Rundschreiben darüber.

<u>Pressearbeit</u>

Beim Thema Pressearbeit ist es von ganz entscheidender Bedeutung, in welchem Gebiet Sie tätig sind. Ist es in einem Umkreis von 30 km um Ihren Firmenstandort oder sind Sie bundesweit tätig?

Ihre Pressearbeit macht naturgemäß nur dann Sinn, wenn Sie Ihren Kundenkreis auch tatsächlich erreicht. Sollten Sie ein Sanitärgeschäft haben, werden Ihnen bundesweite Pressemeldungen nicht viel nützen. Verkaufen Sie dagegen Büromaterial über ein Onlinegeschäft im Internet, bringt Ihnen die Berichterstattung der hiesigen Lokalpresse zu wenig.

Schreiben Sie einfach auf einem Blatt Papier auf, welche Möglichkeiten der Pressearbeit Ihnen gefallen würde. Legen Sie das Blatt so ab, dass Sie es über einen Zeitraum von 3 Monaten automatisch immer wieder einmal in die Hände bekommen, am besten also in Ihre Wiedervorlage.

Ist Ihr Betreib an Ihren Standort und die nähere Umgebung gebunden, könnten Sie den Kontakt zu einem Redakteur Ihrer Tageszeitung suchen. Fragen Sie ihn einmal, unter welchen Umständen er über Sie und Ihre Firma berichten würde.

Zeitungsredakteure interessieren sich für Dinge, die auch für die Allgemeinheit von Interesse sind, für außergewöhnliche Ereignisse wie ein Jubiläum, eine Firmengründung, eine Erweiterung Ihrer Firma etc.

Wenn Sie bundesweit oder zumindest überregional tätig sind, können Sie auch Pressemeldungen herausgeben. Dafür steht Ihnen auf der Chefwebseite eine Liste derjenigen Portale zu Verfügung, die Pressemeldungen kostenfrei veröffentlichen.

Hier noch ein paar Tipps, die Sie bei der Veröffentlichung Ihrer Pressemeldungen berücksichtigen sollten, damit diese auch von den Medien angenommen und veröffentlicht wird.

Checkliste für Ihre Pressemitteilung:

- Haben Sie eine aussagekräftige Überschrift gewählt?
- Ist der Text der Meldung allgemein verständlich?
- Steht das Wichtigste im oberen Drittel?
- Haben Sie ‚Füllwörter' und Floskeln vermieden?
- Beantwortet die Meldung die Fragen nach ‚Wer hat was, wann, wo und warum' zu berichten?
- Stimmt die Länge? Am besten max. 1 DIN A4 Seite
- Haben Sie lobende Worte und Superlative vermieden? Pressemeldungen werden wie Nachrichten auch sehr sachlich formuliert.
- Ist die Rechtschreibung o.k.?
- Sind Absenderangaben und Kontaktdaten vorhanden?
- Ist ein Datum auf der Pressemeldung vorhanden?
- Haben Sie den Text 1 ½-zeilig gesetzt?
- Haben Sie auf der Pressemeldung einen Rand für die Notizen der Journalisten vorgesehen?
- Haben Sie Hervorhebungen durch Unterstreichung, Kursiv- oder Fettdruck unterlassen?
- Haben Sie Ihr Firmenlogo eingefügt?

Anzeigenschaltung

Anzeigen in Zeitungen, den gelben Seiten, im Wochenblatt oder auch dem Internet sind meiner Erfahrung nach keine Umsatzbringer. Wenn Sie gerade nicht wirklich ein ausgesprochenes Schnäppchen oder einen supergünstigen Saisonartikel anzubieten haben, sollten Sie also auch hier die Kosten-Nutzenrechnung der geplanten Anzeige sehr genau ansehen.

Nur deshalb Anzeigen zu schalten, weil das alle anderen auch machen, bringt nichts. Vergewissern Sie sich, ob Sie nach einer Anzeige wirklich mehr Gewinn (nicht Umsatz!) machen. Wenn das nicht der Fall ist, verzichten Sie einfach auf diese Standardwerbeform.

Informationsveranstaltungen

Wir haben immer sehr gute Erfahrungen mit kostenfreien Informationsveranstaltungen gemacht. Diese kosten fast kein Geld und können meist sogar im eigenen Büro durchgeführt werden. Suchen Sie sich ein Thema, das für möglichst viele Menschen interessant ist und bieten Sie einen Fachvortrag dazu an.

Den Vortrag können Sie selbst halten, Sie können aber auch nur der Initiator sein und sich einen Gastsprecher engagieren. In jedem Fall sollten Sie eine Verknüpfung zwischen Ihren Produkten und dem Thema zustande bringen, um so aus den Teilnehmern auch neue Kunden für sich gewinnen zu können.

Solche Vorträge müssen nicht sehr aufwendig geplant werden. Als Dauer der Veranstaltung würde ich zwischen 1 ½ und 2 Stunden inklusive Begrüßung, Kaffeepause und Verabschiedung ansetzen. Machen Sie lieber öfter im Jahr kürzere Vorträge als einmal einen, der sich dann über Stunden hinzieht und die Zuhörer ‚erschlägt'. Erschöpfen sollen Sie nur das Thema, nicht Ihre Gäste.

Newsletter herausgeben

Eine feine und auch sehr preisgünstige Art der Werbung können Sie nutzen, indem Sie einen eigenen Newsletter für Ihre Kunden herausgeben, den Sie zum Beispiel einmal pro Monat per E-Mail versenden.

Fragen Sie Ihre Kunden einfach, ob Sie Ihnen ab und zu Informationen und Neuerungen per E-Mail senden dürfen. Sammeln Sie dann möglichst viele E-Mailadressen von Ihren Kunden und Interessenten. Wichtig ist nur, dass Sie auch die Erlaubnis haben, den Abonnenten anschreiben zu dürfen, weil es sonst als so genannte Spam gelten könnte.

Sollten Sie bereits eine eigene Webseite haben, können Sie dort auch An-, Ab- und Ummeldeformulare anbieten, so dass sich Ihre Kunden sehr komfortabel selbst ein- und austragen können. Ich halte Newsletter vor allem auch deshalb für interessant, weil sich ein möglicher Neukunde so erst einmal eine Weile ein Bild von Ihnen machen kann.

Er kann Sie und Ihr Unternehmen also erst einmal kennen lernen, bevor er Kunde wird. Wenn Sie also Dienstleistungen oder Produkte anbieten, die selten spontan gekauft werden, ist ein Newsletter eine durchaus geeignete Strategie, um Vertrauen aufzubauen. 💻 Mehr Infos im Internet 💻

Newslettertauschanzeigen

Ebenfalls eine kostenfreie Art der Werbung kann ein gegenseitiger Anzeigentausch im Newsletter sein. Sie stellen in Ihrem Newsletter die Firma xyz vor und diese erwähnt Sie dafür in einer Anzeige in deren Newsletter.

Da hier beide Firmen Vorteile haben, wird in der Regel auf eine Geldzahlung verzichtet. Eine Ausnahme wird normalerweise dann vereinbart, wenn die Abonnentenzahlen stark unterschiedlich sind. Hier kann dann entweder der kleinere Newsletter den Partner öfter erwähnen oder es erfolgt eine Ausgleichszahlung.

Sehr kritisch sollten Sie aber stets auf Angebote von Firmen reagieren, die Ihre Anzeige im Internet oder in anderen Newslettern vermarkten wollen. Hier wird üblicherweise von einem so genannten TKP – einem Tausender Kontakt Preis – gesprochen. Diese beträgt nicht selten bis zu 39 Euro, so dass Sie, um 10.000 Abonnenten anzuschreiben, von denen Sie nur hoffen können, dass diese auch wirklich zu Ihrer Zielgruppe gehören, bereits 390 Euro ausgeben müssten.

Wenn Sie jetzt von einer realistischen Quote von 0,5% ausgehen, die auf Grund einer solchen Anzeige hin Ihre Webseite besuchen, dann erhalten Sie 50 Besucher. Und wie viele davon etwas kaufen, wissen Sie ja bereits selbst, wenn Sie einen Besucherzähler auf Ihrer Webseite installiert haben.

Aber: Es gibt auch Newsletter, in denen sich eine Anzeigenbuchung durchaus auszahlen kann. Achten Sie auf die Seriosität des Anbieters und vor allem darauf, dass die Newsletter Abonnenten auch Ihre Zielgruppe sind.

Fazit: Von einem kostenfreien Anzeigentausch kann jeder nur profitieren. Kommerzielle Angebote in diesem Bereich sollten Sie mit dem ganz spitzen Bleistift durchrechnen.

Links auf Ihrer Webseite

Eine weitere kostenfreie Möglichkeit, zu mehr Besuchern und damit zu eventuellen Neukunden zu gelangen, sind Links auf Ihrer Webseite, die Sie mit anderen tauschen.

Dabei geht man üblicherweise davon aus, dass beide Seiten ähnlich viele Besucher haben und man setzt auf seiner Webseite einen Link zu der des Partners. Ihr Linktauschpartner macht das Gleiche auf seiner Webseite. So haben die Besucher beider Seiten die Möglichkeit, sich auch die jeweilige Partnerseite anzusehen.

Man sollte sich davon allerdings nicht zu viele Besucher erwarten. Es erfordert schon eine Menge Geduld und Zeitaufwand, um die richtigen Partnerwebseiten zu finden, die einen dann auch noch verlinken möchten.

Um eine Zahl zu nennen: Es gibt ungefähr 500 Webseiten, die einen Link zu unserer Webseite http://www.mein-finanzbrief.de gesetzt haben. Ich würde schätzen, dass durch alle Partnerlinks zusammen, in etwa 100-200 Besucher pro Tag zu unserer Webseite finden.

Sie sehen also, die Bäume schießen auch hier nicht in den Himmel. Aber es funktioniert und bringt einen dauerhaften und vor allem kontinuierlichen Besucherzuwachs.

Am meisten Klicks auf Ihre Webseite erzielen Sie übrigens dadurch, dass Sie in Suchmaschinen gut platziert sind. Von einer wirklich guten Platzierung spricht man, wenn Sie unter den ersten 10 Treffern zu finden sind, sobald man nach den Schlüsselwörtern sucht, über die Sie gerne gefunden werden möchten.

Das ist, wie schon weiter vorne erwähnt, eine eigene Wissenschaft (das so genannte Search Engine Optimization).

Online Workshops halten

Es gibt auch immer mehr Anbieter von Online-Seminaren oder Online-Workshops. Dabei werden Seminare über das Internet in virtuellen Klassenräumen angeboten. Die Auswahl ist riesig, die Vorteile liegen auf der Hand: Seminare besuchen ohne Stau, ohne Benzin- und Hotelkosten, keine Hektik, kein Termindruck! Ich denke, die Online-Workshop-Welt hat eine große Zukunft.

Seminare gibt es zu fast jedem Themenbereich. Sie könnten sich ja einmal überlegen, ob Sie in Ihrem Spezialgebiet als Seminarleiter tätig sein möchten.

Ihr Verdienst als Online-Seminarleiter ist abhängig von der Teilnehmerzahl des Seminars. In jedem Fall können Sie sich bekannter machen, um sich so einen Ruf als Experte zu schaffen. 🖳
Mehr Infos im Internet 🖳

Briefpapier

Ihr Briefpapier sollte wie Ihre Visitenkarte, Ihr Firmenschild und Ihre Webseite das gleiche Logo und die gleichen Schriftarten und Farben enthalten.

Das gilt natürlich auch für Ihre Werbegeschenke, Ihre Anzeigen, Ihre Aufkleber, kurz für alles, was von Ihnen nach außen hin sichtbar ist. Man versucht damit, ein nach außen hin einheitliches Bild abzuliefern. In Neudeutsch spricht man dann von Corporate Design.

In der Praxis ist es selten so, dass einem bei Firmengründung bereits ein Grafiker zur Seite steht, der alles aus einem Guss und für ein paar Euro macht. Die Jungs und Mädels kosten ganz schön viel Geld. Deshalb legt man meist selbst los und gestaltet sich ein Briefpapier und Visitenkarten. Vielleicht hat man noch gar kein Logo, an eine Webseite ist auch noch nicht zu denken…

In diesem Fall kann ich Sie beruhigen. Ein einheitliches Bild nach außen ist eine tolle Sache, aber es ist nicht entscheidend für Ihren Erfolg.

Wer etwas anderes behauptet, arbeitet wahrscheinlich in einer Druckerei oder ist selbst in der Grafikbranche tätig. Entscheidend für Ihren Erfolg sind am Anfang einzig und allein Ihr persönlicher Einsatz, Ihre Produkte, sowie Ihre Art, sich um Ihre Kunden zu bemühen.

Konzentrieren Sie sich also bitte so lange auf diese Grundtugenden, bis Sie genügend Spielraum haben, um sich mit dem ‚Hübschmachen' Ihrer Firma zu beschäftigen. Denken Sie auch immer daran, dass es viele erfolgreiche Unternehmer gab und gibt, die gar keine Ahnung von Corporate hatten und haben und trotzdem ein gutes Auskommen erzielen.

Wenn Sie sich aber eines Tages dazu entschließen, alles aus einem Guss anfertigen zu lassen, dann soll Ihnen die folgende Aufstellung eine kleine Hilfe sein:

a) Was soll alles erstellt und angepasst werden?

- Briefpapier
- Visitenkarten
- Schreibblöcke?
- Notizzettel?
- Webseite
- Firmenschild
- Aufkleber für Kunden?
- Aufkleber für Ihre Autos?
- Werbegeschenke?
- Anzeigen?

b) Welche Grundfarben möchten Sie verwenden?

Machen Sie es nach Möglichkeit nicht zu bunt (außer Sie sind Chef von einem Zirkus oder einer Clowntruppe) und achten Sie darauf, dass alles auch dann noch gut aussieht, wenn Sie es einmal in schwarz/weiss ausdrucken. So sind Sie nicht immer zu einem (teuren) Farbdruck gezwungen, wenn Sie beispielsweise eine Zeitungsanzeige aufgeben.

c) Brauchen Sie ein Firmenlogo, oder möchten Sie eines? Dann gelten die Regeln von b) analog.

d) Lassen Sie sich von einem Grafiker beraten, aber entscheiden Sie selbst. Sie sind der Chef, es ist Ihre Firma. Ihr Auftritt muss zu Ihnen passen und er muss Ihnen gefallen.

Visitenkarten

Eine Erfahrung, die ich oft gemacht habe ist, dass die schönsten Visitenkarten nichts nützen, wenn Sie nicht stets welche bei sich haben.

Machen Sie es sich deshalb zur festen Angewohnheit, immer ein paar Visitenkarten mit sich herumzutragen. Sie wissen nie, wann Sie jemanden treffen, dem Sie gerne eine Karte von sich geben möchten. Legen Sie sich auch einen kleinen Vorrat in Ihr Auto und an andere strategisch wichtige Stellen.

Vielleicht gefällt Ihnen auch die Idee, den Platz auf der Rückseite Ihrer Visitenkarten zu nutzen. Hier könnten Sie zum Beispiel Terminvereinbarungen aufdrucken, wie Sie dies von Ärzten her kennen oder Sie drucken die Anfahrtsbeschreibung zu Ihrem Büro mit auf.

Sie können auch ganz einfach die Kernbotschaft Ihrer Firma aufdrucken und so den oft verschenkten Platz der Rückseite nutzen.

Firmenschild

Bringen Sie Ihr Firmenschild so an, dass es möglichst gut erkennbar ist. Wählen Sie eine Größe, die nicht übertreibt, aber dennoch gut lesbar bleibt.

Im Allgemeinen hat es sich bewährt, Firmenschilder eher schlicht zu gestalten. Werbung hat hier nichts zu suchen. Geben Sie dafür besser Ihre Öffnungszeiten und die Telefonnummer an, unter der Sie erreichbar sind.

Wählen Sie unbedingt ein abrieb- und wetterfestes Material. Tauschen Sie Ihr Firmenschild umgehend aus, wenn es unansehnlich geworden ist. Es ist im wahrsten Sinne des Wortes ‚Ihr Aushängeschild'. Im Internet gibt es übrigens auch sehr günstige Anbieter, die ein Firmenschild für wenige Euros herstellen und versenden.

Besser als die Konkurrenz

Manche Chefs haben geradezu Panik vor Mitbewerbern, andere wiederum leugnen standhaft, dass es überhaupt Konkurrenz zur eigenen Firma gibt...

Auch hier macht es die Mischung. Eine gesunde Einstellung zu Ihren Mitbewerbern ist entscheidend, damit Sie sich langfristig am Markt behaupten können.

Mit Sicherheit gibt es Dinge, die bei Ihrer Konkurrenz besser sind, als bei Ihnen. Sonst hätten Sie ja alle Kunden und Ihre Mitbewerber keinen einzigen :-)

Finden Sie also heraus, was Ihre Mitbewerber auszeichnet. Was machen die besonders gut? Warum kaufen die Kunden bei der Konkurrenz anstatt bei Ihnen? Fragen Sie ruhig auch einmal ein paar Interessenten von Ihnen, die Sie nicht überzeugen konnten.

Lernen Sie Ihre Konkurrenz genauestens kennen. Niemand darf besser über Ihre Mitanbieter informiert sein, als Sie.

Lernen Sie dazu, entwickeln Sie sich und Ihre Produkte und Dienstleistungen weiter. Übernehmen Sie nach Möglichkeit die Dinge, die Ihre Mitbewerber besonders auszeichnen. Es gibt keinen Grund, Ihre Angebote so zu lassen wie sie sind, wenn Sie eine Verbesserung verwirklichen können.

Die Produkte und die Qualität sind der entscheidende Faktor auf Ihrem Weg zum Erfolg. Es lohnt sich, täglich daran zu arbeiten. Notieren Sie daher ständig wertfrei alle Ideen, die Ihnen einfallen, und überlegen Sie sich einmal pro Monat, was Sie von dieser Liste umsetzen wollen und können.

So gewinnen Sie ein fundiertes Selbstbewusstsein, das sich aus der genauen Kenntnis des Marktes auf ganz natürliche Weise ergibt. Ihre Kunden werden Ihren Sachverstand zu schätzen wissen. Je genauer Sie also Ihre Konkurrenz kennen, desto weniger Angst brauchen Sie vor ihr zu haben.

<u>Bringen Sie sich in eine gute Ausgangsposition</u>

Viele Selbständige kämpfen ständig in Rückenlage, weil Sie es nicht verstehen, sich in eine gute Ausgangsposition zu bringen. Was meine ich damit?

Lassen Sie es mich an einem Beispiel beschreiben, das mir bei einer meiner Fortbildungen bei der örtlichen IHK bewusst geworden ist. In den Pausen steht den Schulungsteilnehmern eine große Aula zur Verfügung, in der auch einige Getränkeautomaten stehen.

Ein Kaffeeautomat befüllt diese kleinen, braunen Plastikbecher. Gleich nebenan steht ein weiterer Automat in den man diese Plastikbecher wieder zurückgeben soll, wenn sie leer sind.

Als ich das zum ersten Mal sah, dachte ich mir, das ist ja eine gute Idee, denn so können die leeren Becher gesammelt und gezielt entsorgt werden. Mein nächster Gedanke war dann aber: „Ob das wohl funktioniert? Wer bringt schon freiwillig seinen leeren Becher zum Recyceln zurück?“

Als ich meinen ersten Kaffee herausließ, staunte ich nicht schlecht. Auf dem Display stand: „Der Kaffe kostet 70 Cent und der Becher

RTA

CONDITIONS OF USE:

May only be used by passenger to whom issued
*Exceptions may apply

Void if laminated, mutilated or altered. Misuse may result in confiscation. No refunds or replacements given. Reproduction of this pass is illegal.

In the event of a malfunction, pay fare, and note

- Date and time
- Bus route and direction
- Bus number

Transfer valid only

- On other bus routes
- Within 2 hours of issue (time of issue shown)

Contact:
New Orleans Regional Transit Authority
2817 Canal Street
New Orleans, LA 70119
504.248.3900

Keep Dry. Do Not Fold.

weitere 10 Cent Pfand." Dieses Pfand erhält man zurück, wenn man seinen leeren Becher in den dafür vorgesehenen Automaten zurückbringt.

Und es funktionierte. Zwar fand sich in den umstehenden Papierkörben immer noch der eine oder andere leere Becher wieder, aber die überwiegende Zahl der Kursteilnehmer brachte ihre Becher wieder zurück, um die 10 Cent an Pfand ausbezahlt zu bekommen.

Stellen Sie sich vor, der Kaffee würde ohne Pfand ausgeschenkt werden. Auf dem Display würde dann stehen: „Bitte bringen Sie Ihre Becher in den dafür vorgesehenen Automaten zurück – so helfen Sie uns, die Umwelt zu schonen." Was würde wohl passieren?

Wahrscheinlich würden die Papierkörbe vor lauter Plastikbechern überquellen. Kein Mensch würde sich darum bemühen die Becher wieder zurückzugeben.

Sich in eine günstige Position zu bringen ist also sehr dazu geeignet, sich Ärger zu ersparen und seine Kunden in eine gewünschte Richtung zu lenken. Im Grunde genommen ist es das Gleiche wie bei der Kindererziehung auch. Wenn Sie wollen, dass Ihr Sprössling sein Zimmer aufräumt, sagen Sie ja auch: „Wenn Du aufgeräumt hast, kannst Du ins Kino."

So sind Sie in der günstigen Position, dass zuerst das Zimmer aufgeräumt wird. Würden Sie sagen: „Klar kannst Du ins Kino gehen, aber denke daran, danach noch dein Zimmer aufzuräumen", dann würden Sie zwar sämtliche Eide geschworen bekommen, dass das Zimmer aufgeräumt wird, aber Sie müssten schon sehr vernünftige Kinder haben, damit so etwas funktioniert.

Wo Menschen sind menschelt es halt, und allzu oft haben wir alle die Tendenz, den leichteren Weg zu gehen. Jemand hat einmal gesagt, dass die überwiegende Zahl der Menschen einfach nur Lust sucht und Schmerz vermeiden will. Das führt dann– auf Dauer gesehen – zu unvernünftigen Entscheidungen im Leben.

Ihre Aufgabe als Chef besteht jetzt nicht darin, die Menschheit zu ändern, sondern darin, sich in eine günstige Position zu manövrieren. Eine günstige Position haben Sie immer dann, wenn Sie durch Nachlässigkeiten und Versäumnisse Ihrer Mitmenschen und Kunden nicht geschädigt werden, sondern davon sogar noch profitieren.

Damit Sie mich richtig verstehen: Ich möchte nicht, dass Sie versuchen, möglichst viel auf Kosten anderer zu profitieren. Aber ich möchte, dass Sie nicht in Mitleidenschaft gezogen werden, wenn Zusagen, Versprechen, Zahlungs- oder Lieferfristen Ihnen gegenüber nicht eingehalten werden.

Ich finde, dass derjenige, der eine Vereinbarung nicht einhält, das Problem auf seiner Seite haben sollte, nicht Sie als Chef. Leider wird die allgemeine Moral im Geschäftsleben nicht besser, sondern nimmt eher laufend ab.

Deshalb muss man sich heutzutage immer und immer wieder überlegen, wie man sich seinen Kunden und Lieferanten gegenüber in eine komfortable Position bringen kann.

Überlegen wir also einmal, was Sie alles tun könnten…

Vorkasse wie bei eBay

Es wird zwar überall geraten, keine Vorkasse zu leisten, aber Millionen von ‚eBayern' scheint das überhaupt nicht zu stören. Im Gegenteil, es gibt sogar nur ganz wenige Auktionen, die nicht per Vorkasse abgewickelt werden.

Könnten Sie so etwas auch mit Ihren Kunden umsetzen? Wahrscheinlich werden Sie jetzt Stein und Bein schwören, dass so etwas bei Ihnen nicht geht. Lassen Sie mich Ihnen etwas aus meiner eigenen Firma berichten:

Als wir im Jahr 2004 eine neue Softwarefirma gründeten, wollten wir vor allem eine schlanke Verwaltung, die effektiv und zugleich kostengünstig arbeiten konnte. Uns war klar, dass das Mahnwesen und der damit verbundene Aufwand und Ärger zu den Dingen gehörte, die wir nach Möglichkeit gänzlich vermeiden wollten. Kunden, die zwar beliefert wurden, aber dann nicht bezahlen, zählen wohl zu dem, was einen Chef am meisten ärgert. Also gab ich gleich bei der Gründung der neuen Firma die Richtlinie heraus: Wir liefern nur nach bezahlter Rechnung.

Damals hielten mich viele für verrückt. Welcher Kunde kauft dann bei denen noch ein? Die werden nie gute Geschäfte machen. Alle wollen zuerst die Ware, dann gibt es Geld.

Solche und ähnliche Aussagen wurden mir und meinem Vorsatz entgegengehalten. Aber ich blieb dabei und wir haben in unserem Internet FinanzplanShop von vornherein stets nur nach Ausgleich der Rechnung geliefert.

Der Ablauf einer Bestellung funktioniert bei uns wie folgt:

1. Der Kunde gibt eine Bestellung im FinanzplanShop auf.
2. Er erhält eine Rechnung für seine Buchhaltung.
3. Er hat ein Zahlungsziel von 14 Tagen.
4. Taggleich mit dem Eingang des Rechnungsbetrages wird die Ware oder Software dann an ihn versandt.

Heute, nachdem der Shop bereits 2 ½ Jahre online ist, haben wir eine Bestell-Bezahl-Quote von fast 97% erreicht. Das bedeutet, dass 97% aller Kunden, die seit Gründung der Firma etwas bei uns bestellt haben, Ihre Rechnungen nach dem oben geschilderten Ablauf bezahlt haben.

Natürlich hat es, vor allem am Anfang, einiges an Überzeugungsarbeit gekostet, aber mittlerweile hat es sich etabliert. Es ist allen klar, dass man bei uns eben nur so bestellen kann.

Wahrscheinlich lässt sich so ein Vorgehen nicht 1:1 auf Ihre Firma übertragen. Aber es lohnt sich auch für Sie, darüber nachzudenken, wie Sie solch einen Bestellvorgang (zumindest teilweise) bei sich einführen und nutzen können.

Manchmal muss man sich ganz einfach nur trauen, um die alten Rillen zu verlassen. Wenn Sie eine neue Idee haben, braucht es nicht mehr beim Alten bleiben, nur weil das schon immer so gemacht wurde.

Teil- und Anzahlungen vereinbaren

Ein anderes Beispiel kommt ebenfalls aus der Computerbranche. Es betrifft die Zahlungsvereinbarungen bei der Erstellung von individueller Software, also bei Programmen die nur auf einen speziellen Kunden zugeschnitten sind.

Hier muss der Programmierer oft wochenlange Arbeit investieren, bevor er das Programm ausliefern kann. Dann wird es vom Kunden getestet und meist müssen nach dieser Testzeit noch weitere Anpassungen vorgenommen werden. Erst danach stellen viele Softwarefirmen ihre Rechnung und hoffen auf eine zügige Bezahlung.

Ein uns bekanntes Unternehmen macht es anders, es vereinbart bei Auftragserteilung folgende Zahlungsabwicklung:

1. Bei Auftragserteilung sind 30% des Rechnungsbetrages fällig.
2. Nach Auslieferung der Software sind weitere 40% des Rechnungsbetrages fällig.
3. Die restlichen 30% werden nach der Abnahme durch den Kunden bezahlt.

Das hat den riesigen Vorteil, dass der Programmierer nicht völlig in der Luft hängt und zumindest seine Grundkosten verdient, wenn er einen Auftrag angenommen hat.

Können Sie daraus etwas für Ihre Firma machen? Vielleicht können Sie etwas Ähnliches mit Ihren Kunden vereinbaren? Ich meine, dass zum Beispiel im Handwerk zumindest die Materialkosten vom Kunden vorab bezahlt werden müssten.

Sie können im Gegenzug ja sehr günstige Preise anbieten. Sie sollten nur wirklich darauf achten, dass Sie das Zahlungsrisiko nicht alleine tragen. Ihr Kunde und Sie sind Partner, da muss jeder seinen Risikobeitrag leisten.

Was man von Versicherungen lernen kann

Was mich bei Versicherungen schon immer beeindruckt hat ist die Tatsache, dass diese Verträge stets mit einer festen Laufzeit und einer Kündigungsfrist abschließen, die vom Kunden eingehalten werden müssen damit sich der Vertrag nicht automatisch weiter verlängert.

Es ist heute bei allen Versicherungen üblich, dass zum Beispiel eine Haftpflichtversicherung mit einer Laufzeit von 3 Jahren abgeschlossen wird. Kündigt der Kunde nicht spätestens 3 Monate vor Ablauf, dann verlängert sich der Vertrag um ein weiteres Jahr.

Damit bringen sich die Versicherungen wirklich in eine komfortable Position. Der Kunde muss nämlich darauf achten, die Frist einzuhalten, wenn er kündigen oder den Anbieter wechseln möchte. Es könnte ja auch so formuliert sein, dass der Vertrag automatisch endet. Die Versicherung verschickt 3 Monate vor Ablauf ein Verlängerungsangebot an den Kunden, das dieser dann annehmen oder ablehnen kann.

Aber so wird es eben nicht gemacht. Ich bin fest davon überzeugt, dass schon viele hunderttausende von Verträgen nur deshalb weitergelaufen sind, weil nicht rechtzeitig vom Kunden gekündigt wurde.

Können Sie dieses Prinzip für Ihre Firma anwenden? Wenn Sie laufende Dienstleistungen, wie Beratungs- oder Wartungsverträge anbieten, dann bestimmt. Wenn Sie etwas anderes anbieten, sollten Sie prüfen, ob so eine Art von Abo nicht auch in Ihrem Unternehmen eingesetzt werden kann. Wir bieten unsere Softwarenutzungsverträge zum Beispiel so an, dass der Kunde einen Rabatt von 30% auf alle Updates erhält, wenn sich sein Lizenzvertrag in ungekündigtem Zustand befindet. Da die meisten unserer Kunden alle Updates haben wollen, ist der Prozentsatz derer, die dieses Abo für sich nutzen, entsprechend hoch.

Wieder profitieren beide Seiten davon. Der Kunde spart sich immerhin 30% seiner Softwarekosten und wir haben eine planbare Größe an Einnahmen, die zumindest immer für die nächsten 12

Monate gesichert ist. Ich finde, das ist eine WinWin-Situation wie sie im Bilderbuch steht.

Ach ja, und die Kunden von uns, die kein Abo wollen, können die Software natürlich genauso einsetzen, sie bezahlen dann eben den vollen Preis, wenn sie ihre Programme updaten.

Schriftliche Absprachen

Ein Punkt, den ich Ihnen ganz besonders ans Herz legen möchte, ist die Schriftlichkeit von Absprachen. Gewöhnen Sie sich bitte unbedingt an, Ihre getroffenen Vereinbarungen und Absprachen nach oder noch während dem Gespräch kurz schriftlich festzuhalten. Sorgen Sie dafür, dass beide Vertragsparteien das Protokoll unterzeichnen.

Im Geschäftsleben wird so viel besprochen, das nachher missverstanden wird. Ob nun bewusst oder unbewusst, viele Menschen können sich an getroffene Absprachen schon nach wenigen Tagen nicht mehr in vollem Umfang erinnern.

Meist geraten zumindest die Stellen der Vereinbarung in Vergessenheit, die einem selbst Nachteile einbringen würden. „Ja, so habe ich das ja nicht gemeint", oder „Also daran kann ich mich nicht mehr entsinnen". Solche Äußerungen Ihrer Geschäftpartner gehören ein für allemal der Vergangenheit an, wenn Sie sich angewöhnen, jede Absprache kurz schriftlich zu fixieren und von beiden unterzeichnen zu lassen.

Sie werden sich am Anfang vielleicht wundern, wie groß der Unterschied ist, ob jemand Ihnen etwas mündlich zusagt oder ob er es unterschreiben soll. Da liegen öfter wahre Welten dazwischen. Also verschaffen Sie sich eine gute Ausgangsposition und vereinbaren Sie alle Geschäftskontrakte nur noch schriftlich.

Ich hatte vor kurzem ein Gespräch mit einer der größten Investmentgesellschaften in Deutschland. Der zuständige Berater machte mir am Telefon die allergrößten Zusagen und sehr weit reichende Versprechungen. Ich war beeindruckt von seinem Entgegenkommen mir gegenüber. Na ja, zumindest bis zu dem

Punkt, an dem ich ihn darum bat, dass er mir seine Zusagen kurz schriftlich zukommen lässt.

Da war plötzlich alles ganz anders. Das Schreiben, das ich erhielt war die Tinte nicht wert, mit der es geschrieben war. Es war schlicht nichts von dem enthalten, was mir am Telefon mündlich bereits zugesagt wurde.

Was dann auf meine Nachfrage hin gesagt wurde, war ein Sammelsurium von Ausreden und Halbwahrheiten. Fakt war aber, dass ich sehr froh war, dieses für mich damals sehr wichtige Geschäft nicht aufgrund der mündlich erhaltenen Zusagen abgeschlossen zu haben. Ich hätte wohl viel Geld dabei verloren.

Kurz und gut, alles was jemand Ihnen gegenüber verspricht und auch einhalten will, kann er Ihnen schriftlich geben. Alles was Sie nicht schriftlich haben, sollten Sie als das sehen was es ist, als pure Absichtserklärung, die keinerlei Wert für Sie darstellt.

Und noch ein Letztes: Oftmals wird damit argumentiert, dass man unter Freunden keine Verträge zu schließen braucht. Hier würde das gegebene Wort gelten.

Überlegen Sie genau, mit wem Sie so Geschäfte machen können. Ich meine, dass es auch unter ‚Freunden' möglich sein muss, die Schriftform zu wählen. Denn hier steht nicht nur ein Auftrag, sondern eine Freundschaft auf dem Spiel. Da tut es doch besonders gut, die gute Beziehung zu schützen, indem Sie einen kurzen Vertrag aufsetzen – oder nicht?

Auftragsbestätigungen

Eine weitere Hilfe, um bei Aufträgen Klarheit zu schaffen, sind so genannte Auftragsbestätigungen. Sie finden dazu ein Muster auf der Chefwebseite 💻 Mehr Infos im Internet 💻

Auftragsbestätigungen sind rechtlich wichtig und sichern Sie zudem vor mündlichen Missverständnissen ab. Wenn Sie Ihrem Kunden eine schriftliche Auftragsbestätigung senden, ist diese bei späteren Unstimmigkeiten bindend.

Gut formuliert, ist die Auftragsbestätigung für Sie eine Absicherung und vermittelt dem Kunden das Gefühl, genau den richtigen Vertragspartner ausgewählt zu haben.

Ihr Kunde ist beruhigt. Sie haben den Auftrag richtig vermerkt, und der Preis ist genau wie vereinbart aufgeführt. Er erkennt auf Grund Ihrer schnellen Antwort (am besten noch am gleichen Tag des Auftrageingangs), wie zuverlässig Sie sind. Er merkt, dass er es mit einem freundlichen, angenehmen Vertragspartner zu tun hat. Schließlich können Sie ihm einen Anreiz für Folgeaufträge geben, indem Sie ihn über passende Angebote informieren, die ebenfalls für ihn infrage kommen könnten.

Was gehört also in eine gute Auftragsbestätigung hinein?

1. Ein freundlicher Dank für den Auftrag: "Schön, dass Sie unser Angebot überzeugt hat!" Oder: „Wir freuen uns über Ihre Bestellung."

2. Genaue Beschreibung des Auftrags und des vereinbarten Preises.

3. Verweis auf Ihre Allgemeinen Geschäftsbedingungen.

4. Organisatorische Hinweise zur Lieferung oder Dienstleistung: Sagen Sie Ihrem Kunden, was ihn erwartet und/oder wo sich etwas verzögert.

5. Name und Durchwahl eines Ansprechpartners für seine eventuellen Rückfragen.

6. Bestätigung, dass Ihr Kunde die richtige Entscheidung getroffen hat: "Sie dürfen mit Recht eine zuverlässige und pünktliche Lieferung von uns erwarten."

7. Werbewirksames PS: "Unseren Firmenprospekt lege ich bei. Können wir noch etwas für Sie tun? Dann geben Sie uns bitte einfach kurz Bescheid"

8. Bitte um Bestätigung.

Die Finanzen des Chefs

Wer heutzutage gut mit seinem Geld auskommen möchte, der muss sich schon so einiges einfallen lassen, und vieles richtig machen.

Wer gesund sein möchte, muss sich um seine Gesundheit kümmern. Wer gerne gute Beziehungen im Leben haben möchte, muss sich um die Menschen kümmern, die ihm/ihr am Herzen liegen. Wer sich seine finanziellen Ziele erfüllen möchte, kommt nicht umhin, sich um sein Geld zu kümmern...

Sie kennen den Spruch von uns ja vielleicht bereits: „Wer sich um sein Geld kümmert hat auch welches."

Vielleicht haben wir nicht immer genau so viel, wie wir uns wünschen (wenn das überhaupt möglich ist, da die Zahl der Wünsche ja meist laufend zunimmt), aber sicher ist: Wer seine Finanzen schleifen lässt, sie nicht bewusst plant und lenkt, landet irgendwo, nur nicht da, wo er hin möchte.

Sich eigene Ziele setzen

Sich eigene Ziele zu setzen ist ein wertvoller Prozess. Das gilt ganz allgemein im Leben und eben auch bei Geld. Bestimmt kennen Sie auch den Satz: Wer nicht weiß, wohin er will, dem ist kein Wind recht. (Wilhelm von Oranien).

Machen Sie sich immer wieder aufs Neue bewusst, was Ihnen wirklich wichtig ist. Was möchten Sie erreichen? Was möchten Sie gerne in Ihrem Leben verwirklichen? Was ist Ihnen wertvoll?

Sie sollten das schriftlich tun. Dazu finden Sie weiter hinten einen Fragebogen.

Veranstalten Sie doch einfach einmal ein Wunschkonzert. Das kostet Sie keinen Cent und lenkt die Gedanken ganz automatisch in die richtige Richtung. Also, was ist Ihnen wichtig? Was motiviert Sie ganz persönlich?

Genügend Kapital für Autos, Urlaubsreisen und Hobbys zu haben?

Gut zu leben können und abgesichert zu sein, in guten und in schlechten Zeiten?

Eigene vier Wände zu erwerben und mietfrei zu wohnen? Einen gesicherten Ruhestand genießen zu können und den Kindern eine gute Ausbildung zu ermöglichen?

Was auch immer Ihre Ziele sind: Lassen Sie sich diese nicht von anderen Menschen in Ihrer Umgebung zerreden oder kaputtmachen. Unser Tipp: Behalten Sie Ihre Ziele einfach für sich, bzw. wählen Sie die Menschen, denen Sie davon erzählen sorgfältig aus!

<u>Oft schaden uns unsere Mitmenschen</u>

Da es nun einmal leichter ist, einen Menschen von einem Tisch herunter zu ziehen als ihn auf einen Tisch hinauf zu heben, haben es sich leider viele Menschen angewöhnt, andere eher zu kritisieren als sie zu ermutigen.

Vor allem Menschen, die selbst wenig erreicht haben, machen Ihrem Frust oft dadurch Luft, dass Sie andere kritisieren oder deren Ziele quasi zertrümmern.

Sie werden schnell feststellen, wem Sie von Ihren Zielen erzählen können und wem nicht. Achten Sie dabei einfach auf Ihr Gefühl. Wenn es Ihnen nach dem Gespräch besser geht, war es o.k.

Haben Sie aber nach dem Gespräch (bei dem Sie von Ihren Zielen erzählt haben) mehr und mehr das Gefühl, es doch nicht zu schaffen, sind Sie wahrscheinlich an einen Menschen geraten, der destruktiv denkt und diese Einstellung während des Gespräches auf Sie übertragen hat.

Das gilt übrigens nicht nur für finanzielle Ziele, sondern ganz allgemein. Achten Sie also darauf, mit wem Sie sich austauschen.

Wenn Ihnen jetzt spontan niemand einfällt, schreiben Sie ihre Ziele einfach nur auf. Das ist jedenfalls besser, als sich seine Ziele kaputt machen zu lassen ;-)

Das Dilemma der Selbständigen

Bestimmt können Sie sich vorstellen, dass ich in fast 25 Jahren meiner Selbständigkeit auch viele Menschen kennen gelernt habe, die mit ihrer Selbständigkeit gescheitert sind.

Dabei kann ich mich nur an einen Einzigen erinnern, der zwar wirtschaftlich erfolgreich war, aber dem die Tätigkeit einfach keinen Spaß gemacht hat. Er hat nach ein paar Jahren das Berufsfeld gewechselt, sich aus der Finanzbranche verabschiedet und anschließend seinen Traumberuf als Masseur gefunden.

Alle anderen, und das waren eine ganze Menge, sind letztendlich gescheitert, weil ihre Einnahmen auf Dauer geringer als ihre Ausgaben waren. Dabei haben manche schlicht und ergreifend zu wenig verdient und andere haben zu viel ausgegeben. Diejenigen, die zu viel ausgegeben haben, waren stets deutlich in der Überzahl.

Es geht also darum, dass Sie als Chef Ihren Firmen- und Privatfinanzen die allergrößte Aufmerksamkeit widmen. Es gibt nichts Wichtigeres für Sie, als auf Ihre Wirtschaftlichkeit zu achten, wenn Sie im Dschungel der Marktwirtschaft auf Dauer überleben wollen.

Diesen Punkt dürfen Sie als Chef eines kleinen oder mittleren Unternehmens niemals delegieren. Es gibt einfach keinen, an den Sie diese entscheidende Aufgabe abgeben könnten. Sie können sich beraten lassen, Sie sollten sich sogar Fremdmeinungen und Ratschläge einholen, aber letztendlich haben Sie für die finanzielle Situation die alleinige und unmittelbare Verantwortung.

Und es ist gar nicht so schwer, seine Finanzen auf einfache Art und Weise im Griff zu behalten. Die Finanzplan-Software ist das Mittel der Wahl, wenn es darum geht, ohne zum Buchhalter zu werden, erstklassige finanzielle Entscheidungen treffen zu können, die sogar die steuerlichen Auswirkungen mit berücksichtigt.

Nachfolgend möchte ich Ihnen deshalb eine kurze Einführung in die Welt des Finanzplans geben, damit Sie davon in Zukunft auch profitieren können.

Der Finanzplan

Fast alle großen Konzerne haben konsequente Finanz- und Investitionspläne, an die sich sehr genau gehalten wird.

Viele kleinere Firmen meinen hingegen öfter, ohne einen Finanzplan auskommen zu können. Das ist ein absoluter Trugschluss, den man spätestens bei einem Gespräch mit seiner Bank bereut, wenn es zum Beispiel darum geht, eine Kreditverhandlung zu führen.

Bitter wird es auch dann, wenn das Finanzamt Steuerzahlungen einfordert, die man eigentlich auf der Seite haben sollte, aber nicht hat. Es wurde also versäumt, rechtzeitig, nämlich im laufenden Jahr und aus den laufenden Einnahmen heraus diese Rücklagen für die Steuer zu bilden.

Gerade für Selbständige ist es nicht einfach, sich nach einer anstrengenden Woche auch noch um das Finanzielle zu kümmern. Da hört man öfter: *„Wir machen ja schon die Buchhaltung und um den Rest muss sich eben der Steuerberater kümmern.“* Ihr Steuerberater gibt bestimmt sein Bestes, aber für Ihre Finanzplanung sind Sie zuständig und niemand sonst.

Ich möchte Ihnen gerne ein paar Tipps und Anregungen geben, damit Sie es als Selbständiger etwas einfacher haben.

Ich weiß natürlich, dass gerade die Selbständigen in Deutschland wenig Zeit haben. Leider auch (zu) wenig für Ihre eigenen Finanzen.

Es gibt wohl nur ganz wenige Länder, in denen Selbständige eine so hervorragende Leistung erbringen wie in Deutschland. Auf der anderen Seite sind gerade Angehörige des Mittelstands, Freelancer und Kleinunternehmer immer und immer wieder 'die Dummen'.

Sie arbeiten oft weit mehr als 40 oder 50 Stunden, verzichten oft sogar bewusst auf Familie und Freizeit, müssen zusätzlich enorme Kräfte aufwenden und allen (oft unsinnigen) Gesetzen und Verordnungen in Deutschland gerecht werden und tragen eine große Verantwortung.

Und wenn Sie mit all dem klarkommen, kommt am Jahresende das Finanzamt und fordert einen (meist viel zu hohen) Anteil am finanziellen Erfolg. Und das, ohne jemals für diesen herausragenden Beitrag zum Allgemeinwohl auch nur einmal 'Danke' zu sagen.

Ganz ohne jede Übertreibung: Für uns als FinanzplanTeam sind die Selbständigen die wahren Helden der Wirtschaft und diejenigen, die das Rückgrat eines jeden Landes bilden!

Gerade deshalb unser Appell an alle Selbständigen:

„Nehmen Sie sich bitte die Zeit für die ProEdition des Finanzplans, damit Sie nicht nur viel arbeiten, sondern auch selbst (und auf Dauer) von Ihrer Leistung finanziell profitieren.“

Wie geht es dann weiter?

Welcher Schritt kommt dann? Nun, wer etwas vom Leben haben möchte, muss auch bereit sein, dafür etwas zu tun. Man bekommt im Leben nichts geschenkt. Das gilt natürlich auch für finanzielle Ziele. Auch hier muss jeder den Preis bezahlen.

Ich persönlich empfinde das nicht als schlimm oder gar ungerecht. Es ist doch vollkommen in Ordnung, wenn jemand, der sich einsetzt und Arbeitszeit investiert mehr erreicht, als sein Nachbar, der den ganzen Tag nur in der Sonne liegt.

Und der Preis, den Sie bezahlen müssen, ist zunächst auch kein finanzieller. Er erfordert aber Ihre Zeit und Aufmerksamkeit. Sie kommen nicht umhin, sich zunächst einmal hinzusetzen und einen genauen Finanzplan aufzustellen. Nur so können Sie feststellen, wo Sie jetzt gerade stehen.

Sie müssen unbedingt wissen, wo Sie jetzt stehen. Erst danach können Sie den Weg festlegen, der Sie von dort, wo Sie jetzt stehen zu Ihren Zielen und Wünschen führt.

Sie finden dazu auf der Chefwebseite den Finanzplan in Excel, der mittlerweile bereits tausendfach bewährt ist, als kostenfreie Testversion.

Jetzt weitermachen und durchhalten

An diesem Punkt angekommen, geben viele Menschen bereits auf. Es ist ihnen zu mühsam, Ihre Ein- und Ausgaben zu notieren.

Machen Sie sich bitte bewusst, dass nur derjenige sein Abitur, seine Ausbildung, seine Partnerschaft, seine Gesundheit, oder was auch immer erfolgreich gestalten wird, der bereit ist, sich dafür anzustrengen. Und das bedeutet eben auch Zeit aufzuwenden.

Im Bodybuilding gibt es den Spruch: ‚No pain - no gain!' Also keine Schmerzen, kein Wachstum. Gut, die Jungs und Mädels übertreiben es oft etwas..., aber es stimmt schon, wer sich nicht hinsetzt, Zelt und Mühe investiert, wird nie einen guten Überblick über seine Finanzen bekommen und folglich auch seine Ziele nicht erreichen, da er seinen Ausgangspunkt ja gar nicht kennt.

Achtung: Nicht zum Buchhalter werden!

Wenn Sie also die oben angeführten Hürden genommen haben, kennen Sie Ihre jetzige Ausgangsposition ja schon ziemlich genau. Übrigens: ziemlich genau langt vollkommen!! Fallen Sie bitte nicht auf den oft begangenen Fehler herein, zum Buchhalter zu werden.

Finanzplan Anwender erreichen Ihre Ziele und sind meist sogar wohlhabend (oder gerade auf dem Weg dahin). Das hat nichts damit zu tun, dass man alles centgenau verbuchen muss oder soll. Im Gegenteil, wir raten davon sogar ausdrücklich ab, weil es viel mehr Energie verbraucht, als es auf der anderen Seite als Resultat einspielt.

Wenn Ihr gesamter Finanzplan pro Jahr um 150 Euro nicht stimmt, weil Sie immer nur runde Zahlen eintragen. Was soll's? - Was passiert? - Gar nichts. Also lassen Sie es doch so und sparen Sie sich die Mühe, Centbeträge zu jagen!!

Wichtig ist aber, dass Sie zwei Dinge tun: Zum einen gehen Sie bitte jeden Ausgabeposten durch und überlegen sich genau, ob Sie das, was Sie da alles an Ausgaben haben auch wirklich brauchen.

Überlegen Sie bitte auch, ob Sie die gleiche Leistung nicht günstiger bekommen können. Achten Sie dabei aber darauf, keine Qualität auf dem Altar des Preises zu opfern. Es ist unklug zuviel zu bezahlen, aber es ist 'sehr ungeschickt' schlechte Qualität zu kaufen...

Immer alles überprüfen

Wenn Sie so alle Ausgaben durchgegangen sind, können Sie sich Ihren Einnahmen zuwenden. Besteht eventuell die Möglichkeit, diese zu erhöhen? Vielleicht können Sie ein Hobby nutzen, um zusätzliche Einnahmen zu erzielen? Was man gerne tut, macht man meist auch gut.

Prüfen Sie auch, ob Sie alle Zuschüsse (z.B. Existenzgründung) erhalten, auf die Sie einen gesetzlichen Anspruch haben. Hier kann ein Gespräch mit einem Experten hilfreich sein.

Der letzte Punkt besteht dann darin, dass Sie sich genau überlegen, welche Ziele Sie mit dem Freiraum, den Sie (hoffentlich) haben zuerst verwirklichen möchten. Wenn es kleinere Ziele, wie ein Urlaub oder eine notwendige Anschaffung für den Haushalt sind, können Sie den Betrag ja ziemlich einfach selbst ausrechnen und in Ihren Finanzplan als Ansparbetrag eintragen.

Bei größeren Berechnungen, wie Ihrer Altersvorsorge, Ihrem mietfreiem Wohnen etc. sollten Sie sich eher auf die Zusatzmodule verlassen, die Ihnen im Finanzplanshop zur Verfügung stehen.

Wie auch immer, entscheidend ist, dass man die erforderlichen Kosten in seinen Finanzplan einträgt und dann auch monatlich überprüft, ob der Kurs noch stimmt. Dafür setzen wir für alle Nicht-selbständigen ca. 30 Minuten pro Monat und für alle Selbständigen ca. 30 Minuten pro Woche als Zeitaufwand an.

Aber probieren Sie es doch einmal selbst aus und Sie werden es merken: Manchmal ist es sinnvoller über sein Geld nachzudenken, als nur dafür zu arbeiten...

Die ProEdition des Finanzplans

Die ProEdition ist speziell für Selbständige entwickelt worden, die ja ständig die Situation haben, nicht genau zu wissen, wie sich das laufende Jahr wirtschaftlich entwickelt.

Meist weiß man einfach erst am Ende des Jahres (und das ist dann zu spät) wie viel Gewinn man hat, wie viel Steuerrücklagen man hätte bilden sollen und wie sich private und geschäftliche Kosten entwickelt haben.

Genau hier setzt die ProEdition an. Sie erstellt in jedem beliebigen Monat des Jahres Hochrechnungen, die darüber Auskunft geben, wie sich der Gewinn, die Einkommen- und die Gewerbesteuer, die privaten und die geschäftlichen Kosten auf das Jahr gesehen entwickeln werden, wenn es so weitergeht wie bis jetzt.

Der Finanzplan ist ein unverzichtbares Instrument der Finanzplanung für alle Personengesellschaften, Handelsvertreter, OHGs, KGs und GbRs, die in Deutschland tätig sind.

Die ProEdition umfasst sämtliche Module des ‚normalen Finanzplans', hat aber zusätzlich noch die folgenden wichtigen Erweiterungen für Sie als Selbständigen:

- Einkommensteuer schätzen
- Gewerbesteuer schätzen
- Erfassung Ihrer absetzbaren Kosten
- Steuerschätzung des laufenden Jahres
- Ermittlung Ihres monatlichen Freiraums

Gönnen Sie sich 'Cappuccino-Zeit'

"Manchmal ist es sinnvoller über Geld nachzudenken, als nur dafür zu arbeiten". Für Sie als Chef Ihrer Firma trifft dieser Satz mit Sicherheit zu...

Wir meinen, dass gerade viele Selbständige aber auch Angestellte zu viel arbeiten, eine Spitzenleistung für Ihre Kunden und Unternehmen erbringen, aber selbst wirtschaftlich leider nur sehr schwer "auf einen grünen Zweig" kommen.

Woran liegt das?

Das kommt daher, weil man sich keine "Cappuccino-Zeit" gönnt oder meint man ist zu beschäftigt oder auch daher, weil man nach einer 50- oder noch mehr Stundenwoche schlicht und ergreifend "mausetot" ist.

Aber damit kann jetzt Schluss sein.

Sie haben jetzt das FinanzplanTeam an Ihrer Seite und wir verordnen Ihnen pro Woche 2 Stunden Arbeit weniger und dafür 1 Stunde Cappuccino-Zeit...

Was geschieht in der Cappuccino-Zeit?

Nun, Sie machen sich einen schönen Cappuccino, o.k. es geht auch mit Kaffee, Tee oder Cola, nehmen (so vorhanden) Ihren Lebenspartner und machen die Tür zu.

Sagen Sie Ihren Kindern, Kunden, Verwandten, Freunden und Bekannten, dass Sie jetzt nicht da sind. Ziehen Sie den Stecker aus dem Telefon und schalten Sie Ihr Handy aus. Jetzt öffnen Sie die Finanzplan-Software und schauen sich die einzelnen Tabellen und Blätter nur an.

Nur anschauen, sonst erst einmal nichts tun... Sie haben also Ihre Füße auf dem Schreibtisch, lehnen sich zurück und genießen Ihren Cappuccino.

Schauen Sie Ihre Finanzverträge durch...

- Haben Sie die richtigen?
- Gibt es etwas Besseres?
- Brauchen Sie wirklich alle?
- Was ist überflüssig?

Schauen Sie sich Ihre finanzielle Situation an...

- Gefällt sie Ihnen?
- Was ist gut?
- Was stört Sie?
- Was möchten Sie verbessern?

Lassen Sie Ihren Gedanken jetzt einmal freien Lauf und überlegen Sie sich, was Sie wie verbessern könnten.

Schauen Sie Ihre Ausgaben durch...

- Sind Ihre Ausgabepositionen auf dem neuesten Stand?
- Gibt es Posten, die Ihnen eigentlich gar nichts bringen?
- Bezahlen Sie Mitgliedsbeiträge, die unnötig sind?
- Könnten Sie durch besseres Einkaufen Geld sparen?
- Wo fließt all Ihr Geld eigentlich hin?

Schauen Sie sich Ihre Einnahmen an...

- Sind alle Einnahmen aktuell eingetragen?
- Sind Ihre Einnahmen hoch genug?
- Wo arbeiten Sie hart, aber ohne wirtschaftlichen Erfolg?
- Gibt es Kunden, Lieferanten, Zulieferer, die Ihnen mehr Ärger als Nutzen bringen?
- Oder haben Sie sogar eine neue Geschäftsidee?

Entspannen Sie Ihre Finanzen

Nehmen Sie sich als Selbständiger einmal pro Woche eine halbe Stunde, um sich solche Fragen zu stellen. Beschäftigen Sie sich mit Ihrer finanziellen Situation.

So werden Sie immer mehr zum aktiven Gestalter Ihrer Zukunft. Anstatt ständig nur auf Situationen reagieren zu können, werden Sie aktiv und planen Ihr Vorgehen selbst.

Sie spüren vielleicht schon die Kraft und Energie, die hinter diesem Vorgehen steckt:

Und noch ein Tipp

Für alle Gespräche mit Ihrem Steuerberater, Ihrem Berater in Finanzfragen, Ihrer Bank etc. nehmen Sie die Ausdrucke Ihres Finanzplans mit.

Sie werden sehen, wer mit solch guten und umfassenden Unterlagen zu Gesprächen erscheint, wer also seine eigene Situation kennt und sich gut vorbereitet hat, wird ernst genommen und bekommt bessere Angebote, als derjenige, der kurz zwischen Tür und Angel (getrieben vom Alltagsstress) seine Finanzen regeln will.

Sie arbeiten hart für Ihr Geld, also können Sie das auch von Ihren Beratern in Finanzfragen erwarten...

- Aber Sie müssen wissen, wohin Sie wollen.

- Sie müssen Ihre eigenen Ziele und die Richtung Ihres Strebens kennen, sonst kann und wird Ihnen niemand bei der Erreichung Ihrer Ziele und Wünsche helfen.

Wenn Sie sich als Selbständiger einmal pro Woche nur eine halbe Stunde Cappuccinozeit für Ihre Finanzen Zeit nehmen, bekommt der Begriff "Kaffeekasse" eine völlig neue Bedeutung...

Fazit: Wir Selbständigen sollten weniger ‚ackern' und mehr vorausplanen, um so zum Gestalter unserer eigenen Zukunft zu werden. Planen Sie statt mit betriebswirtschaftlichen Auswertungen – die nur die Vergangenheit zeigen – Ihre Zukunft! Sie werden merken: Je transparenter und ehrlicher Sie planen, desto besser und motivierter werden Sie sein.

Wenn wir Ihnen als FinanzplanTeam dabei behilflich sein können, würde uns das sehr freuen. Wie bereits erwähnt: Testen Sie die Finanzplan Software einfach einmal kostenfrei als ShareWare. Auf der Chefwebseite finden Sie alle Informationen.

<u>Ach, fast hätten wir es vergessen</u>

Hier noch ein ultimativer Tipp für Ihre Zukunftsplanung:

Wenn Sie Planspiele machen möchten, sich also einmal anschauen möchten, wie sich Ihre Situation entwickeln würde, wenn Sie diesen Punkt so und den anderen so verändern würden, dann speichern Sie sich den Finanzplan einfach unter einem anderen Namen ab.

Spielen Sie dann in dieser neuen Datei alles durch, was Sie an Ideen und Einfällen haben.

So bleibt das Original unversehrt und Sie machen sich keine ECHTDATEN kaputt. Wir speichern solche "Planspieldateien" immer mit Datum ab.

Die Datei Planspiel12_10_2006.xls wäre dann z.B. eine "Planspieldatei" vom 12.10.2006.

Einige Fragen zur eigenen Standortbestimmung

Hier 4 einfache Fragen, mit denen Sie ziemlich schnell eine für sich gesunde Einstellung zu Ihren Finanzen erarbeiten können. Hören Sie einmal in sich hinein und notieren Sie.

Was mir Geld alles ermöglicht:

Was davon kann ich auch ohne Geld bekommen und genießen? Sprich: Für welche Ziele brauche ich eigentlich gar kein Geld? (Viele wichtige Dinge im Leben sind kostenfrei!)

Nicht alles ist mit Geld erreichbar, deshalb ist es wichtig zu wissen: Was kann mir Geld nicht ermöglichen?

Und hier meine Einstellung zum Thema Geld, die ab heute dem Geld in meinem Leben einen gesunden Platz zuweist:

Tipps, die sich einfach bewährt haben

Ob jemand Geld hat oder nicht, liegt weder alleine an den Einnahmen noch an den Ausgaben. Entscheidend ist das Verhältnis von beidem. Meistens jedoch sind nicht zu geringe Einnahmen, sondern unkontrollierte Ausgaben das Problem. Das Geld rinnt einem förmlich durch die Finger. Hier setzt der Finanzplan an. Er kontrolliert die Ausgabenseite.

- Nicht am falschen Ende sparen: prüfen, ob wirklich alle unerlässlichen Versicherungen (z.B. Haftpflicht, Unfall, Hausrat etc.) vorhanden sind.
- Wichtige Verträge (z.B. Kredite, Lebensversicherungen, Bausparen) in einer Lebensgemeinschaft grundsätzlich nur mit Partner unterschreiben.
- Mindestens ein Zehntel des Netto-Einkommens am Monatsanfang zurücklegen (zum Aufbau einer finanziellen Rücklage).
- Ausgaben mit Finanzplan kontrollieren und sich an selbst auferlegte Limits halten.
- Versteckte, „unreflektierte" Kosten aufspüren (z.B. Zigarettenkonsum, Handynutzung, häufige Restaurantbesuche) und ggf. reduzieren.
- Überziehungskredit des Girokontos bei der Bank streichen (psychologische Hemmschwelle), achten Sie aber darauf, dass Ihre Versicherungsbeiträge abgebucht werden können, damit Sie Ihren Versicherungsschutz nicht gefährden...
- Nach Möglichkeit bar zahlen und leichter von der Hand gehende Kartenzahlungen vermeiden.
- Auf dem Konto Guthabenrahmen von z.B. 2.000 € setzen, der (aus eigenem Vorsatz) nicht unterschritten werden darf.
- Abbuchungen des letzten Jahres (anhand Ihrer Kontoauszüge) auf überflüssige Zahlungen durchforsten und

diese konsequent stornieren (dabei hilft Ihnen der Finanzplan dann natürlich sehr).

- Vergessen Sie Sonderangebote und kaufen Sie nichts, weil es gerade "günstig" ist. Kaufen Sie nur das, was Sie jetzt auch wirklich brauchen.

- Nicht laufend Geld von der Bank abheben, sondern nur einmal im Monat Bargeld holen, in 4 "Wochenbriefumschläge" aufteilen und z.B. jeden Samstag einen Umschlag öffnen.

- Kontakt zum Steuerberater pflegen, sich regelmäßig informieren lassen und die eigenen Konditionen bei Banken, Versicherungen etc. mit Konkurrenzangeboten vergleichen.

- Unseriösen Finanzangeboten (z.B. zweifelhafte Postwurfsendungen, Angebote per Telefon) unter allen Umständen aus dem Weg gehen.

- Vorsicht walten lassen beim Verleihen von Geld an Freunde und dies im Zweifel vermeiden, um nicht die Freundschaft aufs Spiel zu setzen.

- Generell nicht geizig werden: mal jemanden zum Essen einladen, ein Geschenk machen oder für eine gute Sache spenden!

- Nicht verbissen jeden Cent verplanen, sondern zwischendurch auch mal weniger vernünftig sein und sich was Schönes gönnen!

- Geld arbeiten lassen, d.h. anlegen (z.B. in Aktien- Immobilien- und Rentenwerte).

- Ruhestand zusätzlich zur Rente durch private Altersvorsorge absichern.

- Nicht mehr als einen Kreditkarten-Vertrag abschließen (wenn überhaupt einer notwendig ist).

- Vermeiden Sie Leasingverträge, besonders bei Konsumgütern.

- o Vermeiden Sie fixe Kosten so gut es eben geht.
- o Bleiben Sie locker, trotz allem macht Geld nicht glücklich, sondern (nur) reich ;-)
- o Glauben Sie daran, dass es auch Ihnen gut geht.
- o Sie sind verantwortlich für Ihr Geld, akzeptieren Sie diese Tatsache!
- o Geben Sie nicht mehr aus, als Sie haben und sonst: leben Sie einfach.

<u>Der Finanzplan-Newsletter</u>

Eine hilfreiche Einrichtung für Chefs ist der Newsletter des FinanzplanTeams, der kostenfrei einmal pro Woche über SparTipps, Neuigkeiten aus dem Finanzsektor, sowie Tipps zur Bedienung der Software berichtet.

Durch den Newsletter wird man quasi automatisch einmal pro Woche daran erinnert, dass es wichtig ist, sich als Chef um sein Geld zu kümmern. Wer den Newsletter einige Zeit abonniert hat, wird feststellen, dass er seine Gedanken auch während der Arbeitswoche automatisch mehr auf seine Wirtschaftlichkeit ausrichtet und deshalb erfolgreicher und gewinnbringender arbeiten kann. 💻 Mehr Infos im Internet 💻

<u>Fixe Kosten</u>

Wenn es etwas gibt, das ich nicht mag, dann sind es fixe Kosten. Unter Fixkosten verstehe ich laufende, also immer wiederkehrende Kosten, die Monat für Monat (oder auch viertel- halb- bzw. jährlich) anfallen und zu deren Bezahlung man sich vertraglich verpflichtet hat.

Fixkosten schränken Ihren Handlungsspielraum ein, denn Sie müssen sie Monat für Monat erarbeiten. Je weniger fixe Kosten Sie haben, desto freier sind Sie als Chef in Ihren Entscheidungen. Umso mehr Zeit und Raum haben Sie, um neue Produkte, Ideen und Strategien zu testen, ohne dass diese gleich finanziellen Gewinn abwerfen müssen. Das gilt beruflich und auch privat.

Viele dieser festen Kosten müssen nun einmal sein, denn Dinge wie Strom, Gas, Wasser, Versicherungen etc. fallen eben laufend an. Sie sind deshalb als Fixkosten leider nicht vermeidbar.

Aber prüfen Sie diese Kosten stets ganz genau, bevor Sie eine Zahlungsverpflichtung dafür eingehen. Sie können viel tun, um feste, monatliche Kosten zu umgehen, wenn Sie sich angewöhnen, nur die Dinge zu kaufen, die Sie auch bar bezahlen können. Als Faustregel sollte gelten:

Sie können sich alles kaufen, was Sie wollen, wenn Sie es am Stück (also ohne Kredit) aus Eigenmitteln bezahlen können.

Gehen Sie einmal Ihren Finanzplan mit der Absicht durch, möglichst viele Fixkosten zu eliminieren, indem Sie diese Verträge so ablösen, dass keine Folgezahlungen mehr notwendig sind.

Als ich das im Jahr 1992 zum ersten Mal bei mir gemacht habe, ist mir ziemlich schlecht geworden, denn alle laufenden Verträge und eingegangenen Verpflichtungen auf einmal abzulösen, hätte eine Summe von damals rund 700.000 DM erfordert, die ich zu diesem Zeitpunkt nicht einmal im Traum besaß.

Mein Gott, was hatte sich da alles angesammelt. Da waren das Telefon- und Faxgerät für den privaten Haushalt gemietet, das Gehalt und die AOK-Beiträge für die Putzfrau im Privathaushalt, ein Premiere-Abo, die Zinsen und die Tilgungen für zwei vermietete Wohnungen, die Miete für den Kaffee- und den Colaautomat im Büro, die Leasingraten für insgesamt vier Autos mitsamt den Leasinggebühren für ein damals noch sehr teures (C-Netz) Autotelefon.

Dazu kamen Zinsen und Tilgung für einen Geschäftskredit, die Raten für das Superkopiergerät, die Frankiermaschine sowie die Gehälter eines Assistenten und der Reinemachfrau im Büro. Ach ja und nicht zu vergessen, die quartalsweise anfallenden, wahnsinnig hohen Überziehungszinsen für die privaten und geschäftlichen Konten.

Alles musste Monat für Monat hereingeschafft und verdient werden. Und Sie können sich vielleicht vorstellen, dass mir diese Verpflichtungen so manche schlaflose Nacht bereitet hatten, nachdem ich sie alle zusammengezählt und aufgelistet hatte. Mir braucht also keiner mehr zu erzählen, wie günstig und angenehm man etwas via Ratenzahlung kaufen kann. Ich weiß aus eigener Erfahrung, wie schwer es ist, diese Verträge alle wieder abzulösen.

Der Finanzplan hat bei mir dazu geführt, dass ich nach nur 6 Jahren keinen einzigen Vertrag mehr hatte, der solche laufenden Kosten nach sich zieht. Sie können mir glauben, seither ist das Leben Tag für Tag einfach viel leichter und angenehmer. Heute genieße ich die Freiheit, die Dinge zu tun, die ich gerne tun möchte und die Dinge, die mir keinen Spaß machen, zum großen Teil ablehnen zu können.

Leasingverträge

Von allen möglichen Seiten wird aus steuerlichen Gründen immer wieder zu Leasingverträgen geraten. Geworben wird damit, dass man die Leasingraten absetzen kann und dies dann die laufende Steuerbelastung mindert. Als zweites Argument wird angeführt, dass man kein Barkapital einsetzen muss, sondern in ‚bequemen' Raten zahlen kann.

Das hört sich doch verlockend an, wo ist der Haken? Nun, zuerst einmal gibt es keine ‚bequemen' Raten. Jede Ratenzahlung verschlechtert Ihre Position als Chef, weil Sie sich Zahlungsverpflichtungen aufbürden und das oft für viele Jahre. Nur die Barzahlung bewahrt Ihnen Ihren finanziellen Spielraum und hält finanziellen Druck von Ihnen ab.

Was die steuerliche Seite angeht, so können Sie Leasingraten in der Tat steuerlich geltend machen. Nur wird aber dabei übersehen, dass Sie z.B. Ihr Auto selbstverständlich auch dann steuerlich berücksichtigen dürfen, wenn Sie es bar bezahlen.

Dann nämlich wird eine AfA (Abschreibung für Abnutzung) geltend gemacht. Zwar geben Sie im Jahr der Anschaffung mehr aus, als Sie steuerlich absetzen können, weil die AfA auf mehrere Jahre hinaus verteilt werden muss, aber in den Folgejahren haben Sie dafür eine Abschreibung, die Sie steuerlich geltend machen können, ohne dafür

Barmittel aufzuwenden, denn das haben Sie ja bei der Anschaffung bereits hinter sich gebracht.

Unter dem Strich sind die steuerlichen Auswirkungen also gleich, sie verteilen sich lediglich anders.

Berücksichtigen Sie bitte die folgenden Überlegungen, bevor Sie einen Leasingvertrag abschließen:

- Leasing ist grundsätzlich teurer als Barkauf.

- Sie haben fast keine Möglichkeit, den Kaufpreis durch Verhandlungen zu reduzieren. Den sonst üblichen Nachlass von 7 – 15 % gibt es dann nicht.

- Der Gesamtkaufpreis sollte von Ihnen immer wie folgt berechnet werden: Leasingraten + Anzahlung + Restwert

- Das Leasingobjekt ist nicht Ihr Eigentum, Sie können es nur zeitlich begrenzt nutzen.

- Die laufenden Kosten für Versicherungen (bei Fahrzeugen ist zum Beispiel die Vollkasko ein MUSS) und Wartung sind unter Umständen höher als wenn Sie frei entscheiden können, da die Versicherung, Wartungs- und Pflegemaßnahmen durch den Vertrag oft ausdrücklich vorgeschrieben werden.

- Die Kosten für eventuell notwendige Reparaturen bei Rückgabe des Objektes nach Vertragsablauf sind für den Leasingkunden nur schwer kalkulierbar. Ich musste selbst einmal bei Rückgabe des Kfz einen Betrag von 4.000 DM nachzahlen, was mich nicht gerade zu Freudensprüngen veranlasste.

- Wenn die Leasingraten gering ausfallen, wird dies dazu führen, dass der Restwert des Objektes ausgesprochen hoch angesetzt ist. Das Objekt kann dann zum Ende der Vertragslaufzeit nur zu diesem überhöhten Kaufpreis erworben werden, was oftmals nicht lohnend ist. Ziehen Sie daher stets den «Gesamtkaufpreis» für das Objekt zu Rate. Ein realistischer Restwert sollte sich am Listenverkaufspreis des Händlers orientieren.

- Vertragslaufzeit: Ein Leasing-Vertrag ist in der Regel unkündbar. Die Leasing-Rate stellt somit einen Fixkostenblock dar.

- Wenn Sie das Leasingobjekt nicht mehr benötigen, weil sich in Ihrem Betrieb Veränderungen ergeben, interessiert das die Leasinggesellschaft herzlich wenig. Der Vertrag muss von Ihnen bis zum Ende durchgehalten werden.

- Kündigungsgefahr: Der Leasing-Geber kann den Vertrag fristlos kündigen, wenn der Leasing-Nehmer in Zahlungsverzug ist. Hinzu kommen evtl. auch noch Schadenersatzforderungen.

Variable Kosten

Variable Kosten sind nichts Schlimmes. Sie stellen keine Gefahr für Sie als Chef oder Ihr Unternehmen dar. Unter variablen Kosten verstehe ich Ausgaben, die Sie tätigen und die dann keine oder nur sehr geringe Folgekosten nach sich ziehen.

Nehmen wir an, Sie hatten ein tolles Geschäftsjahr und beschließen nun, mit Ihrer Familie für 10.000 Euro in den Urlaub zu fahren. Die Summe haben Sie auf einem Termingeld. Sie müssen also keine Fremdmittel in Anspruch nehmen. Natürlich ist so ein Urlaub etwas ganz Besonderes und kostet viel Geld, aber wenn Sie nächstes Jahr nicht so gute Ergebnisse haben sollten, brauchen Sie ja nicht wieder für 10.000 Euro in den Urlaub zu fahren. Es besteht also keinerlei Gefahr, dass Sie sich finanziell einengen.

Ein anderes Beispiel wäre die Anschaffung eines großen Farbkopierers, mit dem Sie, sagen wir Ihre Flyer und Geschäftspapiere in Zukunft selbst drucken möchten. Wenn Sie diesen bar bezahlen, stellt die Ausgabe nur in diesem einen Monat eine Belastung dar. Außer den Kosten für Verbrauchsmaterial zieht der Kopierer also nichts nach sich.

Wenn Sie nun durch die Flyer mehr Geschäft machen, hat sich der Kopierer gelohnt. Im schlechtesten Fall kommt zwar kein Mehrgeschäft für Sie zustande, aber Sie haben sich durch die

Barzahlung des Kopierers keine weiteren Folgezahlungen ins Haus geholt. Sie können demnach stets locker und gelassen bleiben.

Aufträge auslagern

Der oben genannte Kopierer ist übrigens ein gutes Beispiel für das Auslagern von Anschaffungen. Oft können Sie nämlich Anschaffungen gänzlich vermeiden, indem Sie genau nachrechnen, ob es sich überhaupt lohnt, die geplante Anschaffung zu tätigen oder ob es nicht besser wäre, sich stattdessen einen externen Dienstleister zu suchen.

Bei dem Beispiel der Flyer wäre es bestimmt ratsamer, sich eine Druckerei zu suchen, die Ihnen 1.000 Stück für eine einmalige Zahlung von 200 Euro druckt, anstatt sich dafür gleich selbst einen Farbkopierer anzuschaffen.

Ich überlege mir immer ziemlich genau, welche Geräte und Maschinen sich für unseren Betrieb lohnen. Ich versuche grundsätzlich, um solch eine Anschaffung herum zu kommen. Nicht nur, weil es Geld kostet. Jedes Gerät muss irgendwo hingestellt werden. Es muss gewartet werden und jemand muss es bedienen können. Oft ist es bereits nach wenigen Monaten veraltet und man produziert nicht mehr nach dem neuesten Stand der Technik. Auch dazu ein Beispiel:

Wir benötigen ziemlich viele bedruckte CD-Rohlinge, also leere CDs, die mit unseren Firmenaufdrucken bedruckt sind. Als ich mich erkundigt habe, was eine solche Thermotransferdruckmaschine kostet, kamen Beträge von 10.000 Euro und mehr zusammen. Zusätzlich kämen laufende Kosten in nicht unerheblichem Maß für die Farbbänder und die unbedruckten Rohlinge dazu. Bei genauem Kalkulieren kam heraus, dass wir selbst pro CD nur etwa 15 Cent günstiger hätten produzieren können als ein Fremdanbieter.

Das bedeutet, bei einer benötigten Stückzahl von ca. 3.000 CDs pro Jahr gerade einmal eine Einsparung von 450 Euro. Dafür müssten wir aber diese 3.000 Stück auch noch selbst herstellen, also Arbeitszeit, Mühe, Ausschuss etc. mit einkalkulieren. Also haben wir uns einen guten Anbieter gesucht, der zuverlässig und schnell arbeitet und lassen unsere CD-Rohlinge von einem Drittanbieter produzieren.

Jetzt geben wir bei Bedarf per E-Mail eine Bestellung auf und erhalten ohne jeden Aufwand nach ca. 14 Tagen die benötigte Anzahl von CD-Rohlingen, ohne bei uns im Büro irgendeinen Aufwand betreiben zu müssen.

Es kann sich durchaus sehr lohnen, wenn Sie als Chef alle Maschinen in Ihrer Firma durchgehen und sich dabei fragen, ob es nicht besser, einfacher oder günstiger wäre, die eine oder andere Arbeit einfach auszulagern.

In jedem Fall sollten Sie sich vor der Anschaffung eines zusätzlichen Gerätes die folgenden Fragen stellen:

- Brauchen Sie es jetzt wirklich dringend, oder hätten Sie es nur ‚gerade' gerne?
- Haben Sie schon so etwas Ähnliches, das Sie stattdessen auch verwenden könnten?
- Gäbe es auch günstigere Alternativen?
- Was geschieht, wenn Sie es jetzt nicht kaufen?
- Könnten Sie das Gerät auch leihen oder mieten?
- Könnten Sie es als Auftragsarbeit vergeben?
- Hat ein befreundetes Unternehmen vielleicht schon genau das, was Sie bräuchten?

Private Absicherung

Nachdem wir jetzt versucht haben, die notwendigen von den nicht notwendigen Kosten zu trennen, möchte ich Ihnen ein Thema ans Herz legen, das Chefs immer wieder gerne hinten anstellen oder gar ganz auf die lange Bank schieben.

Wenn es um die eigene, private Absicherung von Chefs geht, höre ich immer wieder: *„Der Betrieb geht vor"* oder *„Jetzt gerade nicht, das mache ich dann später…"*

Chefs sind eben meist Menschen, die zuerst an Ihren Betrieb denken und dann an sich selbst. Das muss wahrscheinlich auch so sein, sonst wären große Leistungen nicht möglich.

Trotzdem sollten Sie das Thema der eigenen, privaten Absicherung nicht hinten anstellen. Warum nicht? Nun, nur wenn es Ihnen auf Dauer gut geht, kann es auch Ihrem Betrieb auf Dauer gut gehen. Sie sollten die wichtigste Person in Ihrer Firma – und das sind Sie – auch ernst nehmen und sich gut um sie kümmern. Dazu gehört Ihre private Absicherung in ganz besonderer Weise.

Was gehört zu Ihrer privaten Absicherung?

Da wäre zunächst einmal eine Haftpflichtversicherung für Sie privat und für Ihren Betrieb. Eine Haftpflichtversicherung schützt Sie vor Schadensersatzzahlungen, die andere an Sie stellen. Sie übernimmt das Risiko, wenn Sie Dritten einen unbeabsichtigten Schaden zufügen. Eine solche Versicherung muss genau auf Sie und Ihre Firma zugeschnitten sein, deshalb sollte man hier stets mehrere Angebote einholen und sich ausführlich beraten lassen. Nutzen Sie auch die Möglichkeit, einen Selbstbehalt von zum Beispiel 300 Euro pro Schadensfall zu vereinbaren. Das senkt die Kosten der Prämie oft enorm. Wenn es einmal zu einem Schaden kommt, wird Sie der Selbstbehalt nicht zu sehr belasten.

Als nächstes sollten Sie sich eine private Unfallversicherung zulegen, die ausreichend hoch ist. Bei 100% Invaliditätsgrad muss die Versicherungssumme so hoch sein, dass Sie von den Zinserträgen leben können und nie wieder arbeiten müssen, was Sie dann ja auch wahrscheinlich nicht mehr können. Auch eine Unfallversicherung ist nicht sehr teuer. Sie gehört zu den absoluten Pflichtversicherungen.

Der dritte Punkt betrifft Ihre Krankenversicherung. Bei der Wahl einer Krankenversicherung sind viele Punkte mit zu berücksichtigen. Dazu gehören zum Beispiel Ihr Alter, Ihr Gesundheitszustand und Ihre familiäre Situation. Die Gesundheit ist das Wichtigste, das wir alle haben. Deshalb sollten Sie sich hier sehr ausführlich beraten lassen. Prüfen Sie sowohl 2-3 Angebote der gesetzlichen als auch 2-3 Angebote der privaten Kassen und lassen Sie sich bei Ihrer Entscheidung ruhig ein paar Wochen Zeit.

Wenn Sie nicht ganz in eine private Kasse wechseln können oder wollen, lassen Sie sich einmal ein Angebot für eine Zusatzversicherung erstellen. Dann sind Sie dem immer schwächer werdenden System der gesetzlichen Krankenversicherung nicht gänzlich ausgeliefert.

Was ebenfalls in die Rubrik Gesundheit gehört, ist die Absicherung bei Berufsunfähigkeit. Diese Verträge werden über eine Lebensversicherungsgesellschaft vertrieben und sollen das Risiko abdecken, wenn Sie durch eine Krankheit Ihren Beruf auf Dauer nicht mehr ausüben können. Da eine Unfallversicherung nur bei einem Unfall leistet, besteht eine Versorgungslücke, wenn Sie durch Krankheit berufsunfähig werden, also trotz einer ausreichend hohen Unfallversicherung.

Auch hier sind die Angebote und vor allem die Kosten eines Vertrages von Ihrem Alter und Ihrem Gesundheitszustand abhängig, aber zusätzlich noch von der Art Ihres Berufs. Wenn Sie körperlich schwer arbeiten und einen Beruf haben, der in eine hohe Gefahrenklasse eingruppiert wurde, kann es sehr, sehr teuer werden. Wenn Sie dagegen ein harmloser Schreibtischtäter sind, ist es in der Regel durchaus bezahlbar. Also müssen Sie sich auch hierfür die Zeit nehmen und vielleicht 3-4 Angebote miteinander vergleichen.

Zum Schluss der privaten Absicherung geht es um Ihre spätere Rente. Die Beiträge, die Sie dafür aufwenden müssen, sollten für Sie genauso zu den laufenden Betriebskosten gehören wie Miete, Strom, Gas und Wasser auch. Sparen Sie hier nicht. Fangen Sie so früh wie möglich an. Nutzen Sie unser sehr einfach zu bedienendes Berechnungsmodul der Altersversorgung, um die für Sie persönlich passende Höhe mit ein paar Mausklicks herauszufinden. 💻 Mehr Infos im Internet 💻

Wenn Sie dann genau wissen, wie viel Sie für Ihren Ruhestand auf die Seite legen müssen, lassen Sie sich auch hier von unterschiedlichen Stellen beraten. Was ich persönlich beachten würde ist, für die Altersversorgung keine Aktien, Optionsscheine oder sonstige, risikoreichen Anlageformen zu wählen, sondern nur solche, die Ihnen den benötigten Betrag auf jeden Fall erwirtschaften.

Mir ist noch gut der ‚Fall' eines Unternehmers in Erinnerung, der kurz vor seiner Rente fast sein ganzes Vermögen bei Aktiengeschäften verlor. Unter Tränen sagte er, dass er nicht wüsste, wie er es seiner Frau beibringen sollte, die stets alle Geldgeschäfte vertrauensvoll in seine Hände gelegt hatte.

Gier und Gewinnsucht sind immer die schlechtesten Geldberater. Zu denken, dass die anderen Marktteilnehmer mit ihrer Meinung danebenliegen und nur man selbst ‚der Weisheit letzter Schluss ist' geht fast immer daneben. Das gilt ganz besonders für Geldgeschäfte, weshalb ich den Satz ‚Gier tötet Hirn' sehr mag.

Rechnungen stellen

Nachdem Sie als Unternehmer eine Ware geliefert, oder die Dienstleistung erbracht haben, wäre es jetzt an der Zeit, dass Ihr Kunde dies durch das zügige und zeitnahe Bezahlen des Rechnungsbetrages honoriert.

Leider werden, gerade bei Kleinfirmen, und dort vor allem im Handwerk, die Rechnungen immer wieder ziemlich spät gestellt (meines Erachtens zu spät). Der Kunde hat dann in der Zwischenzeit den Bezug zu den Produkten oder Ihrer Dienstleistung schon längst verloren.

Wenn Sie zum Beispiel ein Elektrofachgeschäft haben und Ihrem Kunden einen Fernseher ausliefern, sollte die Rechnung dafür nicht erst nach zwei Monaten beim Kunden ‚eintrudeln'.

Abgesehen davon, dass Sie für zwei Monate in Vorlage gegangen sind, und das ja bereits einen finanziellen Nachteil für Sie bedeutet, besteht die Gefahr, dass Sie so selbst zu einer schlechten Zahlungsmoral Ihrer Kunden beitragen.

Warum ist das so?

Der Kunde hat sich dann schon längst an ‚seinen' Fernseher gewöhnt. Er sieht, wenn die Rechnung so spät kommt, den direkten Zusammenhang zwischen Ihnen als Lieferant und ‚seinem' Fernseher, den er schon längst in Besitz genommen hat, nicht so deutlich, als wenn Sie ihm die Rechnung gleich zusammen mit dem Fernseher überreicht hätten.

Ein nächster Punkt ist folgender: Manche Kunden haben zwar bei der Bestellung einer Ware das Geld dafür auf die Seite gelegt, aber wenn die Rechnung dann zu lange auf sich warten lässt, wird dieses Geld zweckentfremdet und anderweitig verwendet. Wenn dann Ihre

Rechnung kommt, fehlt oftmals das Geld, um diese zügig bezahlen zu können.

Ich schlage Ihnen deshalb vor, Ihre Rechnungen sobald wie möglich zu schreiben. Das bedeutet bei allen Warenlieferungen, dass Sie die Rechnung immer zusammen mit der Ware ausliefern. Der Liefertermin ist der absolut beste Zeitpunkt für das Überreichen der Rechnung. Ihr Kunde erhält etwas von Ihnen und Sie wollen dafür Geld. Das passt psychologisch einwandfrei zusammen, wird von jedem verstanden und vor allem moralisch akzeptiert.

Achten Sie auch bitte darauf, dass Sie Ihre Rechnungen formell korrekt stellen. Wenn Sie unsicher sind, lohnt es sich, darüber mit Ihrem Anwalt (zu dem kommen wir weiter hinten) und Ihrem Steuerberater zu sprechen. So sollten Sie zum Beispiel auf Ihren Rechnungen stets ein Zahlungsziel angeben, damit Ihre Kunden automatisch in Verzug geraten, wenn Sie nicht bezahlen.

Die Mahngebühren müssen in Ihren Allgemeinen Geschäftsbedingungen ordentlich aufgeführt und rechtssicher formuliert sein. Und schließlich müssen die Rechnungsnummern fortlaufend sein, damit Ihr Finanzamt zufrieden gestellt ist.

Wenn Sie über das Internet verkaufen, gilt es noch, das Fernabsatzgesetz zu beachten. Auch hier sollten Sie einen anwaltlichen Berater hinzuziehen.

Fazit: Sie als Chef müssen die Rechnungen zwar nicht selbst schreiben. Dafür zu sorgen, dass diese stets zeitnah gestellt werden ist allerdings Chefsache. Schließlich ist es Ihr Geld.

Mahnwesen

Viele Firmen klagen (und das seit vielen Jahren) über eine nachlassende Zahlungsmoral bei ihren Kunden. Es scheint heute gang und gäbe zu sein, Dinge zu bestellen bzw. Leistungen in Auftrag zu geben, die Rechnungen dann aber unbezahlt auf die Seite zu legen.

Hier müssen Sie sehr aufpassen, denn zu viele unbezahlte Rechnungen können für Sie als Chef sehr schnell das ‚AUS' bedeuten. Also lassen Sie uns gemeinsam darüber nachdenken, was Sie tun können.

Ein gutes Mahnwesen beginnt viel früher, als viele Chefs denken, nämlich bereits bei der Annahme des Auftrages. Wie oft hatten Sie bereits zu diesem Zeitpunkt das ‚Bauchgefühl', *„Na, wenn das mal gut geht und der Kunde dann hoffentlich auch zahlt…"* ? Und was haben Sie dann getan? Haben Sie auf Ihren Bauch gehört oder haben Sie dieses wertvolle Gefühl mit Ihrem Kopf verdrängt?

Ich kann Ihnen nur raten, auf Ihren Bauch zu hören. Das gilt ganz allgemein im Leben, aber ganz besonders bei der Annahme Ihrer Aufträge. Vereinbaren Sie in solchen Fällen mindestens eine Anzahlung. Dann sehen Sie gleich, wie groß die Bereitschaft ist, die Ware auch zu bezahlen.

Sie können auch eine Bezahlung am Liefertermin vereinbaren. Das bedeutet, dass Sie direkt die Ware gegen Geld tauschen. Wenn kein Geld da ist, nehmen Sie Ihre Ware wieder mit.

Das ist übrigens bei sämtlichen Bestellungen so, die per Nachnahme bezahlt werden. Und so werden jährlich einige Millionen Geschäfte abgewickelt, also warum nicht auch Ihre?

Weisen Sie Ihre Kunden darauf hin, dass Sie viel Wert auf eine pünktliche Bezahlung der Rechnung legen und dass Sie nur so Ihren Service und die günstigen Preise auch in der Zukunft halten können. Auf unserer Bestellseite im Internet haben wir von Anfang an den folgenden Hinweis angebracht, der klarmachen soll, dass wir es damit wirklich ernst meinen.

Noch ein offenes Wort zur Zahlungsmoral:

Normalerweise ist es in Deutschland üblich, die Kosten, die sich durch das Versenden von Mahnungen oder aus Zahlungsausfällen ergeben, auf die allgemeinen Preise (und damit ja auch auf alle pünktlich zahlenden Kunden) umzulegen.

Wir meinen, dass dies der falsche Weg ist. Über 96% unserer Kunden bezahlen Ihre Bestellungen pünktlich und wir sehen es nicht ein, diese - für uns wertvollen Kunden - durch allgemeine Preisaufschläge zu benachteiligen!

Um unsere Ausfälle weiterhin gering zu halten, erhalten säumige Zahler drei Mahnungen und danach übergeben wir die Angelegenheit unserem Anwalt, der über das Gericht einklagt.

Sogar unser Anwalt meinte, dass dies ein bisschen hart formuliert sei, aber das war mir egal. Ich will einfach, dass nur die Kunden bei uns bestellen, die auch vorhaben, Ihre Rechnungen zu begleichen. Alle anderen bedeuten nur Aufwand und Ärger. Sie kosten unnötig Zeit, die dann wieder für die Betreuung unserer guten Kunden fehlt.

Das Resultat nach drei Jahren FinanzplanShop und ca. 2.000 versandten Rechnungen sieht übrigens folgendermaßen aus:

- 81% aller Besteller haben Ihre Rechnungen innerhalb von 14 Tagen bezahlt
- 10% aller Besteller haben nach der ersten Mahnung bezahlt (diese ist noch kostenfrei)
- 4 % aller Besteller haben nach der zweiten Mahnung bezahlt (5 Euro Mahngebühren)
- 2% aller Besteller haben nach der dritten Mahnung bezahlt (15 Euro Mahngebühren)

Die Quote aller Bestellungen, die auch tatsächlich bezahlt wurde liegt somit bei 97%. Das ist für einen Internetshop, der überdies ausschließlich via Vorkasse liefert, nicht übel...

Ach ja, und vier Besteller meinten, dass sie gar nicht bezahlen müssten. Diese vier wurden von uns vor Gericht gebracht und dort zur Zahlung der Rechnung verklagt. Die Gerichts- und Anwaltsgebühren überstiegen dabei die Rechnungsbeträge in allen Fällen...

Was aber dabei am wichtigsten ist: Wir haben so wirklich die Zeit, um unseren guten und für uns wichtigen Kunden einen höllisch schnellen Support zu bieten und wir mussten noch niemals die Kosten von Mahnungen auf die allgemeinen Produktpreise aufschlagen.

Ich finde, das ist ein faires Geschäft: Wer bezahlt bekommt eine tolle Dienstleistung und gute Produkte und diejenigen, die schlampern oder gar nicht bezahlen, tragen die Kosten des Mahnwesens alleine.

<u>Wann mahnen?</u>

Wir stellen unsere Rechnungen mit einem Zahlungsziel von 14 Tagen rein netto, also ohne Skontoabzugsmöglichkeit.

Ebenso üblich ist aber auch ein Zahlungsziel von 30 Tagen, wobei dann meist ein Skonto von 2 oder 3% bei einer Zahlung innerhalb von 7 oder 14 Tagen angeboten wird.

Sie können beides machen, wobei ich persönlich der Meinung bin, dass der Abzug von Skonto nicht das ‚Gelbe vom Ei' ist. Es muss doch jedem Kunden klar sein, das kein Unternehmer auf 3% seines Gewinnes verzichtet. Also wird der Betrag, der als Skonto angeboten wird, vorher auf die allgemeinen Preise aufgeschlagen. Wir gehen also den Weg, dass wir unsere Preis von vornherein sauber und fair kalkulieren und dann auch erwarten, dass die Rechnung so beglichen wird.

Die erste Mahnung versenden wir ohne Mahngebühren, wenn nach 17 Tagen noch kein Zahlungseingang verbucht werden konnte. So hat jeder Kunde, der wirklich einmal vergessen hat, seine Rechnung zu bezahlen die Möglichkeit, dies nun kostenfrei nachzuholen.

Nach weiteren 17 Tagen (14 Tage plus 3 Tage Überweisungsdauer) versenden wir die zweite Mahnung, für die wir 5 Euro Mahngebühren berechnen. Und nach weiteren 17 Tagen versenden wir die letzte Mahnung, die 15 Euro Gebühren nach sich zieht.

Wie die Statistik weiter vorne zeigt, zahlen 10% nach der ersten Mahnung. Diese Kunden scheinen es also wirklich nur verschwitzt zu haben.

Dann allerdings nimmt die Zahlungsbereitschaft stark ab, denn nur weitere 4% lassen sich nach der zweiten Mahnung zu einer Zahlung hinreißen. Die dritte Mahnung bringt dann nur noch weitere 2% dazu, nun endlich die erhaltene Rechnung zu begleichen.

Wie mahnen?

Mahnen sollten Sie stets schriftlich. Wenn Sie davon ausgehen können, dass Ihr Kunde seine E-Mails regelmäßig abruft, können Sie die Mahnung auch per E-Mail versenden. Das spart Ihnen dann wenigstens die Portogebühren.

Den Text, also den Inhalt der Mahnung, sollten Sie mit dem Anwalt abklären, der Ihnen im Extremfall auch bei der Beibringung der offenen Rechnungen zur Seite steht. Unsere Mahntexte sind sehr sachlich und deutlich verfasst. Wir sind da also ganz ‚spaßfrei'.

Oft wird empfohlen nicht zu mahnen, sondern den Kunden anzurufen. Ich finde das nicht hilfreich, denn solche Telefonate kosten Ihre Zeit und Ihre Nerven und Sie werden durch das Tal der Ausreden schreiten müssen.

Wenn ein Kunde Ihre Rechnung wirklich nur vergessen hat, reicht eine 1. Mahnung in Schriftform aus. Bei denen, die nicht zahlen wollen oder können, will ich den Grund gar nicht wissen, denn die landen sowieso bei unserem Firmenanwalt.

Es kann auch hilfreich sein, die 3. Mahnung per Einschreiben zu versenden. Probieren Sie es einfach einmal aus...

Wenn Ihr Kunde trotzdem nicht zahlt?

Tja, wenn Ihr Kunde trotzdem nicht zahlt, dann sind an dieser Stelle bereits 3 x 17 Tage vergangen, also mehr als 6 Wochen nachdem Sie die Rechnung gestellt haben.

Ich kann Ihnen jetzt nur raten, alle offenen Forderungen schnell und sehr konsequent durch einen Anwalt beibringen zu lassen. Solange Ihr Schuldner zahlungskräftig ist, besteht für Sie keine Gefahr auf den Anwaltskosten sitzen zu bleiben, denn der Schuldner muss die Kosten, die durch Ihren Anwalt verursacht werden, tragen.

An dieser Stelle schreien viele Chefs geradezu auf: *„Ja ich kann doch nicht mit dem Anwalt kommen, dann bestellt der Kunde doch nie wieder etwas bei uns…"*

Lassen Sie uns zunächst einmal den Begriff ‚Kunde' definieren. Ein Kunde ist jemand, der etwas kauft und bezahlt. Wer nur etwas kauft und es dann nicht bezahlt ist kein Kunde, sondern ein Blender. Sie können ihn auch einen Gauner oder Halunken nennen, im Ergebnis ist es in jedem Fall jemand, der Ihnen und Ihrer Firma, Ihren Mitarbeitern und Lieferanten, kurz allen, die wirtschaftlich mit Ihrem Unternehmen verbunden sind, sehr schadet.

In unserem Bekanntenkreis gibt es jemanden, der mit offenen Rechnungen von 250.000 Euro schließlich die so genannte Privatinsolvenz angemeldet hat. Wenn man sich überlegt, was dies für seine Gläubiger bedeutet, wird man berechtigterweise ziemlich sauer.

Da sind also Firmen, die Waren und Dienstleistungen für insgesamt eine viertel Million Euro geliefert und erbracht haben und der ‚Kunde' zahlte letztendlich keinen einzigen Cent. Hätte bereits die erste Firma konsequent gemahnt und diesen Nichtzahler vor Gericht gebracht, hätte für alle nachfolgenden Firmen großer Schaden abgewendet werden können.

Durch das Stillhalten einer Firma bei nicht beglichenen Forderungen besteht für solche Nichtzahler erst die Möglichkeit, auch weiterhin fröhlich einzukaufen. Es wäre deshalb sehr wünschenswert, wenn es sich in der Geschäftswelt einbürgern würde, solchen Leute durch schnelleres Handeln Einhalt zu gebieten.

Letzten Endes schaden sich alle Unternehmen und Firmen gegenseitig, wenn zu lange gewartet wird. Denn die Möglichkeit, sich gegenseitig neue Aufträge zu geben, wird durch Zahlungsausfälle stark vermindert.

Was mich besonders bedenklich stimmt ist die Tatsache, dass alle Zahlungsausfälle am Ende ja von den zahlenden Kunden mitgetragen werden müssen, weil wohl jede Firma ihre Preise so kalkuliert, dass diese Ausfälle mit in die Preisfindung eingehen. Die zahlenden Kunden sind dann die Dummen, weil sie letzten Endes diese so erhöhten Preise zu tragen haben.

Es geht also darum, dass diejenigen, die Ihre Rechnungen pünktlich bezahlen, zusammenhalten und sich durch ein straffes Mahnwesen gegen diejenigen wehren, die das nicht zu tun gedenken.

Das Finanzamt und die Steuern

Am Ende eines jeden Tages kommt der Abend und schließlich die Nacht. Genauso verhält es sich mit dem Finanzamt, das am Ende des Jahres einen oft nicht unerheblichen Teil des Gewinnes für sich beansprucht.

Ich kenne keinen Chef, der das Finanzamt wirklich mag. Aber es ist nun mal eine Tatsache, dass wir alle die Höhe an Steuern abführen müssen, die die jeweilige Regierung gerade für richtig hält.

Da wir als Chef also keinen Handlungsspielraum bei der Höhe der Steuer haben, gilt es, zumindest alles auszuschöpfen, was sich legalen Möglichkeiten bietet.

Buchführung

Es mag banal klingen, aber achten Sie darauf, dass Sie nichts, aber auch gar nichts kaufen, ohne sich einen Beleg dafür geben zu lassen. Heben Sie ALLE Belege auf und machen Sie sämtliche Kosten geltend, die Sie betrieblich bedingt haben.

Immer wieder kommt es in der Hektik des Arbeitsalltages vor, dass man eine Zahlung leistet, ohne einen Beleg dafür zu erhalten. Meist sind es Kleinbeträge, die sich aber über das Jahr gesehen durchaus zu stattlichen Summen addieren können.

Wer jeden Tag nur 5 Euro ohne Quittungen ausgibt (sei es nur, indem man etwas in eine Parkuhr wirft oder einem Kellner Trinkgeld gibt), der sitzt am Jahresende auf einem Betrag von 1.825 Euro an geschäftlichen Kosten, für die es keinen Beleg gibt. Und da beim Finanzamt die Devise gilt, dass ohne Belege nichts anerkannt wird, hat man hier als Selbständiger schnell das Nachsehen.

Gewöhnen Sie sich deshalb bitte an, grundsätzlich darauf zu achten eine Quittung zu erhalten. Ein guter Bekannter von mir sagt immer im Spaß, dass er von seiner Frau nur soviel Taschengeld bekommt, wie er ihr an Quittungen für seine Ausgaben einreicht. Im Grunde trifft es aber genau ins Schwarze.

Tipp: Sollte Ihnen einmal eine Quittung fehlen, stellen Sie sich selbst einen Eigenbeleg aus, auf dem Sie vermerken, was Sie wann für was ausgegeben haben. Man kann dann immer noch mit dem Finanzamt diskutieren, ob es anerkannt wird oder nicht, aber ohne einen Eigenbeleg haben Sie gar keine Chance...

Steuerberater

Ich persönlich bin ein absoluter Fan von Steuerberatern und habe auch selber seit über 20 Jahren einen steuerlichen Berater.

Wenn Sie selbst Spaß am Verbuchen von Belegen haben, können Sie Ihre Buchhaltung natürlich auch selbst machen, aber von der Tendenz her neige ich eher dazu, Ihnen zu raten, sich einen guten Steuerberater zu suchen.

Es gibt viele Änderungen und Vorschriften, die man bei einer korrekten Buchhaltung berücksichtigen muss. Als Chef sollte man sich hier eher auf sein eigenes Geschäft konzentrieren, als am Wochenende oder am späten Abend noch über seinen Büchern zu sitzen. Im Übrigen reicht es vollauf, wenn Sie als Chef mit Ihrem Finanzplan arbeiten. Mit ‚Klein-Klein-Details' sollten Sie sich hier nicht zusätzlich belasten.

Sofern Sie nur eine einfache Einnahmen-Überschussrechnung machen müssen mag es noch angehen, diese selbst zu erledigen. Spätestens wenn Sie bilanzieren müssen, sollten Sie sicherstellen, dass es von einem wirklichen Profi erledigt wird.

Noch ein Wort zur Qualität der Steuerberater: Meiner Erfahrung nach gibt es zwei Grundtypen von Steuerberatern. Die einen (und das dürfte die Mehrheit sein) konzentriert sich alleine auf das ordnungsgemäße Verbuchen von allen anfallenden Belegen. Ich nenne diese Gruppe gerne die Buchhaltertypen.

Die andere Gruppe sind die echten (Steuer-)Berater. Sie verbuchen natürlich auch Ihre Belege und erstellen den Abschluss, aber die Beratertypen entwickeln von sich aus kreative Ideen und teilen Ihnen diese unaufgefordert mit.

Wenn Sie solch einen Beratertypen gefunden haben, der sich von sich aus darum bemüht, dass Ihnen als seinem Mandanten durch das Finanzamt ‚Gutes widerfährt', halten Sie ihn fest und lassen Sie ihn nicht mehr gehen. Solch ein (Steuer-)Berater ist Gold wert und das sollten Sie ihm auch ruhig ab und zu einmal sagen.

Steuerrücklagen

Was der beste Steuerberater nicht für Sie tun kann ist, dass Sie rechtzeitig und in der richtigen Höhe Ihre Steuerrücklagen aus den laufenden Einnahmen auf die Seite legen.

Für alle, die einen Finanzplan in der ProEdition verwenden, ist das aber sehr einfach. Der Finanzplan berechnet Ihnen jeden Monat mit nur drei Mausklicks, wie hoch der Betrag ist, den Sie diesen Monat für Ihre kommenden Steuerzahlungen auf die Seite legen müssen.

Dabei werden alle Ihre steuerpflichtigen Einnahmen auf das ganze Jahr, also bis Dezember, hochgerechnet und Ihren geschäftlichen Ausgaben, die ebenfalls auf das gesamte Jahr hochgerechnet werden, gegenübergestellt.

Ihre besonderen steuerlichen Rahmenbedingungen werden dabei mitberücksichtigt. So wird Monat für Monat die Summe ermittelt, die Sie aktuell für Ihre Steuerzahlungen auf die Seite legen müssen. Überweisen Sie diese Steuerrücklagen am besten auf ein Tagesgeldkonto, über das Sie täglich verfügen können. Immer wenn das Finanzamt Ihnen einen Steuer- oder Vorauszahlungsbescheid schickt und von Ihnen Geld haben will, liegt die Summe schon längst auf Ihrem Tagesgeldkonto bereit.

Darüber hinaus erhalten Sie auf dem Tagesgeldkonto noch Guthabenszinsen. Schöner und einfacher kann die steuerliche Situation für einen Selbständigen nicht sein.

Warnung: Wenn Sie keine ausreichenden Rücklagen für die Steuerzahlungen bilden, geraten Sie unter Umständen schnell in die Situation, dass Sie das Jahr über zwar alle Ausgaben und Rechnungen bezahlt haben, aber darüber hinaus kein Geld für die Steuerzahlungen an das Finanzamt auf der Seite haben.

Ich kenne viele Selbständige, die dann nach drei Jahren der Selbständigkeit eine solch große Summe an das Finanzamt zahlen mussten, dass es Ihnen finanziell ‚fast das Genick gebrochen hätte'. Bei manchen führte es sogar zum AUS ihrer Firma. Mit dem Finanzplan lässt sich das ganz einfach vermeiden.

Ihr Anwalt und Rechtliches

Als Chef sollten Sie sich noch einen großen Gefallen tun, und zwar den, sich einen guten Anwalt zu suchen. Am besten machen Sie das noch vor der Gründung Ihres Betriebes und legen mit Ihrem Anwalt gleich Ihre AGBs (Allgemeinen Geschäftsbedingungen), Ihre Angebotsschreiben, Ihre Auftragsbestätigungen, Ihre Mahntexte etc. fest.

Besprechen Sie mit Ihrem Anwalt also alles gleich im Vorfeld, damit Sie, wenn es ernst wird, nicht durch juristische Spitzfindigkeiten ins Trudeln geraten können. Nehmen Sie einfach alle Geschäftsvorfälle mit, von denen Sie meinen, dass diese bei Ihnen in der Firma vorkommen könnten. Lassen Sie diese entweder von Ihrem Anwalt formulieren oder bitten Sie ihn, sich die von Ihnen formulierten Schreiben und Bedingungen durchzulesen und zu korrigieren.

Wenn Sie bereits eine bestehende Firma haben, sollten Sie diesen wichtigen Punkt ebenfalls erledigen. Juristisch sauber formulierte Schreiben, Bedingungen und Texte bringen Sie als Chef schnell in eine gute Position.

Fragen Sie auch ruhig vor einem solchen Gespräch, wie hoch die Kosten sind, die Ihnen der Anwalt berechnet. Diese Beratungskosten richten sich nach keiner Tabelle und sind frei verhandelbar. Vor allem dann, wenn Sie am Anfang einer Existenzgründung stehen, sollten Sie sich nicht scheuen, Ihrem Anwalt zu sagen, dass noch nicht so viel Geld vorhanden ist. Ein guter Anwalt wird Ihnen entgegenkommen, wenn er sich daraus für die Zukunft eine neue Geschäftsbeziehung erwarten kann.

Noch ein Wort zur Qualität des Anwalts. Da Sie seine Fachkompetenz erst mit der Zeit einschätzen können, wird Ihnen nichts anderes übrig bleiben, als sich ganz auf Ihr Gefühl zu verlassen. Wenn Ihnen der Anwalt als Mensch unsympathisch ist, gehen Sie zum nächsten. Es schadet nichts, so lange zu suchen, bis Sie jemanden gefunden haben, bei dem Sie sich gut aufgehoben fühlen. Nichts ist schlimmer, als dass man als Chef seine engsten Berater - und dazu zählt Ihr Anwalt - mit der Zeit menschlich nicht ausstehen kann...

Achten sollten Sie bei einem Anwalt auch ganz besonders darauf, ob er die Ihnen gegenüber genannten Fristen und Zusagen einhält.

Da es bei rechtlichen Dingen stets um Fristen und Kleingedrucktes geht, sollte das Büro Ihres Anwalts nicht gerade wie ein Truppenübungsplatz nach einer NATO-Übung aussehen. Ihr Anwalt muss einfach Ihre Fälle und Schriftstücke schnell zur Hand haben, ohne dafür eine halbe Stunde auf den Knien durchs Büro zu robben.

Aber das gilt wohl ganz allgemein für Menschen, mit denen Sie als Chef zusammenarbeiten.

Ihre Mitarbeiter

Gerade als Chef eines kleineren Unternehmens arbeiten Sie Tag für Tag sehr eng mit Ihren Mitarbeitern zusammen.

Deshalb hat die Auswahl Ihrer Mitarbeiter für Sie eine wesentlich größere Bedeutung als für einen Großkonzern, in dem sich doch immer wieder Mitarbeiter regelrecht ‚verstecken' können. Manche Mitarbeiter von großen Konzernen schaffen es erstaunlicherweise, so unauffällig zu existieren, dass sie nur auf der Gehaltsliste zu bemerken sind.

In kleinen Firmen hingegen kann sich keiner verstecken, da muss jeder bereit sein, die Arbeit zu erledigen, die eben gerade anfällt. Ob das nun in sein eigentliches Aufgabengebiet fällt oder nicht, spielt dabei keine Rolle. Es muss einfach jeder ran und tun, was gerade getan werden muss.

Aus diesem Grund hat zunächst einmal die Leistungsbereitschaft Ihrer Mitarbeiter eine große Bedeutung. Wer nur 4 Mitarbeiter hat, kann es sich nicht leisten, einen davon mitzuziehen und ‚durchzufüttern', denn bei 4 Mitarbeitern stellt jeder Einzelne bereits 25% Ihrer Belegschaft dar. Engagement und Einsatzbereitschaft sind also ein wichtiges Kriterium, auf das Sie achten müssen.

Wann einstellen?

Welchen Anteil an den Gesamtkosten Ihrer Firma haben die Lohnkosten bei Ihnen? Als Chef einer kleineren Firma wird es vermutlich ein ziemlich hoher Prozentsatz sein.

Wer heute einen Arbeitnehmer einstellt, geht als Chef immer eine große finanzielle Verpflichtung ein. Was ein Mitarbeiter wirklich kostet wird erst klar, wenn man einmal alles addiert, was für einen Angestellten an Zahlungen geleistet werden muss. Um Ihnen eine Entscheidungshilfe zu geben, steht auf der Chefwebseite das Berechnungsmodul ‚Was Arbeitnehmer wirklich kosten' zur Verfügung. Mehr Infos im Internet

Viele Chefs tun sich schwer, wenn es darum geht, die Einstellung eines Arbeitnehmers nachzuvollziehen. Schließlich ist man es als Selbständiger gewohnt, dass der Erfolg der eigenen Firma im Vordergrund steht und beschäftigt sich wenig mit Dingen wie, Weihnachts- und Urlaubsgeld, Arbeitszeitregelungen, Überstunden, Urlaubsansprüchen und solchem ‚Schnickschnack'.

Ich kenne Chefs, die schon bei der Erwähnung des Wortes Urlaub oder Lohnfortzahlung einen hochroten Kopf bekommen. Aus Sicht der Chefs ist das auch durchaus verständlich, denn wenn Sie selbst krank sind, zahlt Ihnen ja auch keiner Ihren Lohn weiter. Fahren Sie in die Ferien, verdienen Sie in dieser Zeit nichts...

Ein Arbeitnehmer sieht das naturgemäß anders. Für ihn ist es nun einmal so, dass er seine Arbeitskraft möglichst teuer an eine Firma ‚vermieten' möchte. In der Regel sieht er oder sie es auch nicht ein, sich für die Firma krumm zu legen. Natürlich gibt es Ausnahmen, aber die Anzahl derer, die eine Firma als berufliche Heimat verstehen und sich mit ihr wirklich identifizieren, nimmt leider stetig ab.

Das müssen wohl alle Chefs zunächst als gegeben hinnehmen, um sich dann darauf zu konzentrieren, möglichst viele solcher Mitarbeiter zu finden, die sich einsetzen möchten und bereit sind, die Firma nicht als bloßen Platz zur eigenen Nahrungsbeschaffung anzusehen.

Von der Tendenz her empfehle ich allen Chefs, möglichst wenig Personal einzustellen. Das mögen jetzt die Gewerkschaften wohl gar nicht hören, aber da dies ein Buch für Chefs ist, müssen die Gewerkschaftsvertreter dieses Kapitel eben einfach überblättern. Oder sie müssen da durch und auch einmal den Gedanken zulassen, dass es nur für solche Arbeitnehmer Arbeitsplätze geben kann, die nicht nur ihre Kosten hereinarbeiten, sondern darüber hinaus zum Gewinn der Firma beitragen.

Sie als Chef brauchen keine Angestellten, die Sie mehr kosten, als sie Ihnen einbringen. Noch deutlicher formuliert: Sie können sich solche Mitarbeiter auf keinen Fall leisten.

Sie brauchen bei solchen Überlegungen auch kein schlechtes Gewissen zu haben, denn Sie sind nicht die Caritas und leben auch nicht von Spenden. Ihre Aufgabe als Chef ist es, dafür zu sorgen, dass es Ihrer Firma gut geht. Nur dann haben alle, die in und mit Ihrer Firma (zusammen)arbeiten, auf Dauer eine wirtschaftlich gesicherte Zukunft.

Hier einmal ein Beispiel, das verdeutlichen soll, wie hoch die finanzielle Belastung allein durch eine Sekretärin ist, die in Ihrer Firma arbeitet. Achten Sie bitte auch auf den tatsächlichen Stundenlohn, also auf den Betrag, den Sie diese Beispielsekretärin pro Stunde wirklich kostet:

Position:	Sekretärin, 30 Jahre alt, mittlere Reife, gelernte Kauffrau und 10 Jahre Berufserfahrung. Gute PC-Kenntnisse innerhalb der MS Office-Umgebung, Steno hundert Silben pro Minute und auf der Tastatur bringt sie es auf 180 Anschläge pro Minute
Auftreten:	Ein angenehmes Erscheinungsbild, freundlich und zuvorkommend, kann gut mit Kunden und Interessenten Ihrer Firma umgehen
Gehalt:	1.900 Euro Brutto zusätzlich VWL

Wie viel kostet Sie als Chef diese ‚Beispielsekretärin' nun wirklich pro Stunde? Das ist auch unter dem Gesichtspunkt „Was kostet mich eine Kundenanfrage oder das Ausstellen einer Rechnung, etc." eine interessante Frage. Machen wir einmal folgende Rechnung auf:

Bruttolohn	1.900,00 Euro
Krankenversicherung	136,33 Euro (bei 6,50%)
Rentenversicherung	204,69 Euro (bei 9,75%)
Arbeitslosenversicherung	68,16 Euro (bei 3,25%)
Pflegeversicherung	17,83 Euro (bei 0,85%)
Vermögenswirksame Leistungen	39,00 Euro (bei 100%)

Die Gesamtkosten der Sekretärin betragen somit immerhin 2.366,01 Euro pro Monat.

Nehmen wir weiter an, dass Sie als Chef nun noch jeweils 50% des Gehaltes an Urlaubs- und Weihnachtsgeld bezahlen, dann ergeben sich Kosten von 12 x 2.366,01 Euro plus 2.327,01 Euro für die beiden Sonderzahlungen (die VWL werden ja nur 12 x bezahlt), insgesamt also 30.719,13 Euro pro Jahr.

Wie viel Tage steht Ihnen diese Sekretärin dafür zur Verfügung? Nun, das Jahr hat bekanntlich 365 Tage. Da können wir gleich einmal 104 Wochenendtage und 29 Tage Urlaub abziehen. Jetzt werden noch unsere ca. 18 Feiertage abgezogen und da jeder ja mal krank ist nehmen wir einfach noch 9 Krankheitstage an. Somit verbleiben noch 205 Tage, in denen die Sekretärin also wirklich anwesend ist.

Das bedeutet für Sie als Chef, dass Sie einen effektiven Tagessatz von 30.719,13 Euro / 205 Arbeitstage = 149,85 Euro pro Tag einkalkulieren müssen, wenn Sie sich fragen, ob es sich lohnt, diese Sekretärin einzustellen.

Fragen Sie sich nun, wie viel Gewinn (nicht Umsatz) Sie mehr erzielen können, wenn Sie diese Sekretärin einstellen. Dann merken Sie recht schnell, ob es sich lohnt oder nicht.

Wen einstellen?

Wie schon weiter vorne beschrieben, brauchen Sie als Chef einer kleinen Firma nur wirklich gute Leute. Bevor Sie jemanden einstellen, mit dem Sie nur begrenzt zufrieden sind, sollten Sie lieber weitersuchen, bis Sie den richtigen Mitarbeiter für diese Stelle finden.

Je weniger Mitarbeiter ein Betrieb hat, desto wichtiger ist es, dass die Mitarbeiter zum Betrieb passen, fachlich qualifiziert sind und - wie bereits gesagt - mit hohem persönlichem Einsatz arbeiten.

Lassen Sie sich bei der Suche nach Mitarbeitern vorrangig von diesen drei Faktoren leiten:

- Passt er/sie zu Ihnen und zur Firma?
- Ist er/sie fachlich qualifiziert?

- Ist er/sie bereit, großen persönlichen Einsatz zu bringen?

Die ganze Welt sucht immer junge, gutaussehende Menschen, die eine Ausbildung in dem Bereich haben, für den sie eingestellt werden sollen. Ich halte das für totalen Quatsch. Wenn Sie jemanden finden, der bereits 50 Jahre alt ist und zu Ihnen passt, qualifiziert ist und seinen Einsatz bringen will, dann stellen Sie ihn doch ein.

Wenn Sie jemanden finden, der nicht aussieht wie Brad Pitt oder eine der Hollywood-Schönheiten, und vielleicht sogar noch ein paar Pfund Übergewicht mitbringt, aber die Person zu Ihnen passt, fachlich qualifiziert ist und ein hohes Engagement mitbringt, dann stellen sie ihn doch ein.

Und wenn Sie jemanden finden, der zum Beispiel Sanitärinstallateur gelernt hat, aber dessen ganze Leidenschaft den Computern gilt, der sich alles selbst beigebracht hat, richtig gut ist, zu Ihnen passt und sich einsetzen will, dann geben Sie ihm oder ihr doch eine Chance!

Lösen Sie sich von den Klischees der üblichen Einstellungsvoraussetzungen und sehen Sie sich den Menschen an, der vor Ihnen steht.

Nehmen Sie sich die Zeit, um ihn oder sie kennen zu lernen. Vergessen Sie alle Einstellungs- und Bewerbungstests, messen Sie den Zeugnissen nicht zuviel Bedeutung bei und beurteilen Sie den neuen Mitarbeiter besser nach dem, was er oder sie für Ihre Firma leisten kann und will.

Vereinbaren Sie doch eine Probezeit von einigen Monaten und schauen Sie zu, wie er die Arbeit bewältigt. Und entscheiden Sie sich danach.

Mitarbeiterführung

Über die Führung von Mitarbeitern sind unendlich viele Bücher geschrieben worden. Es gibt hunderte von Führungsstilen, Thesen und psychologischen Abhandlungen, wann man wie mit einem Mitarbeiter umgehen kann und soll. Bestimmt sind viele dieser

Bücher sinnvoll und hilfreich, aber unter dem Strich ist Führung eine Sache, die aus dem Bauch kommt.

Meine wichtigsten Erkenntnisse und Tipps für Führung sind:

- Wenn Sie etwas an einem Mitarbeiter stört, sollten Sie es äußern. Laufen Sie nicht monatelang mit dem Gedanken herum, sondern vereinbaren Sie ein zeitnahes Mitarbeitergespräch. So vermeidet man, dass sich unangenehme Gefühle anstauen.

- Behandeln Sie in allen Gesprächen andere Menschen stets so, wie Sie selbst in dieser Situation auch behandelt werden möchten.

- Tadeln Sie einen Mitarbeiter niemals in Gegenwart anderer. Sorgen Sie stets für einen abgeschlossenen Raum wenn Sie Kritik äußern.

- Lassen Sie sich vor einem Kritikgespräch Zeit und überschlafen Sie das, was Sie loswerden wollen. Seien Sie also nicht zu spontan, handeln Sie niemals aufgrund eines ersten Impulses.

- Kritisieren Sie das Verhalten, nicht den Menschen an sich. Nichts ist schlimmer, als sein Gesicht zu verlieren. Das sollten Sie bei allen Gesprächen stets beachten.

- Loben Sie nach Möglichkeit immer so, dass es viele Menschen mitbekommen, also öffentlich.

<u>Sind die Aufgaben klar?</u>

Aufgaben können nur dann gut erledigt werden, wenn Ihren Mitarbeitern klar ist, was Sie als Chef wirklich von Ihnen erwarten. Setzen Sie dabei nicht zuviel voraus. Sätze wie *„Ja, der wird dann schon wissen, wie ich das meine“*, können Sie ganz vergessen.

Niemand weiß genau, wie Sie etwas meinen, wenn Sie es nicht geäußert und besprochen haben.

Nutzen Sie das Prinzip der Schriftlichkeit und formulieren Sie Ziele und Aufgaben, vor allem bei neuen Mitarbeitern ruhig schriftlich. Handeln Sie nach der Devise: lieber 10 Minuten mehr planen als tagelang sinnlos arbeiten.

Setzen Sie so viele Checklisten ein wie nötig. So können Sie sicher sein, dass nichts vergessen wird. Es ist übrigens sehr sinnvoll, wenn Sie diese Checklisten von Ihren Mitarbeitern anfertigen lassen. Dann sehen Sie sehr genau, wie dieser die Aufgabe versteht und umsetzen will.

Ehrlichkeit

Mitarbeiterführung ist nur dann auf Dauer harmonisch, wenn Sie auf Machtspielchen genauso verzichten wie auf ‚Hintenrumrederei' und ähnlichen Kindergartenkram.

Als Chef sind Sie sowieso die Führungsfigur in Ihrem Unternehmen. Sie haben es also gar nicht nötig, zu solchen unfairen Mitteln zu greifen. Unterbinden Sie solches Verhalten auch konsequent bei anderen Mitarbeitern Ihrer Firma. Schaffen Sie stattdessen Zeit und Raum (gerne auch einmal abends bei einem Bierchen) um Aussprachen zu fördern.

Werfen Sie Mitarbeiter, die unehrlich sind oder das Klima vergiften, schnellstmöglich und konsequent aus Ihrem Laden heraus. Machen Sie allen deutlich, dass bei Ihnen nicht gemogelt wird und strafen Sie solches Verhalten ab.

Wägen Sie sorgfältig ab, was Sie wem versprechen, denn als Chef müssen Sie es auch einhalten. Im Vorfeld zu wenig zusagen und dann die Erwartungen übertreffen, ist wesentlich förderlicher für das Betriebsklima als zuviel zuzusagen und anschließend zurückrudern zu müssen.

Was ist mit Motivation?

Einen Mitarbeiter, den Sie motivieren müssen, damit er seine Aufgaben erledigt, können Sie getrost vergessen. Die Motivation, um gute Leistungen zu bringen, muss aus jedem selbst herauskommen. Setzen Sie auf Eigenmotivation und belohnen Sie gute Leistungen mit positiver Beachtung. Machen Sie Ihre Mitarbeiter durch Anerkennung und Lob zu Wiederholungstätern.

Vergessen Sie alle leistungssteigernden Mittelchen, die so auf dem Markt kursieren. Das sind alles nur kurzfristige Maßnahmen, die Ihnen auf Dauer mehr Schaden als Nutzen bringen werden. Warum ist das so?

Nun, ganz einfach. Wenn Sie jemandem heute 50 Euro geben, weil er eine Aufgabe, die er sowieso machen muss, besonders gut gemacht hat, wird er das nächste Mal wieder 50 Euro dafür erwarten. Bekommt es diese dann nicht mehr, ist er enttäuscht und sagt sich: *„Na, dann brauche ich mich ja auch nicht mehr so anzustrengen"*.

Geben Sie ihm aber jedes Mal 50 Euro, wird seine Leistung ebenfalls nachlassen, denn immer nur die gleiche Belohnung zu erhalten ist ja auch blöd... Sie müssten demnach die Belohnungen laufend in die Höhe schrauben, was Ihnen aus wirtschaftlichen Gründen gar nicht gelingen kann.

Ein anderes Beispiel: Wenn Sie alle Mitarbeiter zu sich nach Hause einladen und Sie stellen als Bewirtung Käsebrötchen und Bier auf den Tisch, wird sich wahrscheinlich jeder freuen. Wenn Sie das stets so machen, werden Sie nach dem 5. Treffen wahrscheinlich zu hören bekommen: *„Bei dem gibt es ja immer nur Käsebrötchen..."*

Merke: Der Mensch ist ein Gewohnheitstier. Was heute als ganz toll empfunden wird, wird morgen zur Gewohnheit und übermorgen wird es eingefordert.

Das muss Ihnen als Chef klar sein, sonst laufen Sie Gefahr, sehr schnell innerlich leer zu laufen und sind enttäuscht. Es ist dann aber nicht so, dass Ihre Mitarbeiter schlechte Menschen sind, Sie haben sie einfach nur zu sehr verwöhnt.

Was soll man jetzt tun? Keine Käsebrötchen mehr hinstellen? Doch, das können Sie schon machen, aber eben nicht ständig. Sie müssen abwechseln und Bewegung in das Spiel bringen.

Das Treffen kann auch einmal woanders stattfinden, zum Beispiel bei einem Ihrer Mitarbeiter. Sie können auch nur mal im Büro bei einer Tasse Kaffee zusammensitzen. Sie könnten sich auch mal nur in einem Park oder zum Wandern treffen.

Wichtig ist, dass Sie keine Selbstverständlichkeiten aufbauen, die nachher genau das Gegenteil von dem bewirken, was Sie eigentlich erreichen wollten.

Ich hatte über 14 Jahre lang ein eigenes Büro, in dem über den Daumen gepeilt 20 Vermögensberater ein und aus gingen. Alle waren zwar wirtschaftlich selbständig, aber dieses Büro diente als Anlaufstation, um Dinge wie ein einheitliches Materiallager, Schulungsräume, Besprechungsräume etc. zur Verfügung zu stellen.

Natürlich hätte ich einfach jedem einen Büroschlüssel geben können, um zu gewährleisten, dass jeder ins Büro konnte, wann er oder sie es für notwendig hielt. Das tat ich aber nicht, denn wir hatten folgende Regelung:

Wer einen Büroschlüssel wollte, musste dafür auch eine so genannte Gemeinschaftsaufgabe übernehmen. Und es gab immer viel zu tun. Einer hatte das Materiallager unter sich und war dafür verantwortlich, dass immer genügend Formulare und Anträge vorhanden waren. Andere hatten Büro- und Telefondienst und nahmen die Anrufe der Kunden von 9.00 Uhr – 13.00 Uhr entgegen. Wieder andere machten Gemeinschaftsschulungen oder schauten nach der Computeranlage usw.

Es hatte jeder eine kleine Aufgabe, so war keiner überfordert und der Büroablauf war sehr gut geregelt. Entscheidend war aber, dass sich so jeder Einzelne in die Gemeinschaft einbringen konnte. Er war wichtig und wertvoll.

Die Stimmung im Büro war richtig gut und außer einer Putzfrau musste ich als Büroleiter kein Personal einstellen. Freilich funktioniert so eine Regelung nur dann, wenn sich mehrere Selbständige in einem Büro zusammentun, aber es war eine schöne Zeit und alle haben sich wohl gefühlt.

Stimmt das Gehalt?

Noch ein letztes Wort zum Gehalt, das Sie bezahlen. Ich würde Ihnen empfehlen, möglichst leistungsgerecht zu entlohnen. Zahlen Sie nicht nach irgendwelchen Tarifverträgen, wenn Sie nicht müssen, sondern nach dem, was der Mitarbeiter für Ihre Firma tut.

Wer lange im Betrieb ist, muss nicht zwangsläufig mehr erhalten, verabschieden Sie sich fröhlich von solchen althergebrachten Ansichten und zahlen Sie nach Leistung.

Reden Sie offen über Löhne und Gehälter und machen Sie kein Tabu daraus. Es weiß doch sowieso jeder irgendwie, was der andere verdient. Also spielen Sie mit offenen Karten und Sie vermeiden einmal mehr das Getuschel in Ihrer Firma.

Erkennen Sie Weiterbildungen und Abendkurse finanziell an, wenn sich dadurch die Leistung Ihres Mitarbeiters verbessert. Nur weil jemand an einem Kurs teilgenommen hat und Ihnen einen Zertifikatszettel unter die Nase hält, kann es niemals mehr Gehalt geben.

Auf der anderen Seite können Sie jemandem, der sich privat weiterbildet und am Wochenende bei einem Freund lernt, wie man Ihre Firmenwebseite pflegen und aktualisieren kann, damit Sie dies nicht mehr als Fremdauftrag vergeben müssen, durchaus mehr Gehalt zahlen. Sie sehen, ich halte es hier ganz mit unserem Exkanzler Dr. Helmut Kohl, der bekanntlich sagte: *„Entscheidend ist, was hinten raus kommt…“*

Ach ja, und Gehälter haben nicht nur eine Richtung. Sie können auch wieder fallen. Wenn die Leistung nachlässt, sollten Sie sich nicht davor scheuen, auch Gespräche zu führen, in denen Sie verkünden, dass es ab jetzt weniger Gehalt gibt. Wichtig ist nur, dass Sie stets klipp und klar begründen, wann es mehr und warum es weniger gibt.

BILL
BILLS
INCOME

Was, wenn´s nicht läuft?

Auch wenn es traurig ist, aber Tatsache ist nun einmal, dass sich nicht jedes Geschäft wie erwartet entwickelt und am Markt auch seine benötigte Anzahl an Kunden findet.

Als Chef müssen Sie aber auch in diesem Fall noch handlungsfähig sein. Deshalb ein paar Tipps, wie man damit umgeht, wenn sich die Firma nicht wie geplant entwickelt.

Nicht die Augen verschließen

Das Wichtigste ist, dass Sie nicht die Augen davor verschließen, wenn es wirtschaftlich nicht genügend gut läuft. Setzen Sie sich unbedingt einen exakten Zeitpunkt, bis wann Ihre Firma welchen Gewinn erwirtschaften muss und halten Sie diesen unbedingt ein.

Das beste Mittel, das ich dafür kenne, ist der bereits ausführlich beschriebene Finanzplan. Dieser zeigt Ihnen unerbittlich auf, wie es finanziell um Ihre Firma bestellt ist. Das mag unangenehm sein, aber es rettet letztendlich Ihre eigene Existenz. Es macht keinen Sinn, sich selbst und vielleicht noch das Familienvermögen auf Spiel zu setzen, um einer Hoffung nachzujagen. Entweder kommt Ihre Geschäftsidee innerhalb des sich selbst gesteckten Zeitraumes am Markt an oder Sie müssen so intelligent sein und sich die eigene Fehleinschätzung rechtzeitig eingestehen.

Nichts ist schlimmer, als einer nicht mehr machbaren Vorstellung des eigenen Erfolges hinterher zu hecheln und am Ende völlig mittellos dazustehen.

Wenn ein Geschäft nicht läuft ist das unangenehm und auch sehr ärgerlich. Es ist aber kein Grund, um aus Scham, Eitelkeit oder falsch verstandenem Stolz darauf zu warten, bis Ihnen Ihre Bank sagt, dass Sie jetzt zumachen können.

Der Zeitpunkt, an dem Sie aufgeben müssen, kommt sowieso wenn es nicht läuft, also seien Sie ein Held und bestimmen Sie den Zeitpunkt Ihres Abganges selbst. Dann haben Sie auch für einen eventuellen späteren Neuanfang die beste Ausgangsposition.

Zum Nebenberuf machen

Sie müssen übrigens nicht gleich die Flinte ganz ins Korn werfen. Nehmen wir einmal an, Sie erwirtschaften einen Gewinn von 10.000 Euro im Jahr, dann ist das natürlich zu wenig, um davon leben zu können. Wenn Sie Ihre Firma nebenberuflich betreiben können, ist das ein tolles Zweiteinkommen.

Außerdem halten Sie sich dadurch alle Möglichkeiten und Türen offen. Vielleicht kommt ja doch noch ein großer Kunde auf Sie zu und ermöglicht Ihnen, sich wieder ganz selbständig zu machen. Man weiß ja schließlich nie…

Solange Sie Ihre Firma nebenberuflich am Laufen halten, haben Sie jeden Tag aufs Neue die Chance, vom Markt entdeckt zu werden. Es gab auch schon einige Firmen, die nach ein paar Jahren wieder auf die Beine gekommen sind.

Ein weiterer, angenehmer Effekt ist der, dass Sie Ihre Kunden, für die Sie ja wichtig und wertvoll sind, behalten können. Das Vertrauen Ihrer bisherigen Kunden bleibt Ihnen erhalten, wenn Sie es einigermaßen schaffen können, Ihren Kunden auch weiterhin bei Fragen zur Verfügung zu stehen. Meist lässt sich das mit wenig Aufwand hinbekommen.

Vielleicht hat es ja sogar etwas Positives, wenn Sie durch die nebenberufliche Tätigkeit etwas Abstand gewinnen? Sie kommen dabei vielleicht dahinter, was falsch gelaufen ist. Und wenn Sie dann eine zündende Idee haben, fällt es Ihnen viel leichter, diese umzusetzen, als wenn Sie Ihre Firma erst wieder eröffnen müssen und wieder ganz von vorne anfangen…

Würdevoll gehen

Sollten Sie zu der Entscheidung kommen, dass eine weitere, nebenberufliche Tätigkeit für Sie nicht in Frage kommt, gehen Sie bitte würdevoll und wickeln Sie alle Aufträge ordentlich und zuverlässig ab. Das wird Ihnen den Respekt Ihrer Kunden, Mitarbeiter und Geschäftspartner einbringen und diese Achtung werden Sie vielleicht noch einmal dringend brauchen.

Setzen Sie sich mit Ihrem Steuerberater rechtzeitig zusammen und besprechen Sie den notwendigen Ablauf. Das gleiche gilt für Ihren Anwalt. Auch hier sollten Sie von sich aus das Gespräch suchen, um Risiken bereits im Vorfeld abklären zu können. In Deutschland ist es gar nicht so einfach eine Firma ordentlich zu schließen, aber Sie sollten es dennoch tun.

Fahren Sie Ihre Firma nicht einfach ungebremst in den Konkurs. Melden Sie keine Insolvenz an, so etwas tut man nicht. Es schädigt Ihren Ruf enorm und kein vernünftiger Geschäftspartner wird sich je wieder mit Ihnen einlassen. Er muss ja davon ausgehen, dass Sie das beim nächsten Mal genauso machen.

Denken Sie immer daran: Wenn Sie jetzt schon keine Firma mehr haben, ist alles, worauf Sie in Zukunft bauen können Ihr Leumund. Als Leumund bezeichnet man die aus der Meinung anderer resultierende soziale Einschätzung, also Ihren Ruf und das Ansehen, welches Sie genießen.

Also Kopf hoch, Brust raus und anständig das Feld räumen!

Neuanfang wagen

Wenn Sie einmal mit einer Idee gescheitert sind, bedeutet das nicht, dass Ihnen nie etwas gelingen wird. Außer natürlich, Sie geben sich auf.

Viele erfolgreiche Menschen mussten öfter Anlauf nehmen, um schließlich Erfolg zu haben. Ich weiß nicht, wie viele Anläufe Sie benötigen, um schließlich Ihr Lebensglück zu finden. Es kann sein, dass einer ausreicht, es kann auch sein, dass Sie mehrere Anläufe brauchen.

Aber so lange Sie es weiter versuchen, so lange Sie sich selbst nicht aufgeben, leben Sie. Nur geistig leblose Menschen versuchen nichts mehr und finden sich mit allem so ab, wie es Ihnen von außen vorgesetzt wird.

Ich persönlich finde, dass es wirklich keine Schande ist, hinzufallen. Es ist aber ziemlich dumm, dann liegen zu bleiben. Bei jedem weiteren Versuch, den Sie wagen, haben Sie mehr Erfahrungen und

Erkenntnisse. Sie werden also immer besser und wissen, was es zu beachten gilt.

Und vorausgesetzt, Sie sind würdevoll gegangen, sehe ich keinen Grund, weshalb Sie nicht wieder auf Ihre alten Geschäftspartner und Kunden mit Ihrer vielleicht dann neuen Idee zukommen sollen dürfen…

Schlusswort

Wir sind am Ende dieses Buches und mir hat das Schreiben viel Spaß gemacht. Ich hoffe sehr, dass Ihnen das Lesen ebenfalls Freude bereitet hat.

Selbständig sein zu können, habe ich immer als eines der großen Geschenke betrachtet, die ich vom Leben erhalten habe. Klar, es ist nicht immer einfach. Jetzt ist es zum Beispiel gerade 22.00 Uhr und ich sitze noch am Schreibtisch. Aber morgen früh, wenn ich wieder aufstehe, muss ich nicht in eine Fabrik und stundenlang an einem Band mit vielen anderen zusammen arbeiten, sondern kann wieder einen Tag genießen, an dem ich meine eigenen Ideen und Träume verwirklichen kann.

Es würde mich freuen, wenn Ihnen in Zukunft die Chefwebseite bei Ihrer Arbeit hilfreich sein könnte. Ich fand es jedenfalls richtig, nach der Lektüre dieses Buchs eine Anlaufstation anzubieten, die eben nur für uns Chefs da ist.

Vielleicht hören wir ja voneinander unter:
http://www.mein-finanzbrief.de/chef

Grüsse von

Danke !

Für das Korrekturlesen bedanke ich mich ganz herzlich bei meiner Frau Tina und einmal mehr bei Frau Christa Paparzynski, die durch Ihre Genauigkeit und Sorgfalt viele Ecken und Kanten dieses Buchs abgeschliffen hat.

Mein Dank geht ferner an die vielen Anwender des Finanzplans, die durch Ihre Ideen und Verbesserungsvorschläge die Software erst zu dem gemacht haben, was sie heute ist.

Register